WER KLAUT
MEINE ÄPFEL
aus dem Garten

Originaltitel Can Anything stop Slugs?
© Quid Publishing 2018
© Deutsche Ausgabe LV·Buch im Landwirtschaftsverlag GmbH,
48084 Münster, 2019

Das Werk einschließlich aller seiner Teile ist urheberrechtlich geschützt. Jede Verwertung außerhalb der engen Grenzen des Urheberrechtsgesetzes ist ohne Zustimmung des Verlages unzulässig und strafbar. Das gilt insbesondere für Vervielfältigungen, Übersetzungen und die Einspeicherung und Verarbeitung in elektronischen Systemen. Die Informationen in diesem Buch wurden nach bestem Wissen zusammengestellt. Alle Empfehlungen sind ohne Gewähr seitens des Autors oder des Verlegers, der für die Verwertung dieser Informationen jede Verantwortung ablehnt.

Übersetzung: Christiane Sixtus, www.sixtus-translation.de
Gestaltung: Lindsey Johns
Illustrationen: Sarah Skeate, Seiten 43, 71 und 167

ISBN 978-3-7843-5595-5

WER KLAUT MEINE ÄPFEL
aus dem Garten
und
sind SPINNEN FREUNDE oder FEINDE?

SKURRILE PROBLEME
und überraschende Lösungen
rund um den Garten

GUY BARTER

Inhalt

Einleitung ... 8

1 Zierpflanzen

Wieso sind Blumen so durstig? ... 12
Wieviel Wasser ist zu viel? ... 14
Wieso funktioniert meine „Zwiebellasagne" nicht? ... 15
Woher bekomme ich kostenlos Pflanzen? ... 16
Wieso funktionieren meine Behälter nicht so toll? ... 18
Wieso duften meine Rosen nicht? ... 20
Wieso blüht meine Glyzinie nicht? ... 22
Habe ich genug Platz für einen Blumengarten? ... 24
Habe ich genug Zeit für einen Ziergarten? ... 26
Wieso sind meine Lupinenwurzeln verklumpt? ... 28
Wieso werden manche Pflanzen mit freiliegenden Wurzeln verkauft? ... 29
Was hilft gegen fleckige Blätter bei meinen Rosen? ... 30
Was macht meine Zwiebeln „blind"? ... 32
Kann ich meine Kletterpflanzen im Zaum halten? ... 34
Wieso ändern sich die lateinischen Bezeichnungen der Blumen? ... 35
Was passt gut zu Gräsern? ... 36
Wie verleihe ich meinen Pflanzen sofort Schwung? ... 38
Muss ich Zwiebeln ausgraben? ... 40
Gibt es Blumen mit Erfolgsgarantie? ... 41
Welche Pflanzen passen zu meinem Garten? ... 42
Wieso ist mein Lavendel lang und dürr? ... 44
Was hat meine Clematis absterben lassen? ... 46
Wie ziehe ich Stecklinge? ... 48
Wie gehe ich mit potenziell schädlichen Pflanzen um? ... 50
Wie vermeide ich Räuber in meinem Garten? ... 52
Welche Blumen leben am längsten? ... 54
Wieso wachsen meine Blumen nicht auf der richtigen Seite? ... 56
Was kann ich tun, wenn ich keine Blumen mag? ... 57

2 Essbare Pflanzen

Wieso sind meine Möhren krumm?	60
Wie sieht mein Gemüsebeet hübscher aus?	62
Bedeutet selbst gezogen besserer Geschmack?	64
Wie baue ich übergroßes Gemüse an?	66
Wieso sind meine Tomaten an der Unterseite schwarz?	68
Sind Beerensträucher langlebiger?	69
Braucht mein Gemüsegarten Wege?	70
Ist Fruchtwechsel notwendig?	72
Wer klaut meine Äpfel?	74
Was bedeutet „Tradition"?	76
Kann ich Braunfäule besiegen?	78
Kann ich Kartoffeln in flacher Erde anbauen?	80
Wie baue ich mehr Gemüse an?	82
Wie wähle ich die richtigen Sorten aus?	83
Welche Gemüsesorten sind kinderleicht anzubauen?	84
Müssen Früchte und Gemüse belüftet werden?	86
Welche Feldfrüchte kann ich einfrieren?	88
Welche sind die besten Wintergemüse?	89
Was verscheucht Wespen?	90
Kann ich Feldfrüchte in Behältern anbauen?	92
Benötige ich ein Frühbeet?	93
Was verursacht Löcher in meinen Kartoffeln?	94
Halten Kräuter Schädlinge fern?	96
Soll man Samen einweichen?	98
Wie viele Samen sollte ich säen?	99
Wieso trägt mein Apfelbaum keine Früchte?	100

3 Über der Erde

Wieso ist mein Rasen uneben?	104
Was kann ich gegen trockene Erde unternehmen?	106
Was kann ich gegen durchnässten Erdboden unternehmen?	108
Kann ich Eichhörnchen voraussehen?	110
Wie kann ich mich Katzen erwehren?	112

Wie kann ich Bienen unterstützen?	114
Wie bekämpft man Unkraut?	116
Wie komme ich um das Jäten herum?	117
Wächst etwas unter Bäumen?	118
Wie viel sollte ich mulchen?	120
Was tötet meine neuen Pflanzen ab?	122
Wieso mögen die Würmer meine Erde nicht?	124
Was gehört nicht auf meinen Komposthaufen?	126
Kann ich schnell Kompost herstellen?	128
Was hält Vögel davon ab, meine Grassamen zu fressen?	130
Was hält Ameisen ab?	131
Wieso rollt sich mein neuer Rasen an den Kanten nach oben?	132
Halten Fadenwürmer Schädlinge fern?	133
Kann ich Chemikalien verwenden?	134
Sind Asseln bedenklich?	136
Sind Spinnen Gartenfreunde oder –feinde?	137
Wie kann ich meinen Boden revitalisieren?	138
Welche Bodenart habe ich?	140
Wieso sind die Blätter meiner Rosen pulverig?	142
Wozu dient Lauberde?	144

4 Tägliche Gartenpflege

Ist mein Garten zu ordentlich?	148
Kann ich eine Wiese anstelle eines Rasens haben?	150
Kann ich Kinder und einen Rasen haben?	152
Wie wird mein Rasen üppig?	153
Sind Blattläuse bedenklich?	154
Wie wird eine dünne Hecke üppiger?	156
Kann ich eine Hecke im Eiltempo anpflanzen?	158
Wie kann ich unbepflanzte Stellen im Garten füllen?	160
Wie bringe ich einen vernachlässigten Garten in Ordnung?	161
Kann irgendwas Schnecken stoppen?	162
Wie kann ich mehr Vögel in meinen Garten locken?	164
Wieso werden meine Pflanzen ständig umgeweht?	166

Wie kann ich den Hallimasch ausfindig machen?	168
Wie kann ich meinen Garten im Winter ansprechender gestalten?	170
Wie kann ich im Voraus planen?	172
Wieso ist meine Pflanze nach dem Rückschnitt abgestorben?	174
Kann ich wild wuchernden Efeu eindämmen?	176
Muss ich jeden Tag Gartenarbeit machen?	178
Kann ich Mücken davon abhalten, in meiner Regentonne zu brüten?	180

5 Der Garten und darüber hinaus

Wie kann ich einen winzigen Garten gestalten?	184
Wie kann ich einen abschüssigen Garten gestalten?	185
Wie kann ich einen riesigen Garten gestalten?	186
Ist künstliches Gras verzeihlich?	187
Wieso wird mein Teich von Fröschen gemieden?	188
Ist die Begrünung einer Außenwand problemlos möglich?	190
Wie kann ich dem Bambus von nebenan den Garaus machen?	192
Kann ich Zierpflanzen für mehr Struktur verwenden?	194
Können Pflanzen zwischen Pflastersteinen wachsen?	196
Wo sollte ich eine Statue platzieren?	198
Kann mein Garten zu viel Farbe haben?	199
Kommt eine Holzbeplankung im Garten infrage?	200
Wieso sieht mein Garten langweilig aus?	202
Wieso ist der Wasserstand in meinem Teich niedrig?	204
Was ist, wenn ich nur Behälter verwenden kann?	206
Wie können Pflanzen an einem windigen Standort gedeihen?	208
Eignet sich Geflügel für meinen Garten?	210
Kann ich einen Dachgarten haben?	212
Wo sollte ich draußen sitzen?	214
Werden Bäume die Oberhand gewinnen?	216
Weiterführende Literatur	218
Stichwortverzeichnis	220
Bildnachweis	224

# Einleitung

ÄPFEL VERSCHWINDEN SPURLOS von Bäumen, und so mancher Gärtner fragt sich wirklich, ob Spinnen nun Freunde oder doch eher Feinde sind. Die Frage, wie man Schnecken Einhalt gebietet, führt wahrscheinlich die Liste der Fragen verwirrter Gärtner an. Sie wurde mir oft im Laufe meiner nunmehr 20 Jahre währenden Beratungstätigkeit bei der Royal Horticultural Society sowie der Zusammenarbeit mit dem Team ihres Gartens in Wisley gestellt. Während dieser Zeit bin ich auch auf weniger offensichtliche Fragen gestoßen. Anscheinend sind die Dinge, die Gärtner verblüffen, endlos, angefangen mit dem Grund, wieso Lavendel lang und dürr ist, überleitend zu dem Problem, wieso Tomaten manchmal schwarze Unterseiten haben, bis hin zu der Frage, wie man einen unebenen Rasen vermeidet. Wie sein Vorgänger „Wie lange braucht eine Schnecke zurück in meinen Garten" behandelt dieses Buch zumindest einige dieser Rätsel aus dem Bereich des Gärtnerns.

Wie verhält es sich nun mit diesen nervigen Schnecken? Schlaue Leser wissen: Gäbe es eine einfache Möglichkeit, Schnecken loszuwerden, hätte jeder schon davon gehört. Wirkliche nützliche Tipps finden Sie auf den Seiten 162–163, aber die kurze Antwort lautet: Es kommt darauf an. Wenn Sie nur Bäume und Sträucher haben, werden Schnecken Sie nicht sehr belästigen. Pflanzen Sie jedoch ausschließlich Salat und Funkien an, werden diese Rowdys höchstwahrscheinlich Ihre Freude am Gärtnern erheblich dämpfen. Aber das ist typisch für das Gärtnern: Es gibt nicht die eine Antwort. Und das macht es gerade so interessant. Ein Teil der Freude entsteht, so hoffe ich, beim Durchdringen der Unwägbarkeiten im Hinblick darauf, wie die Flora und Fauna hinter Ihrem Haus tickt. Im Gegenzug wird eine zunehmend bessere Kenntnis über Ihren Garten Ihnen dabei helfen, alles am Laufen zu halten.

▼ Schnecken gehören zu den besonders lästigen Gartenschädlingen. Ausgerüstet mit den besten Taktiken können Sie jedoch das Schlimmste bei Ihren Pflanzen verhindern.

Über dieses Buch

Wir beginnen mit einigen gewöhnlichen Ärgernissen bezüglich der Juwelen eines Gartens: der Zierpflanzen. Sie erfahren, wieso Blumen so durstig sind (der Wasserdruck in ihren Stängeln hält sie aufrecht, sodass sie konstant Wasser aus dem Boden aufnehmen müssen), wieso Ihre Rosen fleckige Blätter haben und wie Sie Ihrem Garten extra Schwung verleihen können. Natürlich geht es beim Gärtnern nicht nur um den Anblick: Mithilfe Kapitel 2 holen Sie das Beste aus Ihrem Gemüse und Ihren Früchten heraus. Sie erfahren, welche selbst angebauten Sorten einen besseren Geschmack haben und wie Sie einen Apfeldieb identifizieren (sind die Äpfel angenagt und im Gras zurückgelassen worden, war es wohl ein Eichhörnchen; hängen die Äpfel noch im Baum, verdächtigen Sie Vögel).

▲ Bei Bestäuberinsekten beliebte Pflanzen verbessern Ihren Garten. Zierlauchsorten verleihen ihm wunderschöne Farbakzente und locken viele Schmetterlinge an.

Als Nächstes nehmen wir ebenerdige Probleme in Angriff. Was hilft bei Unkraut? Wie viel sollten Sie mulchen? Und können Sie auf schnelle Weise Kompost herstellen? Dank Kapitel 4 werden Sie die tägliche Gartenpflege lohnenswerter und angenehmer empfinden. Lesen Sie, wie Sie Ihre eigene kleine Wildblumenwiese ziehen können, wann Sie sich über Blattläuse Sorgen machen sollten (und wann Sie dagegen einschreiten sollten) und wie Sie jahreszeitlich bedingte Lücken schließen können.

Wir beenden unsere Reise, indem wir Rätsel im Garten und darüber hinaus betrachten. Die Fläche um Ihren Teich kann Frösche abschrecken, wenn sie sich zu sehr aufheizt, um darauf sitzen zu können. Es gibt auch viele Kriechpflanzen, die zufrieden zwischen Pflastersteinen wachsen und selbst Betongärten einen romantischen Touch verleihen. Am Ende des Buches sind Sie mit wertvollen Tipps und verblüffenden Fakten ausgerüstet, um die freie Natur in Angriff nehmen zu können.

> **A**
> **SCHNELLE ANTWORTEN**
> Im Kasten mit dem „A" steht eine schnelle Antwort in kürzest möglicher Form. Der Haupttext bietet zusätzliche, weitergehende Informationen.

Kapitel 1

Zierpflanzen

Wieso sind Blumen so durstig?

DAS GIESSEN kann manchmal wie eine endlose, lästige Pflicht erscheinen, vor allem während lang anhaltender Hitzeperioden. Da auch oft von Wassereinsparung in den Nachrichten die Rede ist, scheint es ebenso übertrieben zu sein. Müssen Blumen bei Hitze wirklich jeden Tag gegossen werden?

Um Kohlendioxid für die Fotosynthese zu bekommen, öffnen die Pflanzen die Poren in ihren Blättern, um Luft hereinzulassen. Dabei verlieren sie Wasser. Sie nutzen den Großteil des aufgenommenen Wassers, um nicht zu welken: Das Wasser wird unablässig durch die Wurzeln aufgenommen und in die Blätter geleitet. Der Wasserdruck in der Pflanze hält sie aufrecht. Jedoch sind Pflanzen flexibel; die meisten können ein beträchtliches Maß an Trockenstress aushalten.

Durst verspüren

Bei Topfpflanzen ist der Platz für die Wurzeln begrenzt: Sie können sich nicht auf der Suche nach Wasser ausbreiten. Jedoch müssen sie regelmäßig gegossen werden. Obwohl Terracottatöpfe den Ruf haben, schneller als Plastik auszutrocknen, ist dies ein eher unwichtiger Punkt: Der Großteil des Wasserverlustes bei Topfpflanzen spielt sich in den Blättern ab. Von Natur aus durstige Blumen wie Dahlien und Begonien in Töpfen erfordern häufiges Gießen, bei Hitze sogar mehrmals am Tag. Vor kurzem gesetzte Pflanzen müssen ebenfalls regelmäßig und häufig gegossen werden. Das Wasser fördert das Wachstum und die Entwicklung der Wurzeln. Nach ungefähr drei Wochen haben sich die meisten Pflanzen an ihre Umgebung gewöhnt, und ihre Wurzeln haben sich ausreichend ausgebildet, um sich auf der Suche nach Wasser auszubreiten.

Etablierte Pflanzen müssen im Allgemeinen nur während langer Hitzeperioden gegossen werden, wobei eine Durchnässung alle zehn bis 14 Tage ausreichend ist.

Taktisches Gießen

Beim Gießen muss das Wasser die Wurzeln der Pflanze erreichen. Im Sommer fällt von oben zugeführtes Wasser auf die Blätter, gelangt aber womöglich nicht bis auf den Boden. Sie müssen ausreichend Wasser langsam zuführen, damit es die Wurzeln erreicht. Bei sehr heißem Wetter gießen Sie am besten morgens und warten Sie, bis das Wasser gleichmäßig die Erde durchdrungen hat. Vor allem auf unebenen Flächen können

> Obwohl Pflanzen Wasser und Nahrung benötigen, um zu gedeihen, gibt es nur wenige Situationen, in denen sie häufig gegossen werden müssen. In Behältern gezogene sowie kürzlich gesetzte Pflanzen sollten regelmäßig und häufig gegossen werden.

bei einem raschen Durchnässen lediglich einige Bereiche nass werden, wohingegen andere trocken bleiben.

Bei großen, anspruchsvollen Gärten oder häufiger Abwesenheit der Besitzer können Bewässerungssysteme eine gute Lösung sein. Tropf- und Perlvorrichtungen auf niedriger Stufe mit eingebautem Timer stellen eine konstante Wasserversorgung für etablierte Pflanzen sicher. Sprinkleranlagen hingegen verbrauchen sehr viel Energie, eignen sich jedoch besser für neu bepflanzte Bereiche, wobei Minisprinkler dem großen Modell vorzuziehen sind.

PFLANZEN, DIE NICHT VIEL WASSER BENÖTIGEN

Fetthennen *(Sedum)*. Die dicken, fleischigen Blätter dieser Gattung dienen als eigener Wasserspeicher, sodass sie Trockenperioden unbeschadet überstehen können.

Die Prächtige Fetthenne *(Hylotelephium spectabile)* gehört zu der Gattung der Fetthennen und auch sehr anpassungsfähig.

Ziest *(Stachys)*. Der **Woll-Ziest *(Stachys byzantina)*** ist wohl die bekannteste Form, eine nützliche, ansprechende, immergrüne mehrjährige Pflanze mit grauen, pelzigen und quirlig angeordneten Blättern sowie rosa-purpurnen Blüten.

Prächtige Fetthenne *(Hylotelephium spectabile)*

Lavendel *(Lavendula)* hat die nadelähnlichen Blätter wie so viele der verschiedenen dürreresistenten Pflanzen, von den gewöhnlichen violettblauen bis zu weißen und pinken Farbtönen.

Edeldistel *(Eryngium)*. Dorniger Vertreter mit der Karde ähnlichen Blütenbüscheln. Es gibt sie als ein-, zwei- und mehrjährige Arten in den Farbtönen Silber, Blau und Blaugrün.

Blauraute „Blue Spire" *(Perovskia)*. Wunderschöne sommergrüne Pflanze mit spitzen, violettblauen Blüten und einem intensiven Duft irgendwo zwischen Salbei und Lavendel.

Alpen-Mannstreu
(Eryngium alpinum)

Wie viel Wasser ist zu viel?

WOHER WEISS MAN, dass man seine Pflanzen ausreichend gegossen hat? Außerdem soll ein Überwässern den Pflanzen mehr schaden als zu wenig Wasser – stimmt das?

Pflanzen müssen durch ihre Wurzeln atmen und Wasser aufnehmen können. Ist ihre Erde mait Wasser durchtränkt, drückt dieses die Luft nach draußen, sodass der Sauerstoff nicht mehr an die Wurzeln gelangen kann.

Überwässerung in Behältern

Während Pflanzen in der freien Natur nicht so oft durch Überwässern eingehen, ist es vergleichsweise einfach, Topfpflanzen zu überwässern, vor allem, wenn Sie gewissenhaft gießen und in einem regenreichen Gebiet leben. Es empfiehlt sich ein poröser Behälter, in dem das Wasser schnell abläuft. Haben Ihre Topfpflanzen jedoch gelbliche Blätter, haben Sie sie wahrscheinlich überwässert. Kippen Sie vorsichtig die Pflanze aus dem Topf. Sind die Wurzeln dunkel, spröde und haben keine feinen

> Mehr Wasser als notwendig ist Verschwendung. Das überschüssige Wasser läuft entweder ab oder, wenn dies sehr langsam erfolgt, verdrängt es die Luft im Boden, wodurch die Wurzeln ersticken können.

Härchen, beginnen sie zu verfaulen. Auch ein leicht säuerlicher Geruch um die Wurzeln und in der Erde kann auftreten.

Bodenentwässerung

Ist die Erde in Ihrem Garten schwer und tonhaltig, nimmt sie langsam das Wasser auf und setzt sie es noch langsamer wieder frei, sind Hochbeete die ideale Lösung, obwohl ihre Errichtung etwas zeitintensiver ist. Das No-Dig-Verfahren (ohne Grabearbeiten; siehe Seite 71) funktioniert bei Gartenwegen, sodass sich der nasse Boden beim Betreten nicht verdichtet: Nicht umgegrabener, aber gemulchter Boden fördert eine hohe Wurmpopulation, die den Boden für Sie durchlüftet.

Wieso funktioniert meine „Zwiebellasagne" nicht?

DIE IDEE der sukzessiven Bepflanzung eines Behälters scheint gut zu sein. Die Wirklichkeit sieht anders aus. Nicht alle Behälter sind tief genug, um die Schichten aufzunehmen. Schmutziges Laub hemmt spätblühende Zwiebeln.

In einer „Zwiebellasagne" werden verschiedene Blumenzwiebeln in Schichten angepflanzt, sodass sie über längere Zeit nacheinander blühen. Diese Idee ist oft in Zwiebelkatalogen und Gartenzeitschriften zu finden.

Obwohl es sich bei manchen dieser perfekten Töpfe um Attrappen handelt, um wunderschöne Fotos zu erhalten, müssen Sie sich davon nicht entmutigen lassen: Sie können gute Ergebnisse erzielen, wenn Sie einige Regeln befolgen. Am besten beginnt man mit zwei Schichten, zum Beispiel Krokusse, gefolgt von Tulpen. Die niedrigste Schicht sollte aus den Blumen bestehen, die am spätesten blühen. In diesem Fall werden also die Tulpenzwiebeln zuerst gepflanzt und mit einer 5 Zentimeter dicken Kompostschicht bedeckt. Dann kommen die Krokuszwiebeln, auf die wiederum eine Kompostschicht gegeben wird.

Idealerweise sollten Zwiebeln in einer Tiefe gepflanzt werden, die ihrer dreifachen Höhe entspricht. Dies wird jedoch nur dann möglich sein, wenn der verwendete Behälter sehr groß ist. Rechnen Sie die relative Tiefe vor Beginn aus. Schließt die letzte Schicht Zwiebeln sehr nah an der Erdoberfläche ab, bedecken Sie die Erde mit einem umgedrehten Topf, um sie einige Wochen lang zu schützen. Nehmen Sie weniger Zwiebeln als bei einer einzigen Schicht, da die Zwiebeln der tieferen Schicht beziehungsweise Schichten genug Platz benötigen, um durch die oberste Schicht zu wachsen. Belassen Sie also einen Zwischenraum von zwei Fingerbreit zwischen den Zwiebeln in jeder Schicht.

Bei der Auswahl der Zwiebeln berücksichtigen Sie Blätter und Blüten: Hyazinthen, Narzissen und Tulpen haben oftmals große, raue Blätter, die vorzugsweise am Ende der Abfolge kommen, wenn Sie auch Blumen mit feineren Blättern wie zum Beispiel Zwergschwertlilien, Krokusse oder Traubenhyazinthen verwenden.

> Das Schichten von Zwiebeln ist ein einfaches Prinzip um einem bepflanzten Behälter ein langes, farbenfroh blühendes Leben zu bescheren. Nur wenig kann schiefgehen: Sie pflanzen die Zwiebeln in der falschen Reihenfolge, sodass das Ergebnis nicht so erfreulich ausfällt (obwohl sie durchaus blühen), oder Sie pflanzen sie zu tief oder zu flach.

Woher bekomme ich kostenlos Pflanzen?

ES IST VERFÜHRERISCH, seinen Traumgarten anhand toller Pflanzenkataloge und des Angebots in Baumschulen zu planen. Pflanzen können jedoch teuer sein, und auch bei einer kleinen zu bepflanzenden Fläche wird das Budget schnell knapp. Wie erhält man am besten kostenlose Pflanzen?

Es gibt zahlreiche Möglichkeiten, Pflanzen kostenlos zu bekommen, aber gehen Sie umsichtig vor: Nur weil sie kostenlos sind, heißt das nicht, dass sie auf Ihre Fläche passen. Seien Sie auch vorsichtig bei Freunden, die Pflanzen mitbringen: Es könnten unkrautähnliche Pflanzen sein, die in deren Gärten die Oberhand gewonnen haben.

Prüfen Sie zunächst, ob in Ihrem eigenen Garten überzählige Pflanzen sind: Oft stehen Jungpflanzen wie zum Beispiel die Christrose nahe bei den Elternpflanzen und können aber umgesetzt werden. Sammeln Sie Samen bestehender Pflanzen und säen Sie sie je nach Art sofort aus oder bewahren Sie sie an einem kühlen und trockenen Ort bis zum nächsten Frühjahr auf (robustere Samen mit einer dickeren Samenschale benötigen häufig eine kalte Winterperiode, um im Frühjahr keimen zu können). Nehmen Sie auch Pflanzen in den Blick, die große, einfach zu zerteilende Blütenköpfe bilden (siehe Kasten auf der nächsten Seite). Lernen Sie, wie Sie selbst Ableger gewinnen können (siehe Seiten 48-49).

Weiter gucken

Freunde und Verwandte spenden oft Samen, Ableger oder Setzlinge, wenn sie zu viel gesät haben. Erwägen Sie auch Pflanzen im Ausverkauf zu erwerben. Auch preisreduzierte Pflanzen kommen infrage, und auf dem Land werden oft im Frühjahr am Straßenrand günstige oder sogar kostenlose Pflanzen angeboten.

Eine Reihe von Pflanzengesellschaften wie die RHS, die Hardy Plants Society oder die Heritage Seed Library verteilen Samen an ihre Mitglieder, wodurch man auch auf günstige Weise an interessante neue Arten gelangen kann.

... und einige Vorsichtsmaßnahmen

Die sogenannte „Fingerfäule" wird von angesehenen Gärtnern verachtet. Es gehört sich nicht, ohne Erlaubnis Ableger aus fremden Gärtnern zu nehmen, egal ob privat oder öffentlich. Fragen Sie vorher, der Gärtner gibt häufig einen oder zwei Ableger ab. Seien Sie vorsichtig bei dem, was Sie in Ihren Garten lassen.

Samen sind eine sichere Quelle, aber Sie können unwissentlich Schädlinge und Krankheiten mit den neuen Pflanzen einschleppen. Halten Sie diese zwei oder drei Wochen lang separat, bis Sie wissen, dass sie gesund sind und bestimmen Sie unbekannte Pflanzen genau, bevor Sie sie aussetzen – es könnten üble Kerle sein.

LEICHT ZU TEILEN

Viele Pflanzen bilden leicht zu teilende Wurzelballen, wenn sie sich in der Winterruhe befinden. Hier sind fünf Beispiele für leicht zu teilende Pflanzen:

- Funkie *(Hosta)*
- Purpurglöckchen *(Heuchera)*
- Primel *(Primula)*
- Montbretie *(Crocosmia)*
- krautige Pfingstrose

Wie Sie eine Pflanze teilen, hängt teilweise von ihrer Wuchsform und teilweise von der Größe des betreffenden Wurzelballens ab. Kleinere Ballen mit faserigen Wurzeln, wie zum Beispiel die der Heuchera und Funkie, können vorsichtig mit den Händen auseinandergezogen werden.

Die Montbretie bildet entweder Knollen oder fleischige, unter der Erde wachsende Stängel („Stolonen") aus, die jeweils mit der eigenen Wurzel geteilt werden können. Eine große, fest verwurzelte krautige Pfingstrose hingegen muss eventuell auseinandergeschnitten werden. Entfernen Sie überschüssige Blätter und ziehen Sie den Wurzelballen vorsichtig heraus. Waschen Sie die Erde ab, sodass die Wurzeln und Ruheknospen deutlich zu sehen sind. Mit einem sauberen, scharfen Messer können Teilstücke mit jeweils mindestens drei Knospen abgeschnitten und in einer Tiefe von 5 Zentimetern wieder eingepflanzt werden.

Funkie *(Hosta)*

Gehen Sie aus demselben Grund vorsichtig mit geschenkten Pflanzen um: Die Goldrute *(Solidago)* sieht ansprechend aus, gehört aber zu den invasiven Arten.

Überlegen Sie genau, welche Pflanzen Sie wo in Ihrem Garten haben wollen. Sie wollen sicher keine, die nicht so gut zusammenpassen.

Wieso funktionieren meine Behälter nicht so toll?

SIE HABEN MEHR KONTROLLE über die verschiedenen Aspekte des Pflanzens, wenn Sie Behälter verwenden als bei den meisten anderen Arten der Anpflanzung. Daher ist es besonders enttäuschend, wenn das Ergebnis nicht den Erwartungen entspricht: Haben die Pflanzen nicht ausgetrieben? Sind sie gut gewachsen, aber gibt es keine Blüten? Waren die Blumen kurzlebiger als erwartet? Sehen sie nicht so ansprechend aus wie angenommen?

GUT AUSSEHEN

Ist der optische Eindruck bei Behältern nicht überzeugend, kann es einfach daran liegen, dass die Pflanzen darin zu klein sind. Wollen Sie eine ansprechende Pflanze ohne lange Wartezeit, sollten Sie sich einen größeren Behälter zulegen. Dahlien beispielsweise können in wenigen Monaten eine stattliche Größe erlangen und bei voller Blüte für helle Begeisterung sorgen. Jedoch müssen sie umgepflanzt und jährlich hochgebunden werden sowie an einem kühlen und dunklen Ort überwintern. Alternativ können Sie auch eine jahreszeitlich bedingte oder eine Langzeitbepflanzung in Betracht ziehen. Sorgsam umhegte Bäume wie zum Beispiel der Japanische Ahorn entzücken lange Zeit durch ihre Eleganz.

Auch die Anordnung der Behälter ist wichtig: Ein einziger großer Topf mit verschiedenen Blumen und Grasarten, zum Beispiel Nelkenwurz und Federborstengräsern, kann toll aussehen, aber auch ein Tisch mit mehreren kleinen Töpfen, bepflanzt mit filigranen winzigen Sukkulenten.

◀ Eine Zusammenstellung kleinwüchsiger Sukkulenten und anderer Kakteen ist eindrucksvoller als einzelne Exemplare.

Alle möglichen Antworten sind zwei Gründen zuzuordnen: Entweder haben sich die Pflanzen in den Behältern nicht gut entwickelt oder die Wirkung bleibt hinter den Erwartungen zurück. Achten Sie zuerst auf die Gesundheit der Pflanzen und dann auf das ästhetische Gesamtbild.

Zu wenig Licht kann ein Grund für geringes Wachstum sein sowie nicht genug beziehungsweise zu viel Wasser oder auch zu wenig Dünger. Sind die Pflanzen gut gewachsen, haben jedoch keine Blüten hervorgebracht, kann das ebenfalls an einer nicht ausreichenden Menge an Licht oder an zu viel stickstoffreichem Dünger in der Blumenerdemischung liegen, welcher das Blattwachstum anregt.

In manchen Fällen blüht die Pflanze überhaupt nicht, wenn sie in der Entwicklungsphase nicht genug Wasser bekommt. Ein Beispiel hierfür ist die Kamelie: Wird sie im Spätsommer nicht ausreichend gewässert, entwickeln sich ihre Blütenknospen nicht.

Ist die Blütezeit sehr kurz oder sterben die Blätter früh ab, kann zu viel Sonne oder auch nicht genug Wasser der Grund sein – Trockenstress also.

Auch können die gekauften Pflanzen von geringer Qualität gewesen sein mit der Konsequenz, dass Sie beim nächsten Pflanzenkauf eine bessere Wahl treffen.

Es richtigmachen

Die meisten Pflanzen können Sie in Behältern ziehen, vorausgesetzt, Sie beachten ihre Vorlieben und Abneigungen. Dazu gehört die Wahl der richtigen Größe des Behälters: Die Wurzeln müssen genug Platz haben, jedoch darf eine kleine Pflanze nicht im Kompost versinken. Der Behälter sollte genug Löcher im Boden haben, damit überschüssiges Wasser problemlos ablaufen kann. Auf Blöcken stehende Töpfe vermeiden eine Durchnässung der Pflanzen.

Topfpflanzen können den Sommer über mit Flüssigdünger versorgt werden, und zwar vier bis sechs Wochen nach dem Einpflanzen. Die meisten von ihnen müssen bei Hitzeperioden mindestens einmal pro Tag gegossen werden. Prüfen Sie dabei, ob Schnecken oder andere Schädlinge am Werk waren oder die Pflanzen krank sind, und entfernen Sie verwelkte Blätter und Blüten. Das tägliche Beseitigen verblühter Blüten ist eine gute Gewohnheit, die die Blütezeit einer Pflanze verlängert.

▼ Mehrere Geranien sehen in einem größeren Behälter, wie hier in dieser Holzkiste, wirkungsvoller aus.

Wieso duften meine Rosen nicht?

BEI DER AUSWAHL VON ROSENSORTEN ist für viele Gärtner der Duft fast genauso wichtig wie die Schönheit der Rose selbst. Jedoch ist der Duft bei Rosen sehr unterschiedlich, und verschiedene Faktoren spielen bei der Intensität des Duftes eine Rolle.

2015 entdeckte eine Gruppe von Forschern an der Universität von Lyon, dass ein Enzym sehr viel aktiver in den Blütenblättern einer intensiv duftenden Rose ist als in einer Rose, die für andere Vorzüge gezüchtet worden war.

Das in den Zellen der Blütenblätter wirkende Enzym mit dem Namen RhNUDX1 wird zur Herstellung der Substanz Geraniol verwendet, welches ein Hauptbestandteil von Rosenöl ist. Die Entdeckung lässt den Schluss zu, dass zu gegebener Zeit auf diese Weise Rosen, die nach Jahren der Züchtung ihren Duft verloren haben, ihren alten Duft zurückerlangen beziehungsweise einen stärkeren Duft erhalten können.

Rosenzucht

Kulturrosen kamen erstmals gegen Ende des 18. Jahrhunderts von China nach Europa, und Züchter haben seitdem kontinuierlich experimentiert. Heutzutage werden Rosen in drei Hauptgruppen eingeteilt: Sortenrosen, Alte Rosen und die sogenannten „modernen" Rosen, wozu Rosenstöcke, Rambler- und Schlingerrosen sowie kleine und miniaturisierte Rosen gehören, in nahezu jeder Farbe (einschließlich einem nur geringfügig irritierenden Blaulila). Einige Sorten duften kaum, da sie stetig für andere Vorzüge gezüchtet wurden, wie zum Beispiel wiederholtes Blühen, Resistenz gegenüber Krankheiten und besonders kräftige Farben, während andere (vor allem in der Kategorie Alte Rosen) immer noch einen intensiven Duft haben. Um Ihre Rose mit dem idealen Duft zu finden, informieren Sie sich bei den Züchtern online oder in gedruckten Katalogen oder finden Sie es während der Blütezeit heraus.

> Duft ist natürlich subjektiv und sehr persönlich; einige Menschen scheinen eher auf Rosenduft anzusprechen als andere. Dennoch duften manche Rosen intensiver als andere, und die warme Sommersonne bringt den Duft erst recht hervor. Es gibt buchstäblich Tausende von Sorten. Die American Rose Society verzeichnet über 15.000. Daher finden Sie bestimmt die ideale Rose mit dem richtigen Duft für sich.

Was Rosen mögen

Prüfen Sie vor dem Kauf Ihre Gegebenheiten. Obwohl der Großteil der Rosen die Sonne lieben, lassen manche Sorten Schatten zu. Erkunden Sie die zu erwartende Größe einer Rose, vor allem bei Ramblerrosen, die sich enorm ausdehnen können. Daneben gibt es auch kleine Rosen für kleine Gärten. Einige Rosensorten halten es in Behältern aus, obwohl das nicht ihr idealer Lebensraum ist. Wählen Sie eine auf diese Weise zu ziehende Rose sorgfältig aus und pflanzen Sie sie in einen mit Erde gefüllten entsprechenden Behälter. Rosenzüchter haben große Erfolge mit krankheitsresistenten Sorten erzielt, obwohl Rosen immer noch an einer Vielzahl von Schädlingen und Krankheiten leiden können (siehe Seiten 30-31 und Seiten 142-143). Misslingt eine Rose, pflanzen Sie ihre Nachfolgerin nicht in unmittelbarer Nähe ein.

SECHS ROSEN MIT HERRLICHEM DUFT

„Gertrude Jekyll". Rosenstrauch aus England, auch eine Kletterpflanze, benannt nach der berühmten Gartengestalterin, mit pinkfarbenen Blüten und klassischem Rosenduft.

„Golden Celebration". Klassischer englischer Rosenstrauch, mit, wie ihr Name andeutet, großen, üppigen goldfarbenen Blüten, und, wie es ihr Züchter David Austin ausdrückt, einem „köstlichen vollen Teeduft". Kann in Containern gezogen werden.

„Mme Isaac Péreire". Sehr intensiv duftende, tiefdunkle, krapprote Blüten mit Gold im Zentrum der Blüte. Alte, auch rankende Rosenstrauchsorte.

„Lady Emma Hamilton". Erhältlich als Strauch oder Standardform, orange-goldene Blüten mit fruchtigem Duft.

„Guinée". Kletternde Sorte, die in den 1930er Jahren entwickelt wurde, mit tiefroten, samtigen Blüten. Nicht so einfach zu ziehen, aber mit kräftigem vollem Duft.

„Scarborough Fair". Kleiner Rosenstrauch mit offenen, kelchförmigen Blüten in zartem Rosaton mit Gold im Zentrum und moschusartigem Duft. Geeignet für kleinere Flächen; wird maximal 75 Zentimeter groß.

Wieso blüht meine Glyzinie nicht?

Mit ihren herabhängenden, traubigen und pastellfarbenen Blütenständen sieht die Glyzinie toll aus, weshalb sie auf den Wunschlisten vieler Gartenfreunde steht. Obwohl sie keine sehr anspruchsvolle Pflanze ist, kann es lange dauern, bis sie blüht, und sie kann auch plötzlich absterben.

Haben Sie Ihre Glyzinie vor ein oder zwei Jahren gepflanzt, müssen Sie sich womöglich noch etwas gedulden. Die Wurzeln benötigen einige Zeit, um sich an einem Ort anzusiedeln. Geben Sie ihr ein oder zwei weitere Jahre, und Ihre Geduld kann sich auszahlen, vorausgesetzt, es handelt sich um eine benannte Kultursorte von einem veredelten Wurzelstock, die nicht nur schneller blüht, sondern auch verlässlicher als eine aus Samen oder Ablegern gezogene Glyzinie ist. Kaufen Sie vorzugsweise eine bereits blühende, um sich ihrer Blühfähigkeit sicher zu sein.

Was zu tun ist

Blüht eine mehrere Jahre alte und gesund wirkende Glyzinie nicht, können andere Faktoren eine Rolle spielen. Prüfen Sie, ob die Erde um ihre Wurzeln reich an vollständig zersetztem organischem Material ist. Ist ihre Erde von Natur aus nährstoffarm, kann es sein, dass die Glyzinie wenig Kalium hat. Ein im Frühjahr aufgebrachter Dünger aus Kaliumsulfat in einer Menge von 20 Gramm pro Quadratmeter schafft Abhilfe.

Es gibt mehrere Gründe, wieso die Glyzinie lange zum Blühen braucht. Die Reifezeit ist ein Faktor und auch die Zeit, bis sich die Samen angesiedelt haben (aus Samen gezogene Glyzinien benötigen bis zu 20 Jahre). Ein Radikalschnitt kann auch ein Grund sein, oder der ausgewählte Ort ist nicht für sie geeignet.

Obwohl Glyzinien im Frühjahr blühen, entwickeln sich die Blütenknospen bereits im Sommer des Vorjahrs, sodass die Pflanze zwischen Hochsommer und Herbst gut gegossen werden muss. Ein Verdorren während dieser Zeit lässt die Knospen nicht mehr wachsen. Heftiger Frost im Frühjahr verursacht unvermeidlichen Schaden, wobei die Glyzinie ihre Knospen noch vor der Blüte verliert.

Glyzinien sind normalerweise zweimal im Jahr zurückzuschneiden: im Hochsommer nach der Blüte, und zwar bis zu der Stelle, wo die Knospen sich entwickeln werden sowie im Vorfrühling so weit zurück, wo die neuen Knospen schon zu sehen sind. Ein nachlässiger Beschnitt kann die Blüten und auch die Schösslinge in Mitleidenschaft ziehen. Informieren Sie sich also im Vorfeld.

Probleme

Glyzinien sind recht einfach zu ziehen, jedoch können sie von Schildläusen oder dem Zinnoberroten Pustelpilz befallen werden, welcher die Zweige absterben lässt. Auch tritt zuweilen der Echte Mehltau auf den Blättern auf. Ebenso kann der ursprüngliche Wurzelstock auch bei voller Reife und vermeintlicher Gesundheit plötzlich absterben. Der Pfröpfling, auf dem der ursprüngliche Wurzelstock produziert wurde, spaltet sich ab, und die meisten oder gar alle der kräftigsten Sprossachsen sterben ab. Achten Sie daher beim Kauf auf eine saubere und feste Verbindungsstelle.

PLATZIERUNG EINER GLYZINIE

Glyzinien mögen es nicht, versetzt zu werden, wählen Sie daher ihren Standort vor dem Einpflanzen sorgfältig aus. Ein geschützter Platz an einer warmen Wand ist optimal, alternativ können sie sich auch durch einen Baum ranken (hier können sie ohne Rückschnitt sich selbst überlassen werden). Auch kann sie an einem Rankgerüst emporwachsen oder auf die Form eines kleinen Baumes getrimmt werden. Letztere ist heutzutage keine häufige, jedoch in viktorianischen Parks eine beliebte Ergänzung gewesen. Gärtner der heutigen Zeit pflanzen manchmal ein solches Bäumchen in Kübeln an.

▼ Glyzinien sind unter günstigen Bedingungen extrem langlebig. Über einhundert Jahre alte Exemplare sind keine Seltenheit.

Habe ich genug Platz für einen Blumengarten?

Ein Garten voller Schnittblumen wird genau aus diesem Grund angelegt. Hierfür ist mehr Planung notwendig als für ein Gemüsebeet, wobei es mehr auf Üppigkeit als auf künstlerische Ausgestaltung ankommt; jedoch ist ein gut geplanter Blumengarten genauso ansprechend wie ein gesundes Gemüsebeet. Ist in einem kleineren Garten genug Platz für Schnittblumen sowie für herkömmliche Blumenbeete?

Wenn Sie Platz für ein genau zugeordnetes Beet haben – einige Quadratmeter – dann können Sie Schnittblumen unterbringen. Sorgfältig ausgewählte Blumen können sehr produktiv sein, sodass diese Fläche Ihnen beinahe das ganze Jahr über ausreichend Blumen für die Vase zur Verfügung stellen wird.

▼ Dahlien machen sich nicht nur im Garten, sondern auch in der Vase gut.

Haben Sie also genug Platz für Schnittblumen, machen Sie sie genauso zu einem Teil Ihrer Gartengestaltung, wie Sie es bei einem Gemüsebeet tun würden. Reicht der Platz nicht aus, erwägen Sie produktive ein- und mehrjährige Blumen, die nach dem Schnitt wiederkommen, sodass Sie nicht nur welche für die Vase, sondern auch noch im Beet stehen haben. Edelwicken oder kräftige Dahlien blühen über mehrere Wochen, und je mehr Sie abschneiden, desto mehr wachsen nach. Zinnien, Cosmea und mehrstämmige Sonnenblumen sind ebenso üppig blühende Sorten.

Grün hinzufügen

Vergessen Sie Grün nicht - sogar blütenreiche Arrangements benötigen eine grüne Kulisse als Kontrast. Immergrüne Hecken sind gut geeignet, so zum Beispiel Schneeball, Ölweide, Eukalyptus, Ilex und Efeu sowie Rosmarin-, Thymian- und Lavendelzweige.

DAS GANZE JAHR ÜBER SCHNITTBLUMEN

Planen Sie im Voraus, damit Sie aufeinanderfolgend von April bis Oktober frische Blumen haben:

April:	Narzisse (*Narcissus*), Tulpe (*Tulipa*)
Mai:	Deutsche Schwertlilie (*Iris*), Tarda-Tulpe (*Tulipa*)
Juni:	Gartenrittersporn (*Consolida*), Kornblume (*Centaurea cyanus*)
Juli:	Duftwicke (*Lathyrus odoratus*), Lilie (*Lillum*)
August:	(Sonnenblume (*Helianthus*) – vor allem kleinere, mehrstämmige Sorten, Gladiole (*Gladiolus*)
September:	Dahlie (*Dahlia*)
Oktober:	Aster (*Aster*)

Kornblume (*Centaurea cyanus*)

Die Christrose blüht auch mitten im Winter. Aufrechtstehende Arten mit Blüten sind dann erhältlich. Wachsen Ihre Blumen jedoch mit der Blüte nach unten, ergeben die Blüten in einer Schüssel mit Wasser immer noch ein schönes Arrangement.

Schnittblumen frisch halten

Pflücken Sie knospende Exemplare am Morgen; sie halten länger in der Vase als bereits blühende. Entfernen Sie die unteren Blätter an jedem Stängel, da sie sonst im Wasser verfaulen und schlecht riechen. Schneiden Sie die Stängel an der Sprossachse ab und belassen Sie sie für einige Stunden in einem mit Wasser gefüllten Eimer an einem kühlen Ort.

Blumen mit sehr biegsamen Stängeln wie etwa Tulpen können abknicken und in der Vase schlapp herunterhängen. Rollen Sie daher vor dem Wässern die Stängel in einige Blätter Zeitungspapier. Lösen Sie etwas Blumen-Frischhaltemittel in dem Blumenwasser auf und arrangieren Sie die Blumen in der Vase.

Habe ich genug Zeit für einen Ziergarten?

Ein pflegeleichter Ziergarten ist für die meisten Gärtner machbar, solange die Blumen sorgfältig ausgewählt werden. Und die Auswahl ist riesig. Dazu kommt, dass in den vergangenen Jahren Pflanzenzüchter den Fokus auf die Entwicklung von Pflanzen gelegt haben, die sowohl einfach zu pflegen sind als auch eine lange Blütezeit haben.

Der Purpur-Sonnenhut (*Echinacea purpurea*) ist eine robuste, beliebte mehrjährige Pflanze, die die pralle Sonne liebt. Er kann jahrelang blühen.

Planen Sie im Voraus, sodass das Anpflanzen in einem Rutsch erfolgt, anstatt einzelne Pflanzen zu kaufen und sie eher willkürlich in die Erde zu setzen. Die beste Strategie für einen anspruchslosen Garten ist eine umsichtige Auswahl von Basispflanzen. Lesen Sie vor dem Kauf die Anweisungen und beachten Sie die Intensität an Sonne beziehungsweise Schatten in Ihrem Garten sowie die Art der benötigten Erde. Erwägen Sie mehrjährige Pflanzen und einige der weniger dekorativen Gräser als dauerhafte Bepflanzung. Die Lücken schließen Sie mit Frühjahrs- und Herbstzwiebeln und einigen pflegeleichten einjährigen Pflanzen.

Alles in Ordnung halten

Sind die Pflanzen eingesetzt, nimmt das Jäten die meiste Zeit in Anspruch, auch in einem pflegeleichten Garten. Wenig, aber oft ist hier die Faustregel. Lassen Sie es anstehen, wird es zu einer größeren Aufgabe. Ein dichtes Anpflanzen schafft Abhilfe. Gibt es nicht viel nackte Erde, ist auch nicht viel Platz für Unkraut. Bei begrenzter Zeit reicht das Jäten der Beetkanten und der Wege sowie deren Pflasterung. So sieht ein Garten sofort ordentlicher aus.

> Wenn Sie Zeit für die Planung eines einfach zu pflegenden Blumengartens haben, werden Sie wahrscheinlich auch Zeit haben, ihn dauerhaft zu bepflanzen. Pflanzen Sie zunächst anspruchslose Stauden, die jedes Jahr wiederkehren. Füllen Sie die Lücken mit einfach zu pflegenden einjährigen Pflanzen.

GUT ZUSAMMENPASSENDE PFLANZEN

Mit schönen Zusammenstellungen erreichen Sie ganz einfach einen tollen optischen Effekt. Sie können gleichartige Pflanzen miteinander kombinieren, also mehrjährige mit mehrjährigen oder einjährige mit einjährigen Pflanzen, oder beide Arten auch mischen, um einen unterschiedlichen Effekt in aufeinanderfolgenden Jahren auszuprobieren, ohne die mehrjährigen Pflanzen versetzen oder austauschen zu müssen.

Einige Ideen:
Die leuchtenden, offenen Blüten der einjährigen Cosmea, entweder die weißen, pinkfarbenen oder roten Sorten, sehen schön aus zwischen den silbrigen Blättern der kleineren Süßgräser, während das lebhafte Blau einer mehrjährigen Geraniumsorte (die Hybride ‚Rozanne' ist nach wie vor sehr beliebt) mit dem lebhaften Orange der Gartenringelblume „knallt", die eine lange Blütezeit hat.

Auch Schafgarbe und Fetthenne als mehrjährige Pflanzen sind in vielen Farben und Größen erhältlich, bilden ansprechende Blütenbüschel und bieten einen strukturierten „Hintergrund". Die Wolfsmilch, ebenfalls mehrjährig, gibt es in vielen Arten, meistens grün, jedoch ist die Sumpf-Wolfsmilch (Euphorbia palustris) säuregelb und die Himalaya-Wolfsmilch (*Euphorbia griffithii „Dixter"*) leuchtend rot. Das Säuregelb und -grün sehen toll mit violetten Lauchsorten aus, wobei beide ihre beste Zeit im späten Frühjahr haben. Mehrjähriger Schöterich, mit Tulpen kombiniert, ist eine weitere klassische und einfach anzupflanzende Zusammenstellung im Frühjahr.

▶ Die herrlich grüne, dunkeläugige Busch-Wolfsmilch (*Euphorbia x martin*ii) bildet einen deutlichen Kontrast zu dem Violett des Kugellauchs (*Allium atropurpureum*).

Wieso sind meine Lupinenwurzeln verklumpt?

MANCHMAL haben Lupinenwurzeln erbsengroße Beulen, die wie Wucherungen aussehen. Ist das eine Krankheit oder gibt es eine andere Erklärung dafür?

Lupinen gehören zu den Schmetterlingsblütlern beziehungsweise Leguminosen; die gebräuchliche Bezeichnung ist Hülsenfrüchte. Mit über 19.000 Arten sind sie eine der größten Pflanzenfamilien. Die Knöllchenbakterien (Rhizobien) befinden sich normalerweise in der Erde. Dringen sie in die Wurzeln einer Hülsenfrucht ein, gehen sie eine gegenseitig nutzbringende Verbindung ein: Die Wurzeln der Wirtspflanze geben den Bakterien eine Heimat, während diese ihrem Wirt den Zugang zu Stickstoff ermöglichen, den die Pflanze zum Wachstum braucht. Diese Beziehung ist ein gutes Beispiel für komplexe Naturchemie. Im Innern des Knöllchens aktiviert die Hülsenfrucht die Gene, sodass die Bakterien Stickstoffgas (das die Pflanze nicht direkt verwerten kann) in Stickstoffverbindungen umwandeln können. Vor der Zeit des Handelsdüngers war die Produktion von Stickstoff durch die Leguminosen und sein Nutzen als natürlicher Dünger sehr wertvoll für die Landwirtschaft. Die bodenverbessernden Eigenschaften der Schmetterlingsblütler waren schon in der Antike bekannt: Cato, der berühmte römische Naturschriftsteller und Landwirt, erwähnte sie bereits im 2. Jahrhundert v. Chr..

> ### DIE BEDEUTUNG DER WURZELN
>
> Gärtner prüfen für gewöhnlich die oberirdische Struktur der Pflanzen als Richtlinie für deren Gesundheit, übersehen jedoch oft den Zustand der Wurzeln. Dies ist ein Fehler – die Wurzeln bieten wertvolle Informationen über die Gesundheit der Pflanze, und bei Anzeichen von Stress an Blättern und Stängeln ist es oftmals zu spät. Graben Sie die abgestorbene Pflanze aus und untersuchen Sie die Wurzeln: So können Sie unbemerkte Schädlinge sowie Krankheiten oder Pflegeversäumnisse wie etwa unzureichendes Gießen aufdecken.

Die Beulen sind tatsächlich nützlich für die Pflanze. Sie bilden sich, wenn das Knöllchenbakterium um die natürlichen Wurzelhaare herum wächst, und es ist eine symbiotische Verbindung.

Wieso werden manche Pflanzen mit freiliegenden Wurzeln verkauft?

DER GROSSTEIL der in einer Baumschule und auch online zu erwerbenden Pflanzen befindet sich in mit Erde befüllten Behältern. Wieso kommen dann einige bestellte Pflanzen, wie zum Beispiel Rosen oder Obstbäume, wurzelnackt ohne Erde an? Werden sie ohne Erde nicht in Mitleidenschaft gezogen?

Für manche Händler ist es leichter und auch günstiger, Pflanzen über eine längere Strecke mit freiliegenden Wurzeln zu transportieren. Es ist auch umweltfreundlicher, da so auf unerwünschte Töpfe und umweltunverträglichen, torfhaltigen Kompost verzichtet wird.

Der Kauf von Pflanzen mit freiliegenden Wurzeln bedeutet, dass der Gärtner vorausdenkt, und es ist ein gutes Gegenmittel für Impulskäufe, bei denen nicht an Dinge wie etwa den Standort im Garten gedacht wird. Pflanzen, die mit freiliegenden Wurzeln verkauft werden, sind meistens Rosen, viele Sträucher, Obstbäume und Büsche, und die Qualität des Bestandes ist oftmals besser als jene der in Töpfen gezogenen Pflanzen.

Zu unternehmende Schritte bei der Ankunft der Pflanzen

Wurzelnackte Pflanzen werden im Winter transportiert, wenn sie sich in der Vegetationsruhe befinden. Daher sehen sie bei der Ankunft vielleicht wie tot aus. Idealerweise sollten sie sofort eingepflanzt werden. Ist dies jedoch nicht möglich, sollten sie kühl und frostfrei, wie zum Beispiel in einem Schuppen, aufbewahrt werden, damit sie in der Ruhephase verbleiben. Bedecken Sie die Wurzeln mit feuchtem Stroh oder mit Topferde in Plastikfolie, um ein Austrocknen zu vermeiden.

Alternativ können sie zeitweise in eine Erdrinne gepflanzt werden, wobei die Wurzeln mit einer mindestens 20 Zentimeter dicken Schicht Erde bedeckt sein sowie vorsichtig fixiert und gewässert werden müssen. Dies nennt man „einschlagen" und bedeutet, dass sie sich selbst überlassen werden können, bis sie an ihren dauerhaften Standort eingepflanzt werden.

◣ Wurzelnackte Rosen sind sowohl leichter als auch billiger zu transportieren als Containerrosen.

Was hilft gegen fleckige Blätter bei meinen Rosen?

IM FRÜHSOMMER können Rosen orangefarbene Akne bekommen: Die Oberseite der Blätter weist Flecken und die Unterseite Pusteln (Sporenmasse) auf. Dieser „Rosenrost" schwächt die Pflanze langfristig, sodass es sich lohnt, Abhilfe zu schaffen.

Wie immer ist sorgsame Pflege ein guter Anfangspunkt. Wässern Sie die Rosen regelmäßig und mulchen Sie sie mindestens einmal pro Jahr mit organischem Material (dies darf nicht die Stängel berühren). Schneiden Sie die Pflanzen korrekt und sofort jeden Winter zurück, entfernen Sie dann alle abgefallenen Blätter und zurückgeschnittenen Stängel und verbrennen Sie sie am besten.

> Es kann ein Klischee sein, aber „Vorbeugen ist besser als heilen" ist hier die Devise. Das Spritzen von Fungiziden sollte der letzte Ausweg sein.

Eine gute Luftzirkulation um die Pflanze herum ist ebenfalls wichtig. Eine feuchte Atmosphäre begünstigt Pilzerkrankungen wie etwa Rosenrost. Erwägen Sie daher das Entfernen oder den Rückschnitt anderer, zu dicht an den Rosen stehender Pflanzen.

Kontrollieren Sie die Rosen im Frühjahr regelmäßig auf Anzeichen von Infektionen und schneiden Sie betroffene Stängel zurück. Verbrennen Sie diese, um den Pilz zu vernichten. Bei ausbleibender Kontrolle entwickeln sich braune Wintersporen, die die orangefarbenen ersetzen. Es müssen dann alle im Winter abgefallenen Blätter entsorgt werden, damit die Sporen die Pflanze nicht im Frühjahr erneut infizieren.

Rosenrost kann auch die Stängel verformen und brechen, wodurch die Pflanze anfälliger für sekundäre Infektionen wird. Als Notlösung kann Fungizid-Spray dienen; befolgen Sie jedoch genau die Gebrauchsanweisung.

◀ Lassen Sie Rosenrost (siehe Abbildung), Mehltau oder Sternrußtau nicht Ihre schönen Blüten zerstören. Durch umsichtige Gartenarbeit vermeiden Sie diese Pilzinfektionen.

FÜNF WEITERE HÄUFIGE PROBLEME BEI ROSEN

Viele Kulturrosen sind auf höhere Resistenz gegenüber Rosenrost gezüchtet worden, der durch die Pilzgattung Phragmidium verursacht wird. Es gibt jedoch noch weitere Schurken:

- Der Sternrußtau wird auch durch einen Pilz verursacht (*Diplocarpon rosae*) und kann mit einem entsprechenden Fungizid behandelt werden.

Sternrußtau (*Diplocarpon rosae*)

- Der Echte Rosentaupilz („*Podosphaera pannosa*") verursacht Echten Mehltau (siehe Seiten 142–143). Hierbei kommt es zu einer weißen, puderigen Wucherung auf Blättern und Trieben.

- Bei zu viel Dünger im Boden können die Blätter wie verbrannt aussehen (gelblich, bräunlich und welk).

- Gelbliche Blätter können auch auf Wasser- oder Nährstoffmangel hindeuten, etwa Stickstoff, Magnesium und Eisen.

- Blattlausbefall bewirkt, dass junge Stängel sich verformen und die Blätter schwarz werden, da durch die Ausscheidungen der Läuse Rußtau entsteht.

Wieso werden Rosen in Weinbergen angepflanzt?

Rosen zwischen Weinstöcken erfüllen einen wichtigen Zweck: Da sie früher vom Mehltau befallen werden als die Weinreben, warnen sie so vor einer bevorstehenden Infektion. Die Rosen bieten auch ein Winterquartier für nützliche Insekten.

▼ Rosen sind aufgrund ihres praktischen Nutzens und ihrer schönen Optik seit Generationen bei Gärtnern beliebt.

Was macht meine Zwiebeln „blind"?

EINIGE NARZISSEN, die in den letzten zwei Jahren schön geblüht haben, kommen mit gesundem, grünem Laub wieder – aber ohne Blüten. Wieso „erblinden" Zwiebeln auf diese Weise und wie können sie wieder erblühen?

> Es gibt viele verschiedene Gründe hierfür, und es gibt mehrere Lösungsvorschläge, aber kein Patentrezept.

Wurden die Narzissen auf trockener Fläche angepflanzt, haben die Zwiebeln nicht die notwendigen Nährstoffe erhalten, die sie nach der letzten Blüte für das folgende Jahr benötigen. Ein zu frühes Abschneiden der Blätter nach der Blüte (oder, wie es heutzutage kaum noch gemacht wird, durch Knoten) kann zu demselben Ergebnis führen.

Wurden die Zwiebeln ursprünglich zu flach eingepflanzt, haben sie sich vielleicht geteilt, und die so entstandenen kleinen Zwiebeln haben nicht genug Ressourcen, um Blüten zu produzieren.

Vielleicht sind die Pflanzen auch zu gut gewachsen und haben sich zu sehr reproduziert, sodass es wohl etwas eng unter der Erde geworden ist und jede einzelne Pflanze weniger Zugang zu den benötigten Nährstoffen gehabt hat.

Oder aber die Zwiebeln waren von Schädlingen befallen, insbesondere von der Großen Narzissenfliege. Graben Sie eine oder zwei Zwiebeln aus und suchen Sie nach Symptomen: Ist das Zentrum der Zwiebel verrottet und enthält eine matschige Substanz oder bisweilen eine einzige Made, war die Große Narzissenfliege am Werk. Dieser nervige Schädling kann auch Mitglieder der Amaryllisgewächse befallen, einschließlich Schneeglöckchen und Nerinen.

◀ Bei einer dichten Masse an „blinden" Narzissenblättern über der Erde hat es womöglich zu viele Zwiebeln unter der Erde gegeben.

LÖSUNGSVORSCHLÄGE

- Setzen Sie die Zwiebeln tief genug ein. In der Wildnis etablierte Narzissenzwiebeln wachsen in einer Tiefe von bis zu 60 Zentimetern. Lockern Sie die Erde mit einer Grabegabel, legen Sie die Zwiebeln in die Erde und drücken Sie diese fest an (dies verhindert auch, dass die Fliegen zur Zwiebel gelangen und dort ihre Eier ablegen).
- Regnet es in den Wochen nach der Blüte nicht, gießen Sie die Pflanzen, da sie nun ihre Ressourcen für das nächste Jahr aufbauen müssen. Stehen die Narzissen in einem Behälter, geben Sie ihnen eine Lösung aus Tomatendünger; wachsen sie auf freier Fläche, bestreuen Sie die Erde um sie herum großzügig mit langsam freisetzendem Düngergranulat.
- Überlassen Sie die Blätter an der Pflanze mindestens sechs Wochen nach der Blüte sich selbst, oder besser noch, bis sie vergilben und absterben.
- Ahnen Sie, dass die Zwiebeln zu eng in der Erde liegen, graben Sie sie nach der Blüte, jedoch vor dem Absterben, aus und pflanzen Sie sie in größeren Abständen wieder ein.

▶

Mehrere kleinere Maden der Kleinen Narzissenfliege, die zur Familie der Schwebfliegen gehören (*Eumerus strigatus*: Kleine Narzissenfliege und *Eumerus funeralis*: Zwiebelschwebfliege), können verantwortlich sein. Vernichten Sie befallene Zwiebeln, damit das Problem sich nicht weiter ausbreitet. Blindheit kann auch andere Zwiebeln betreffen. Einige Sorten, etwa Tulpen und Hyazinthen, wachsen selten nach der ersten Blüte nach. Viele Gärtner ersetzen sie mittlerweile jedes Jahr durch neue Zwiebeln.

Kann ich meine Kletterpflanzen im Zaum halten?

IST ES RATSAM, eine große Kletterpflanze sehr kurz zurückzuschneiden, wenn sie überhandnimmt? Wie schwierig ist dies für einen Amateur?

Dies ist eher ein Tipp im Nachhinein, aber es ist auf jeden Fall eine gute Idee, vor dem Pflanzen die ungefähre Größe der Kletterpflanze zu wissen. Pflanzenzüchter verfügen über eine breite Auswahl an wenig Platz beanspruchenden Kletterpflanzen, etwa solche, die in Behältern wachsen und klein genug sind, um eine Terrassenmauer emporzuranken, ohne ihre Umgebung allzu sehr einzunehmen.

Natürlich kann es sein, dass die Kletterpflanze perfekt zu ihrer Umgebung passt, aber sie muss trotzdem zurückgeschnitten werden. Einige eifrige Sorten können regelrecht auswuchern, wie beispielsweise die Rose „Rambling Rector" oder die Bergwaldrebe (*Clematis montana*), aber sie tolerieren auch einen stärkeren Rückschnitt, vorausgesetzt, dieser erfolgt zum richtigen Zeitpunkt im Jahr. Für Erstere ist es der Winter, für die Bergwaldrebe nach der Blüte. Erfordert der anstehende Rückschnitt einer übergroßen Kletterpflanze die Nutzung einer Leiter, sorgen Sie für das richtige Werkzeug und das notwendige Wissen, bevor Sie diese Maßnahme in Angriff nehmen. Im Zweifel ziehen Sie einen Fachmann hinzu.

> Viele lebhafte Kletterpflanzen halten einen starken Rückschnitt aus, aber es kommt auf den Zeitpunkt und das Ausmaß an.

Bergwaldrebe (*Clematis montana*)

RICHTIGER ZEITPUNKT

Da Frühblüher die Blüten bereits am Vorjahrestrieb angelegt haben, sind Kletterpflanzen immer direkt nach der Blüte zurückzuschneiden, was im Allgemeinen zwischen Winter und Frühsommer ist. Sommerblüher blühen an diesjährigen Trieben, gewöhnlich zwischen Mittsommer und Herbst, und sollten am Ende des Winters oder im Vorfrühling zurückgeschnitten werden.

Wieso ändern sich die lateinischen Bezeichnungen der Blumen?

ES IST KLAR, wieso für die Identifizierung der Pflanzen eine internationale Sprache verwendet wird. Aber wieso ändern sich die lateinischen Bezeichnungen der Blumen? Wieso wurde vor einigen Jahren aus *Aster novi-belgii* (Weidenblättrige Aster; Abbildung rechts) *Symphyotrichum novi-belgii* (Glattblatt-Aster)?

Die Einteilung dieser Namensänderungen in zwei Kategorien macht die Sache noch verwirrender: nomenklatorisch und taxonomisch. Erstere ist dem internationalen Ausschuss geschuldet, der die Pflanzennamen festlegt, sodass auf internationaler Ebene eine Pflanze unter einem bestimmten Namen bekannt ist. Eine taxonomische Änderung ist noch komplizierter: Diese bezieht sich auf die aktuelle Klassifizierung der Pflanze. Und je mehr die Pflanzengenetik entschlüsselt wird, desto mehr wird über die Ursprünge und die Beziehungen zwischen den Pflanzen bekannt, was vielleicht dazu führt, dass sie in verschiedene Gruppen eingeteilt werden. Taxonomische Änderungen werden von Botanikern vorgeschlagen. Ob diese Vorschläge angenommen werden und in den gängigen Sprachgebrauch übergehen, hängt in Großbritannien von der *Beratungsgruppe Nomenklatur und Taxonomie,* einer Gruppe von Experten für die Einordnung von Pflanzen, ab. Sie berücksichtigen alle Nachweise und die Meinungen von Botanikern weltweit und entscheiden, ob die taxonomische Änderung vorzunehmen ist. Der neue Name erscheint dann in der jeweils nachfolgenden Ausgabe des Pflanzenverzeichnisses *RHS Plant Finder,* der Pflanzenbibel in Großbritannien.

Und wieso wurde die taxonomische Änderung der *Aster novi-belgii* vorgenommen? Die Bezeichnung „Aster" wurde ursprünglich von Carl Linnaeus geprägt, dem Erfinder des Systems der lateinischen Pflanzennamen. Jedoch wurde vor kurzem die nahe Verwandtschaft dieser Pflanze zu den in Nordamerika beheimateten Astern bestätigt, sodass sie in eine kleinere, spezifischere Familie eingruppiert wurde. Auf diese Weise wurde aus der einfachen Aster *Symphyotrichum*.

Die Antwort liegt in der Geschichte und in der Wissenschaft. Die historischen Namen bezogen sich auf das damals vorhandene Wissen über die pflanzengenetische Vererbung, das zum Teil über zwei Jahrhunderte zurückreicht. Fortlaufende Entdeckungen ändern auch das Bild darüber, wie Pflanzenfamilien einzuordnen sind.

Was passt gut zu Gräsern?

ZIERGRÄSER sind seit jeher in Hausgärten beliebt, und bei der großen Auswahl gibt es für nahezu jede Ecke im Garten eine passende Sorte. Welche Pflanzen ergänzen sich am besten mit Ziergräsern?

Gräser sind elegant und flexibel zugleich: Es gibt viele verschiedene in nahezu jeder Größe, einschließlich immer- und sommergrüne sowie sonnen- und schattenliebende. Normalerweise sind sie recht anspruchslos, es sei denn, ihr Standort ist nicht der richtige. Jedoch benötigen viele Sorten regelmäßigen Rückschnitt und eine Teilung im Frühjahr, wenn ihre Wurzelballen zu groß werden. Es spielt keine Rolle, ob Sie sie mit ihresgleichen oder mit anderen Pflanzenarten kombinieren.

GRAS, SEGGEN ODER BINSEN?

Eine wie Gras aussehende Pflanze muss nicht zwangsläufig Gras sein. Zwei andere Familien, die Seggen und die Binsen, teilen einige Eigenschaften mit den Gräsern, obwohl ein alter Reim den Hauptunterschied erklärt:

„Seggen haben Kanten, Binsen sind rund, und Gräser sind hohl direkt von dem Grund." (Grund = Erdboden)

Trotz ihrer Unterschiede werden Seggen und Binsen oft einfach mit den echten Gräsern unter dem Oberbegriff „Ziergräser" zusammengefasst. Seggen gehören zur Familie der Cyperaceen und haben markige, oft eher dreieckige als runde Stängel. Binsen gehören zu den Juncaceen. Gräser sind Teil der Süßgrasgewächse (Poaceae). Ihre Stängel sind normalerweise hohl und haben oft feste, geschwollene Sprossachsen oder Nodi. Jedoch ist es nicht kleinlich, wenn man zwischen den Gruppen differenziert: Es kann die Entscheidung über den optimalen Standort beeinflussen. Während Gräser in der Sonne auf trockenem Boden gedeihen, mögen Seggen und Binsen eher feuchteren Boden, einige von ihnen sogar Schatten.

Wichtig ist jedoch, dass sie Gesellschaft haben: Es gibt wenige Dinge, die verlorener aussehen als ein einsamer Gras-„typ". Das Wesentliche bei der Zusammenstellung ist, dass die Anpflanzungserfordernisse übereinstimmen und die Pflanzen aufgrund der Größe ausgewählt werden, damit keines der Gräser eine andere Sorte klein aussehen lässt.

Suchen Sie mehrjährige Blumen aus, die auch noch nach der Blüte ansprechend aussehen, wie zum Beispiel Astern, Sonnenhut, Trichterschwertel, Dierama, Wasserdost, Montbretie und Hohes Fettblatt ‚Herbstfreude'. Die Gräser stehen oftmals länger als die darauf abgestimmten mehrjährigen Pflanzen, daher müssen Sie womöglich Letztere gegen Ende der Jahreszeit zurückschneiden. Die Möglichkeiten sind schier endlos, nehmen Sie also die folgenden Vorschläge als Startpunkt und kombinieren Sie selbst.

Die lebhaft gefärbten Blütenköpfe der *Roten Witwenblume* bilden einen reizvollen Kontrast zu dem hellen Zarten Federgras *(Stipa tenuissima)*.

Purpurglöckchen und Neuseeländische Segge *(Carex comans)* sind beide im Schatten glücklich und gedeihen gut in einem Kübel. Die rötliche Schattierung der Carex (eigentlich eine Segge und kein Gras) ergänzen die Blätter eine der bronzefarbenen Heucherasorten, wie zum Beispiel das Spitzblättrige Purpurglöckchen „Bronze Wave" *(Heuchera villosa)*.

▶ Die violetten Blüten des Lauchs *(Allium komarovianum)* passen gut zum Orient-Lampenputzergras *(Pennisetum orientale)*.

AGräser in großen Horsten sind wohl am eindrucksvollsten, vor allem an Steilufern. Auch zusammen mit anderen, sorgsam ausgewählten Pflanzen sind sie sehr effektvoll.

Das passend benannte Hasenschwanz-Gras *(Lagurus ovatus)* passt gut zu Eisenkraut *(Verbena)*. Die flauschigen, büscheligen Blütenköpfe ergänzen sich hervorragend mit den geraden Stängeln und violetten Blüten des argentinischen Eisenkrauts *(Verbena bonariensis)*.

Die klaren weißgelben Blüten der klassischen Margerite *(Leucanthemum vulgare)* sehen hübsch mit einer der kleineren Pfeifengrasarten aus, beispielsweise Kleines Pfeifengras „Moorhexe" *(Molinia caerulea „Moorhexe")*. Eines der treffend bezeichneten Federborstengräser, das Orient-Lampenputzergras *(Pennisetum orientale)*, passt optimal zu jeder der violettfarbenen Lauchsorten.

Wie verleihe ich meinen Pflanzen sofort Schwung?

Manchmal will man unbedingt etwas in seinem Garten haben, das eine sofortige Wirkung zeigt. Egal, ob sich dort eine neue, nackt aussehende Stelle ergeben oder der Garten schon eine Struktur oder Form hat, aber noch nicht gut genug aussieht. Gibt es adhoc-Lösungen für schnelle, effektvolle Ergebnisse?

Es kostet Geld und Zeit, viele große, kurz vor der Blüte stehende Pflanzen zu kaufen und sie im Garten auszupflanzen, hat aber eine große Wirkung. Gartenpflanzen, etwa einjährige Pflanzen oder bedingt frostharte mehrjährige Pflanzen (oder manchmal Zwiebeln), ergeben rasch einen jahreszeitüblichen, ansprechenden Anblick auf öffentlichen Grünflächen, und dasselbe gilt für Ihren eigenen Garten. Es gibt jedoch zwei Haken: Diese Form des Gärtnerns ist teuer, und Sie werden den Kürzeren ziehen, wenn Sie über eine längere Zeit planen und das Ergebnis nicht so ausfällt, wie Sie sich erhofft haben.

Für wirklich schnelle Ergebnisse kommen Pflanzen in Kübeln infrage. Zudem können diese während des Jahres neu bepflanzt werden, damit sie dauerhaft ansprechend aussehen. Sie können auch etwas schummeln, indem Sie Topfpflanzen in die Lücken einer Rabatte setzen und sie gegebenenfalls mit Ziegelsteinen stützen. Zu einem entsprechenden Preis können Sie auch halbreife Pflanzen kaufen. Mit etwas vorausschauender Planung geben zudem Zwiebeln eine tolle Wirkung im Gegenzug zum benötigten Aufwand.

▼ Winterharte Gartenchrysanthemen begeistern noch lange mit ihrer Farbenpracht, da sie oftmals bis in den November hinein blühen.

WAS IST WAS: EIN- UND MEHRJÄHRIGE PFLANZEN

Viele Leute meinen zu wissen, dass einjährige Pflanzen nur ein Jahr im Garten überdauern, wobei sie eventuell durch Selbstaussaat überleben. Weiterhin glauben sie, dass zweijährig blühende Blumen in einem Jahr gepflanzt werden und im nächsten blühen und dass mehrjährige Pflanzen länger halten, manche für viele Jahre. So einfach ist es aber nicht, da der Begriff „mehrjährig" zahlreiche Pflanzen mit unterschiedlichen Eigenschaften abdeckt.

Winterfeste mehrjährige Pflanzen sind robust genug, um den britischen Winter zu überstehen und erscheinen im folgenden Jahr wieder. Dazu gehören Stauden wie zum Beispiel Hortensien und krautige Pfingstrosen, die im Winter absterben, jedoch im Frühjahr frische Blätter entwickeln. Auch Immergrünpflanzen, beispielsweise die Christrose, die ihre Blätter während der kalten Jahreszeit behalten, sind hier zu nennen. Sogenannte „ziemlich winterfeste" oder „zarte" mehrjährige Pflanzen kommen ursprünglich aus wärmeren Ländern, wie zum Beispiel die Geranie. In ihrer Heimat leben sie ohne besondere Behandlung einige Jahre, aber in kälteren Gefilden überstehen sie den Winter nicht, es sei denn, sie werden vor Frost und Nässe geschützt.

▶ Die Afrikanische Schmucklilie *(Agapanthus)*, ursprünglich in Südafrika beheimatet, hat sommer- und immergrüne Ausprägungen und benötigt Schutz in kälterem Klima.

Alternativ können Sie wie ein erfahrener Gärtner die Jahreszeit im Voraus planen und im Herbst für das folgende Frühjahr pflanzen. Dies ermöglicht winterharten mehrjährigen Pflanzen, sich vor der Blüte anzusiedeln, sodass Sie das volle Potential der Zwiebeln genießen und zarte mehr- oder einjährige Pflanzen für das Frühjahr einplanen können.

Muss ich Zwiebeln ausgraben?

TRADITIONELL wurden in gemäßigten Klimazonen bestimmte Zwiebeln und Knollen, wie zum Beispiel Tulpen, Gladiolen und Dahlien, ausgegraben und den Winter über eingelagert, bevor sie im Frühjahr wieder eingepflanzt wurden. So sollte ihre Blüte im folgenden Jahr sichergestellt werden. Ist dies wirklich notwendig? Kommen sie auch dann wieder zum Vorschein, wenn sie im Boden bleiben?

Einigen Zwiebeln, vor allem Tulpenzwiebeln, ergeht es nach dem ersten Jahr nicht so gut, auch wenn sie ausgegraben und aufbewahrt werden. Einige Gärtner belassen sie in der Erde, düngen sie jedoch nach der Blüte in der Hoffnung, dass die zusätzliche Nahrung sie stärkt, damit sie nächstes Jahr wieder hervorkommen. Andere behandeln sie wie einjährige Pflanzen: Sie entfernen sie nach der Blüte und ersetzen sie im Folgejahr durch neue. Robustere Zwiebelarten bleiben im Boden und kommen wieder, und es gibt eine Vielzahl an Zwiebelarten, die viele Jahre fortbestehen.

Werden die Zwiebeln von Alpenveilchen, Prärielilie, Schachblume, Schneeglöckchen, Krokus und Narzisse ziemlich tief gepflanzt (gewöhnlich dreimal so tief wie die Höhe der Zwiebel), verwildern sie und verbreiten sich.

Ob eine Zwiebel überlebt, wenn sie nicht ausgegraben wird, hängt von dem Winter und der Zwiebel ab. Einige robustere Sorten überstehen den Winter und kommen im nächsten Jahr wieder, während andere – vor allem Dahlienknollen – einfach nicht widerstandsfähig genug sind. Zwiebeln auszugraben ist aber auch nicht immer die Lösung.

Vielen aus Zwiebeln gezogenen Blumen geht es im Gras gut; etwa frühblühenden Sorten, deren Blütezeit vorbei ist, bevor der Rasen gemäht wird. Gute Standorte sind hier am Fuße einzelstehender Laubbäume oder sie sind Teil eines Waldgartens.

▶ Dahlienknollen in der Erde werden oftmals mit einem kalten Winter nicht fertig. Nach der Lagerung pflanzen Sie sie im nächsten Frühjahr wieder ein.

Gibt es Blumen mit Erfolgsgarantie?

Die meisten Artikel über Pflanzen suggerieren, dass die Leser von Natur aus talentierte Gärtner sind. Gibt es denn Blumen mit Erfolgsgarantie, wenn Sie keinen grünen Daumen haben?

Wenn der Gedanke an keimende Samen Sie abschreckt, kaufen Sie stattdessen Setzlinge. Baumschulen verkaufen sie in kleinen Töpfen oder Anzuchtschalen, vom Schöterich bis hin zu Edelwicken, die außer dem Einpflanzen nur wenig Pflege benötigen. Einjährige Pflanzen sind nicht teuer. Edelwicken, die an einem Bambus-Wigwam gezogen wurden, blühen bis zu vier Monate; je mehr Sie davon abpflücken, desto mehr Blüten kommen nach. Die Kanarische Kapuzinerkresse (Tropaeolum peregrinum) ist eine weitere farbenprächtige Option. Sonnenblumen gibt es in üppiger Blüte in strahlendem Gelb oder als kleinere Sorte mit mehreren Blüten, die sich eigentlich besser für den Garten eignen. Leuchtende, dem Gänseblümchen ähnliche Cosmea können in Behälter gepflanzt oder einfach in einem Beet großzügig ausgesät werden.

Kanarische Kapuzinerkresse (*Tropaeolum peregrinum*)

Erfolgreiche Pflanzen

Viele Kräuter sind winterhart und leicht in Behältern zu ziehen, bei wenig Platz nehmen Sie nur dann Basilikum, wenn Sie ein sonniges Plätzchen haben, er braucht Hitze, um zu gedeihen. Weniger problematisch sind die verschiedenen Minzesorten, darunter die exotischeren, beispielsweise Schokoladen- oder Zitronenminze sowie die klassische Gartenvariante. Pflanzen Sie jedoch alle Minzesorten in Behältern: Sie sind berüchtigt dafür, invasiv zu sein. Einfach zu ziehen sind auch Thymian, Salbei, Petersilie und Dill. Grüner und bronzefarbener Fenchel sind nicht nur köstlich zu Fisch und in Salaten, sondern auch wunderschöne, federige Pflanzen, die in nur ein bis zwei Monaten sehr groß werden können. Andere anspruchslose, essbare Optionen sind Kopfsalat, Rettich, Chilischoten und Stangenbohnen. Erbsen sind auch für Kinder leicht anzupflanzen: Zuckererbsen wachsen schnell, und sie können direkt vor Ort herausgepult und gegessen werden.

> **A** Es gibt außergewöhnlich leichtblühende Pflanzen. Auch einige einjährige Pflanzen wachsen sehr schnell. So sind zahlreiche, Erfolg versprechende Sorten erhältlich.

Welche Pflanzen passen zu meinem Garten?

Für die meisten Pflanzen können Sie eine geeignete Stelle im Garten finden, wenn ihnen das Klima behagt. Wenn Sie Ihnen bisher unbekannte Pflanzen ausprobieren, machen Sie sich mit den grundlegenden Gegebenheiten vertraut, wie zum Beispiel Bodenbeschaffenheit und wie viel Sonne den Garten erreicht. So haben Sie auf jeden Fall den richtigen Platz für Ihre Pflanzen.

Der pH-Wert des Bodens gibt an, ober er sauer ist, was auch manchmal heidekrautartig genannt wird, oder alkalisch, auch als lehmhaltig bezeichnet. Bodentester für den Eigengebrauch sind online, im Gartencenter und in Baumschulen erhältlich. Der Säuregehalt wird in pH-Einheiten gemessen. Je geringer der pH-Wert, desto saurer ist der Boden. Ein alkalischer Boden erreicht Werte über 7. Bei einem pH-Wert von exakt 7 spricht man von einem neutralen Boden. Der Großteil der Gartenerde ist schwach sauer mit einem pH-Wert zwischen 6 und 7, was zahlreichen Pflanzen zugutekommt. Bodenpräferenzen sind auf den Etiketten nachzulesen. Einige Pflanzen bevorzugen einen bestimmten pH-Wert.

> Es lohnt sich, den pH-Wert einer neuen zu bepflanzenden Fläche und auch die Sonnenintensität verschiedener Teile des Gartens während des Tages zu prüfen. Eine Bodenuntersuchung erleichtert Ihnen die Auswahl der richtigen Pflanzen, und die Kenntnis über die Lichtverhältnisse in Ihrem Garten verhindert eine falsche Platzierung sonnen- und schattenliebender Pflanzen.

Jene, die einen recht sauren Boden bevorzugen (pH-Wert bei und unter 6), sind Rhododendron, Kamelie, Azalee und Heidekraut.

Das Wichtigste in Bezug auf Boden ist, dass er gesund und fruchtbar bleibt und regelmäßig mit organischem Material gedüngt wird, etwa mit selbst hergestelltem Kompost oder Lauberde.

◀ Die meisten Heidekrautarten mögen sauren Boden. Sie gedeihen zudem auf kalten, weitläufigen und windigen Flächen.

WIE IST IHR GARTEN AUSGERICHTET?

Die Ausrichtung Ihres Gartens sagt Ihnen, wie viel Sonne hineinscheint und wann. Dies spielt bei der Platzierung der Pflanzen eine Rolle, die unterschiedlich viel Licht und Hitze benötigen. Denken Sie daran, dass die Wärme der Sonne am Morgen nicht so intensiv ist wie am Nachmittag, sodass hitzeliebende Pflanzen optimalerweise an Stellen gesetzt werden, die die Sonne später am Tag erreicht. Wissen Sie die Ausrichtung ihres Gartens nicht, nehmen Sie einen Kompass und stellen Sie sich mit dem Gesicht zum Garten und dem Rücken zur Hauswand. Ist Süden direkt vor Ihnen, haben Sie einen nach Süden gerichteten Garten, liegt der Norden vor Ihnen, einen nach Norden gerichteten Garten, und so weiter.

- **Ausrichtung nach Süden**: Bei einem nach Süden ausgerichteten Garten hat die Rückseite des Hauses fast den ganzen Tag über Sonne, während der hintere Zaun tagsüber im Schatten liegt. Schauen Sie vom Haus aus, hat die rechte Seite die Morgensonne und die linke Seite Sonne am Nachmittag und am Abend.

- **Ausrichtung nach Norden**: Liegt Ihr Garten nach Norden, ist die rechte Seite am Morgen im Schatten, während der Schatten in der Mitte des Tages auf die Rückseite und auf beide Seiten des Hauses fällt. Die rechte Seite und die Rückseite des Hauses haben am Nachmittag und am Abend Schatten.

- **Ausrichtung nach Westen**: Geht Ihr Garten nach Westen raus, ist er am Morgen im Schatten, sodass die Sonne gegen Mittag die rechte Seite erreicht und während des Nachmittags und Abends über die Rückseite des Hauses und den Großteil des Gartens wandert.

- **Ausrichtung nach Osten**: Bei einem so ausgerichteten Garten bekommt er am Morgen die meiste Sonne, und der Schatten legt sich am Mittag auf die rechte Seite des Gartens. Gegen Nachmittag bis zum Sonnenuntergang liegt der Garten im Schatten.

Ausrichtung nach Süden

Morgen · Mittag · Abend

Ausrichtung nach Norden

Morgen · Mittag · Abend

Ausrichtung nach Westen

Morgen · Mittag · Abend

Ausrichtung nach Osten

Morgen · Mittag · Abend

Wieso ist mein Lavendel lang und dürr?

LAVENDEL IST ZU RECHT bei Gärtnern und bei Bestäuberinsekten beliebt: Er wächst ohne Probleme, er duftet toll und sieht gut aus, und es gibt zahlreiche Sorten. Obwohl er allgemeinhin anspruchslos ist, gibt es einige Dinge, unter anderem ein gewisses Maß an Pflege, zu beachten.

Im Gegensatz zu anderen anspruchsvollen Pflanzen aus dem Mittelmeerraum verträgt Lavendel schwere, nasse Böden, obwohl er eigentlich nährstoffarme, kalkhaltige, alkaline Böden bevorzugt. Sie können ihm bei schweren Böden entgegenkommen, indem Sie ihn in Hochbeeten oder auf Erdhügeln anpflanzen. Eine Lavendelhecke pflanzen Sie auf einer Erhöhung, um die Wasserabführung zu erleichtern. Lavendel wächst auch gut in Töpfen und Kübeln.

Er sollte jährlich nach der Blüte zurückgeschnitten werden, im Spätsommer oder Frühherbst. Das ist ganz einfach: Schneiden Sie die Stängel um ungefähr 2,5 Zentimeter zurück, aber nicht bis zum holzigen Teil der Stängel: Die Pflanze benötigt etwas Grün, von dem aus sie im nächsten Jahr wachsen kann.

> Dürrer und strähniger Lavendel ist normalerweise nicht gestutzt worden. Er benötigt jedoch jährlich einen Rückschnitt, um ansprechend auszusehen. An der Basis kann der Lavendel holzig werden, und in schweren Böden tritt dies in vergleichsweise kurzer Zeit auf. Auch bei sorgsamer Pflege hält Lavendel nicht für immer.

Alt raus, neu rein: Ableger gewinnen

Besteht dann doch der untere Teil nur aus trockenen Zweigen und befinden sich die Blätter und Blumenstängel lediglich auf der Spitze des Lavendels, muss die Pflanze ersetzt werden, jedoch nicht an dieselbe Stelle.

Von Lavendel kann man leicht Ableger nehmen: Trennen Sie im Frühsommer nicht blühende, circa 7,5 Zentimeter lange Triebe von der Pflanze ab. Entfernen Sie die Blätter bis auf einige am oberen Teil. Machen Sie einen sauberen Schnitt am Stängel genau über dem

FÜNF EMPFEHLENSWERTE LAVENDELSORTEN

Sie reichen von der englischen klassischen Sorte „Munstead" bis zu der weiß blühenden Sorte „Edelweiß".

Englische Lavendelsorten (Abb. rechts). *Echter Lavendel „Munstead" (Lavandula angustifolia „Munstead").* Beliebte alte Sorte und eine gute Wahl für Lavendelhecken. Sie wird 45 Zentimeter hoch, ihre Ausdehnung beträgt ungefähr 60 Zentimeter.

***Lavandula × chaytoriae* "Sawyers".** Große Sorte mit silbrigen Blättern und lila-blauen Blüten. Sie wird bis zu 70 Zentimeter groß und 120 Zentimeter breit.

Französische Lavendelsorten (Abb. rechts unten). Schmetterlingslavendel „Prolil" *(Lavandula stoechas subsp. stoechas Lilac Wings „Prolil")* ist ein gutes Beispiel: Jede einzelne, purpurfarbene Blütenähre scheint von kleinen lilanen Flügeln gekrönt zu sein. Kompakte Pflanze mit grüngrauen Blättern und einer Höhe und Breite von jeweils 40 Zentimetern.

Zwergsorten. Der Echte Lavendel „Miss Muffet" *(Lavandula angustifolia Miss Muffet "Scholmis")* macht sich gut in Kübeln, als Beetbegrenzung oder niedrige Hecke. Violettblaue Blüten, er wird 30 Zentimeter hoch und bis zu 50 Zentimeter breit.

***Lavandula × intermedia* 'Edelweiss'.** Recht große, buschige Sorte mit unzähligen weißen Blütenähren. Wird 75 Zentimeter hoch und 90 Zentimeter breit.

Blattknoten und pflanzen Sie den Trieb in einen kleinen, mit Blumenerde und Kies gefüllten Topf, damit das Wasser ablaufen kann. Vermeiden Sie direkte Sonne und halten Sie die Erde nicht zu nass. Nach der Wurzelbildung werden auch die Blätter wachsen.

Was hat meine Clematis absterben lassen

WAS IST PASSIERT, wenn eine bisher gesunde und jahrelang blühende Clematis plötzlich und ohne jede Vorwarnung eingeht? Hätte sie gerettet werden können?

Clematis erleiden manchmal tatsächlich einen Kollaps und sterben ab. Für die Clematiswelke (genauer als „Stängelfäule" bezeichnet) wird oftmals ein Pilz beschuldigt. Es kann aber auch an anderen Gründen liegen.

Das Welken der Clematis wird durch den Pilz Ascochyta clematidina verursacht. Clematis-Sorten mit großen Blüten scheinen dafür anfälliger zu sein als jene mit kleinen Blüten. Sowohl groß- als auch kleinblütige Sorten welken plötzlich, wobei jedoch Studien zufolge der Pilz nicht immer gefunden wurde. Manche Leute glauben, dass ein nicht idealer Standort der Grund dafür ist. Clematis bevorzugen tiefe, feuchte Erde und eine ziemlich schattige Umgebung. Wenn sie sich also im Regenschatten eines Gebäudes oder an einer zu heißen Mauer hochranken, können sie Schaden nehmen. Zur Vermeidung von Regenschatten empfiehlt es sich, die Pflanze etwas von der Mauer entfernt anzupflanzen, sie großzügig zu mulchen und andere Pflanzen am Fuße der Clematis anzusiedeln, damit deren Wurzeln im Schatten liegen.

Maßnahmen bei Clematiswelke

Schneiden Sie die verwelkten Stängel bis zu der gesunden Stelle zurück und verbrennen Sie die Triebe. Werfen Sie diese nicht auf den Komposthaufen. Desinfizieren Sie die verwendeten Hoch-Entaster oder Gartenscheren. Neue, gesunde Schösslinge können zum Vorschein kommen, jedoch nicht immer. Manchmal stirbt die Pflanze auch ab.

Müssen Sie doch Ihre Clematis ersetzen, wählen Sie vorzugsweise einen neuen Standort. Ist dies aufgrund eines kleinen Gartens nicht möglich, tauschen Sie stattdessen die Erde aus. Graben Sie so viel Erde wie möglich der alten Pflanze aus (dabei ist eine vollständige Entsorgung der Erde maßgeblich; verwenden Sie sie nicht wieder). Mischen Sie reichlich neues organisches Material unter. Wässern und mulchen Sie die neue Clematis, damit sie sich ansiedeln kann.

◀ Die von der Clematiswelke befallenen Blätter schrumpfen rasch, von der Spitze der Pflanze nach unten.

WENIGER FÜR DIE CLEMATISWELKE ANFÄLLIGE SORTEN

Alle nachfolgend genannten, sommergrünen Clematissorten sind gegenüber dieser Erkrankung recht widerstandsfähig. Die letztgenannte, *Clematis viticella*, scheint am wenigsten anfällig für diesen Pilz zu sein.

Alpenwaldrebe *(Clematis alpina)*
Einzelne Blüten (vier Blütenblätter) in Glockenform oder offen, die an Sterne erinnern.

Großblütige Alpenwaldrebe *(Clematis macropetala)* Diese ähnelt den Alpensorten, doch hier sind die Blüten halb oder voll gefüllt (mehr als vier oder fünf Blütenblätter).

Mongolische Waldrebe *(Clematis tangutica)* Diese Clematissorte hat glockenförmige, hängende Blüten in lebhaftem Gelb sowie dicke, fleischige Blütenblätter wie Zitronenschale. Robuste und kräftige Sorte.

Bergwaldrebe *(Clematis montana)*
Energische Kletterpflanze mit einer potentiellen Ausdehnung von 12 Metern, die Blüten können halb oder voll gefüllt sein. Obwohl sie nicht so groß wie die „großblütigen" (und welkanfälligeren) Sorten ist, blüht sie oftmals üppig.

Italienische Waldrebe *(Clematis viticella)* Diese Art schließt Sorten mit halb oder voll gefüllten Blüten ein, welche offen sind oder glockenförmig herunterhängen.

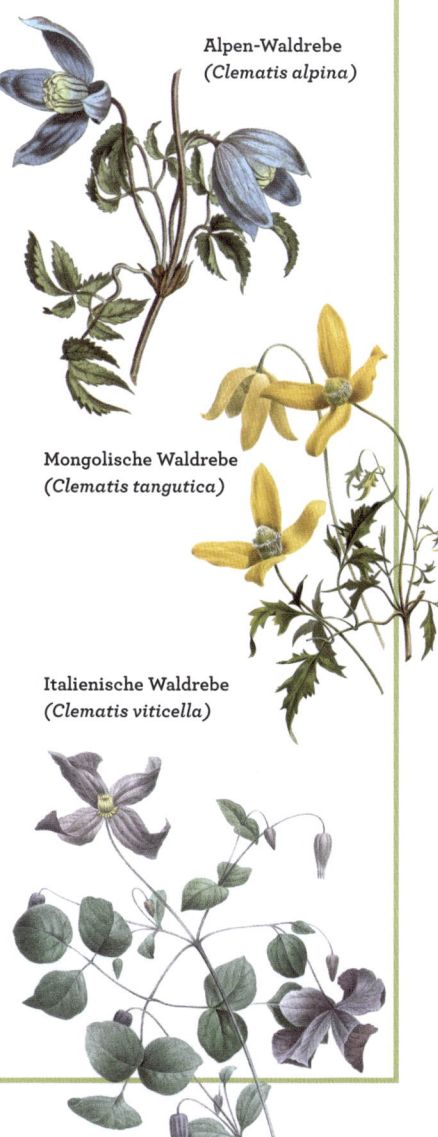

Alpen-Waldrebe
(Clematis alpina)

Mongolische Waldrebe
(Clematis tangutica)

Italienische Waldrebe
(Clematis viticella)

Wie ziehe ich Stecklinge?

ES IST BEKANNT, dass Pflanzen die erstaunliche Fähigkeit haben, neue Pflänzchen aus eigenen, abgetrennten Teilstücken zu entwickeln. Wie kann man Ableger von Lieblingspflanzen nehmen, um den Bestand im Garten zu erweitern?

Ein Ableger ist der Teil einer Pflanze – etwa ein Stück oder die Spitze eines Stängels, eine Wurzel oder sogar ein Blatt, das zur Wurzelbildung angeregt wird.

Stecklinge sind relativ leicht zu ziehen. Werden sie geschützt aufbewahrt, bis sie wurzeln und wachsen, können Sie daraus unzählige neuer Jungpflanzen gewinnen. Eine andere, lohnenswerte Methode ist das Absenken (siehe Kasten rechts).

Ableger können von den meisten Pflanzen genommen werden. Sie benötigen eine saubere, scharfe Klinge, kleine Töpfe mit Wasserablauflöchern und etwas leichtes, durchlässiges Material zum Einpflanzen der Ableger. Dies kann eine Mischung aus Topferde und Quarzsand, Perlit oder Vermiculit sein. Ableger von Weichholz werden normalerweise im Frühjahr von jungen Triebspitzen sommergrüner Sträucher sowie winterharter oder empfindlicher Stauden genommen. Halbreife Stecklinge kann man in der Zeit zwischen Hochsommer und Mitte des Herbstes ziehen, wenn die Triebe eine harte Basis entwickelt haben. Diese Ableger werden üblicherweise unter anderem von Kletterpflanzen, immergrünen Sträuchern, Kräutern und Bodendeckern genommen (siehe Seiten 44-45 für die Basismethode).

◀ Stecklinge von zarten Stauden, wie hier der Fuchsie, können im Frühjahr gewonnen und direkt in eine Mischung aus Topferde und Vermiculit eingepflanzt werden.

ABSENKEN

Absenken ist unter Gärtnern nicht so bekannt wie das Ziehen von Stecklingen, was schade ist, denn es ist recht einfach. Obwohl es keine schnelle Methode ist, funktioniert es oft bei Pflanzen, bei denen Stecklinge nicht so gut gelingen, einschließlich Jasmin, Magnolie und Kamelie.

Es gibt verschiedene Variationen der Methode, aber die einfachste besteht darin, den Trieb einer Pflanze zur Wurzelbildung anzuregen, ohne ihn von der Mutterpflanze abzutrennen. Eine sommergrüne Pflanze können Sie im Winter oder Frühjahr absenken, eine immergrüne am besten im Winter. Sie benötigen dafür Wurzelpulver, ein Stück Draht und ein Bambusrohr. Die Pflanze muss groß genug sein, um einen biegsamen, ungefähr 40 Zentimeter langen Trieb zu haben.

▼ Absenken ist zeitintensiv, aber so entsteht eine robuste neue Pflanze, die innerhalb eines Jahres etabliert sein sollte.

1 Ziehen Sie den biegsamen Trieb bis auf Bodennähe und markieren Sie den Punkt, an dem der Trieb den Boden berührt, mit dem Bambusrohr.

2 Schneiden Sie mit einem scharfen Messer einen fünf Zentimeter langen Spalt der Länge nach in den Stängel, wobei dieser Schnitt durch eine Blattknospe geht. Markieren Sie ihn mit Wurzelpulver.

3 Machen Sie eine ungefähr 10 Zentimeter tiefe Rille in die Mitte zwischen dem Bambusrohr und der Mutterpflanze und stecken Sie das eingeschnittene Stück des Stängels zusammen mit dem zu einer Öse gebogenen Draht in die Rille.

4 Befestigen Sie die unbedeckte, nach oben weisende Spitze des Triebs an dem Rohr.

5 Füllen Sie die Rille über dem befestigten Stängel mit Erde, drücken Sie diese leicht an und wässern Sie sie gegebenenfalls.

Innerhalb eines Jahres schlägt der abgesenkte Trieb Wurzeln und entwickelt sich zu einer eigenständigen Pflanze, sodass diese von ihrer Mutterpflanze abgetrennt und an eine neue Stelle gesetzt werden kann.

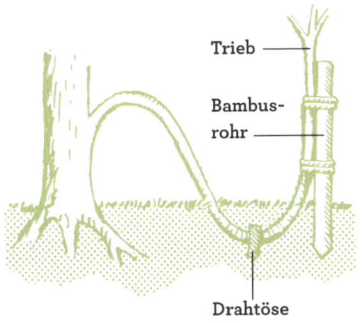

Trieb

Bambusrohr

Drahtöse

Wie gehe ich mit giftigen Pflanzen um?

Einige Pflanzen können Schaden anrichten,

so zum Beispiel der milchige Pflanzensaft der Wolfsmilch kann bei empfindlicher Haut Ausschlag verursachen. Aber gibt es wirklich gefährliche Gartenpflanzen und sollte daher auf sie verzichtet werden?

In Bezug auf Unfälle ist Ihr Haus viel gefährlicher als Ihr Garten. Umsichtiges Gärtnern, wie zum Beispiel das Tragen von Handschuhen, das Waschen der Hände nach der Gartenarbeit und der Verzicht auf Essen und Trinken während des Umgangs mit Pflanzen oder Gartenabfällen schützen Sie beim alltäglichen Kontakt mit den meisten Pflanzen, sogar giftigen.

Nur sehr wenige Pflanzen in einem gewöhnlichen Garten können Ihnen schaden, solange Sie sie nicht essen. Ein bedachtsamer Umgang mit den verschiedenen Eigenheiten der Pflanzen ist empfehlenswert, und Kinder sowie Tiere sollten von giftigen Pflanzen ferngehalten werden.

Kennen Sie Ihren Feind

Die meisten giftigen Pflanzen sind nur dann gefährlich, wenn sie gegessen werden. Lassen Sie kleine Kinder nicht unbeaufsichtigt im Garten und bringen Sie ihnen bei, Blätter, Blumen oder andere Pflanzenteile nicht in den Mund zu stecken, sobald sie alt genug dafür sind. Die meisten Haustierbesitzer wissen, ob ihre Lieblinge Pflanzen mögen (viele Hunde und Katzen zeigen diesbezüglich kein Interesse) und sollten dementsprechend ein Auge darauf haben.

Hochgiftige Pflanzen sind unter anderem Eibe (Taxus), Fingerhut (Digitalis), Wandelröschen (Lantana), Blauer Eisenhut (Aconitum napellus) und die Christuspalme (Ricinus communis). Sie müssen mit den Pflanzen in Ihrem Garten vertraut sein.

▶ Blauer Eisenhut *(Aconitum napellus)* ist nur bei Verzehr hochgiftig. Tragen Sie Schutzhandschuhe.

Entsorgen Sie bedenkliche Pflanzen. Seien Sie vor allem vorsichtig bei leuchtenden Beeren wie beispielsweise Eibe oder Gefleckter Aronstab, die für kleine Kinder wie Bonbons aussehen, allerdings für Menschen nicht schmackhaft sind. Andere Gefahren im Garten sind Pflanzen mit winzigen Härchen, die die Haut reizen und bei intensiver Sonneneinstrahlung sogar starke Verbrennungen verursachen.

Umgang mit Notfällen

Bringen Sie bei einem Vergiftungsverdacht das Kind ins Krankenhaus und nehmen Sie die betreffende Pflanze mit. Versuchen Sie nicht, ein Erbrechen zu erzwingen, auch nicht bei einem vergifteten Tier. Bringen Sie dieses zum Tierarzt.

WIESO KÖNNEN VÖGEL PROBLEMLOS EIBENBEEREN FRESSEN?

Vögel lieben Beeren, und man sieht oft, wie sich eine Amsel oder eine Drossel, offensichtlich unbeschadet, an den roten Eibenbeeren labt. Der Grund dafür ist, dass die Vögel lediglich das süße Fruchtfleisch fressen; der Samen, der einzige giftige Teil der Beere, wird unzerteilt ausgeschieden.

Es gibt noch weitere Pflanzen, die von Wildvögeln vertragen werden, von Menschen jedoch nicht. Ein Beispiel ist der Gefleckte Schierling aus der Familie der Doldenblütler (*Conium maculatum*), der Coniin enthält, ein Gift, das das menschliche Nervensystem zum vollständigen Erliegen bringen kann. Wieso Coniin Vögeln keinen Schaden zufügt, konnte noch nicht geklärt werden. Jedoch reichert es sich in ihrem Organismus an, denn in Italien kam es 2007 bei mehreren Personen nach dem Verzehr von erlegten Singvögeln zu Vergiftungsfällen. Die Ärzte schlossen daraus, dass das in den Vögeln gespeicherte Coniin die Menschen vergiftet hatte.

Europäische Eibe
(Taxus baccata)

Wie vermeide ich Räuber in meinem Garten?

Es ist nervig genug, wenn Sie von hartnäckigem Unkraut wie Giersch oder Ackerschachtelhalm heimgesucht werden, jedoch noch mehr, wenn Sie den unwillkommenen Zuzügler selbst einschleppen. Vorsicht vor Fremden, zumindest wenn sie den Pflanzen angehören – verschaffen Sie sich einen Überblick, bevor sie Wurzeln schlagen.

Die meisten Rowdys im Garten sind Plagegeister aufgrund ihrer schier unaufhaltsamen Vitalität: Pflanzen, die zu schnell wachsen, selbst aussamen und rasend schnell unterirdisch Wurzeln, Wurzeltriebe oder Zwiebeln ausbilden. Junges Unkraut auszureißen kann zu einer dauerhaften, lästigen Pflicht werden. Meerrettich beispielsweise entwickelt extrem tiefe Wurzeln. Der Silberregen, zur Verdeckung eines hässlichen Zauns gepflanzt, sieht hübsch aus, beweist jedoch rasch, dass sein englischer Trivialname „mile-a-minute" (Meile pro Minute) eine beinah wörtliche Beschreibung seines Wachstumstempos ist.

Kontrolle ausüben

Häufiger Rückschnitt sowie Radikalschnitt können manchmal die Dinge über der Erde in Ordnung halten; unter der Erdoberfläche kann die Schlacht mit Invasoren wie dem Bambus ein langer Kampf sein. Hat sich ein Gartenrowdy erst einmal angesiedelt, müssen Sie alles tun, um ihn auszumerzen. Eine allgegenwärtige Pflanze kann eines der wenigen Argumente für den Einsatz chemischer Mittel sein, nämlich systemischer zugelassener Unkrautvernichtungsmittel. Entscheiden Sie sich für den chemischen Weg, recherchieren Sie sorgfältig vor dem Gebrauch, und verwenden Sie nur die Menge, die für die Beseitigung des Schurken absolut notwendig ist. Nicht chemische Maßnah-

> Recherchieren Sie vor dem Kauf einer Pflanze und lesen Sie Beschreibungen aus verschiedenen Quellen. Sprechen Sie mit jemandem, der diese Pflanze bereits hat. Ein unschuldig klingender „hervorragender Bodendecker mit ausgebreitetem Wuchs" kann schnell zu einem „invasiven Ärgernis" werden, wenn Sie ihn näher kennenlernen.

◀ Das Pampasgras *(Cortaderia selloana)* ist in Großbritannien unter Kontrolle, in vielen Bundesstaaten der USA gilt es jedoch als invasiv.

Japanischer
Staudenknöterich
(Fallopia japonica)

men sind zum Beispiel Ersticken, indem eine schwarze, stark beschwerte Plastikplane auf der Erdoberfläche ausgebreitet wird.

In extremen Fällen kann auch eine Rinne um die Fläche herum ausgehoben und mit Plastikfolie ausgelegt werden, um Ausbrüche unter der Erdoberfläche zu verhindern. Eine sorgfältige, aber umso zeitintensivere Methode ist das Ausgraben der Störenfriede.

Entsorgen der Leiche

Werfen Sie die Gartenstrolche nicht auf den Komposthaufen. Geringe Mengen können Sie verbrennen, größere zu Abgabestellen für Gartenabfälle bringen. In einigen Fällen gibt es besondere Vorschriften, wie berüchtigtes Unkraut zu vernichten ist. Der Japanische Staudenknöterich etwa ist über die städtische Kompostieranlage zu entsorgen.

VORSICHT IST BESSER ALS NACHSICHT

Zuweilen verhindert man am besten direkt einen Ausbruch. Einige kleinere schwer zu bändigende Pflanzen, etwa die Minze, können eingetopft unter Kontrolle gehalten werden: in herkömmlichen Kübeln oder auch als unsichtbare Wurzelbarriere in ein Beet oder eine Rabatte eingelassen. Um ansprechende, aber invasive Pflanzen zu setzen, wie viele Vertreter der eleganten Bambusfamilie, gehen manche Gärtner so weit, sie in einer großen Mulde zu begrenzen, die mit einer schützenden Plastikfolie ausgelegt wird.

Acker-Minze,
(Mentha arvensis)

Welche Blumen leben am längsten?

GIBT ES PFLANZEN mit außergewöhnlich langer Blütezeit? Gibt es also welche, die fast das ganze Jahr über blühen?

> Der mehrjährige Schöterich blüht außergewöhnlich lang, aber damit ist er ziemlich allein auf weiter Flur. Die meisten Pflanzen haben sich dahingehend angepasst, den Zeitabschnitt in Blüte zu verbringen, der ihnen die besten Erfolge bei der Bestäubung verschafft. Probieren Sie Pflanzen mit doppelt gefüllten Blüten aus, die Bestäuberinsekten nicht so leicht Zugang bieten und daher tendenziell länger blühen.

Keimen und Blühen sind für eine Pflanze ziemlich kräftezehrend, wodurch ihre Ressourcen ermüden. Daher ist es wichtig, es richtig zu machen – eine Blütezeit fast über das ganze Jahr wäre für die Pflanze zu anstrengend und würde keine Energie mehr für die eigene Reproduktion übriglassen. Im Allgemeinen unterbricht die Blume ihre Blüte nach der Befruchtung und fährt mit der Herstellung lebensfähiger Samen fort, um ihr Fortbestehen zu gewährleisten.

Die langlebigeren Ausnahmen sind Pflanzen mit „doppelt gefüllten Blüten", die viel mehr Blütenblätter als jene Sorten mit einfachen Blüten haben. Obwohl sie immer noch Bestäuber anlocken, haben sie keine Struktur, die eine Bestäubung und somit eine längere Blütezeit ermöglicht. Es sind einige neue Sorten sogar auf Sterilität gezüchtet worden, sodass sie sich nicht fortpflanzen können. Wollen Gärtner mehr von diesen ansprechenden, aber sterilen Pflanzen haben, müssen sie sie kaufen, Ableger nehmen oder die bereits vorhandenen Pflanzen teilen.

◀ Eine attraktive, rostfarbene Sorte der Schafgarbe *(Achillea)*, deren Blütenköpfe den ganzen Sommer über blühen und erst im späten September verwelken.

ACHT MEHRJÄHRIGE PFLANZEN MIT SEHR LANGER BLÜTEZEIT

Gewöhnlicher Sonnenhut (*Rudbeckia*). Leuchtend gelbe Strahlenblüten mit dunklem Blütenkörbchen, in Blüte stehend von Juni bis November.

Bartfaden *(Penstemon)*. Filigrane Blütenstaude mit an Fingerhut erinnernde Blüten, deren Schattierungen von Pink, Rot, Lila, Blau bis hin zu Cremetönen reichen. Blüht von Juni bis November.

Rote Witwenblume *(Knautia macedonica)*. Eine dunkelrote Knautie mit nadelkissenartigen Blüten. Sie blüht von Anfang Juni bis Ende September. Die meisten Knautien haben eine lange Blütezeit; ziehen Sie daher auch weiße oder blaue Sorten in Betracht.

Wolfsmilch *(Euphorbia)*. Viele Wolfsmilch-Sorten blühen früh im Jahr, bevor es viele andere Farben zu sehen gibt, und haben eine Blütezeit von über drei Monaten. Es gibt Sorten für fast jede Gelegenheit.

Große Sterndolde *(Astrantia major „Alba")*. Die weißblühende Sorte der hübschen, spitzblättrigen Sterndolden. Es gibt sie auch in Pink-, Rot- und Fliedertönen. Sterndolden fühlen sich im Schatten wohl und blühen von Mai bis Oktober.

Purpur-Sonnenhut *(Echinacea purpurea)*. Die verbreiteste unter den Sonnenhüten mit einem markanten, rostfarbenen und kegelförmigen Blütenboden und einer lilafarbenen, schmalblättrigen Blüte. Blüht von Juli bis Oktober, sofern die welken Blüten ausgepflückt werden.

Schafgarbe *(Achillea)*. Eine große Gruppe unkomplizierter mehrjähriger Pflanzen mit federigen Blättern und flachen Blütenköpfen in vielen verschiedenen Farben, die von Weiß und Pink über Schattierungen von Gelb und Terrakottafarben bis hin zu Rot reichen. Blüht von Juni bis in den September.

Geranien *(Geranium)*. Einige mehrjährige Geraniensorten haben eine extra lange Blütezeit. Drei gute Beispiele sind die Hybride ‚Rozanne" Gerwat (Abbildung rechts), „Anne Folkard" (lebhaftes Magenta) und „Orion" (Violettblau).

Wieso wachsen meine Blumen nicht auf der richtigen Seite?

Wieso ist meine Rose, die so schön im ersten Jahr geblüht hat, zur anderen Seite des Gartenzauns gewandert? Vorbeigehende Leute erfreuen sich nun an den Blumen, aber nicht die Leute diesseits des Zauns.

Die Rose blüht nicht auf der falschen Seite, sie ist am falschen Ort gepflanzt worden. Kletterpflanzen sind Opportunisten, die jede Chance zur Maximierung des verfügbaren Lichts nutzen, daher verhält sich Ihre Rose ganz natürlich.

Japanischer Storaxbaum „Rosace"
(Viburnum plicatum f. plicatum „Rosace")

Die Rose war wahrscheinlich für den Ort, an dem sie gepflanzt wurde, nicht geeignet. Sie hat im ersten Jahr in Ihrem Garten geblüht, weil sie noch nicht groß genug war, um über und durch den Zaun zu gelangen. Von nun an werden jedoch die meisten ihrer Blüten auf der „falschen", der Sonne zugewandten, Seite blühen.

Die Pflanze dem Standort anpassen

Ist der Ort zu schattig für eine Rose, wählen Sie lieber eine andere Pflanze, wie etwa Kamelie, Mahonie oder Schneeball. Immergrüne Pflanzen sind die beste Option, wenn es dort wirklich schattig ist, da sie auch noch im Winter gut aussehen. Standorte mit unregelmäßigem Lichteinfall bewirken auch ein unregelmäßiges Pflanzenwachstum.

Japanische Kamelie
(Camellia japonica)

Was kann ich tun, wenn ich keine Blumen mag?

BLUMEN scheinen den Mittelpunkt in beliebten Gartensendungen und -zeitschriften zu bilden, und immer dann, wenn Gartenarbeit das Thema ist. Aber was ist, wenn Sie eher grüne Vegetation bevorzugen? Ist ein Garten ohne Fokus auf Blumen möglich?

Das Weglassen von Blumen aus der Gleichung kann interessante Formen der Gartengestaltung ergeben. Die vor kurzem aufgekommene Beliebtheit von Gärten im japanischen Stil hat die Idee, wie ein „grüner" Garten aussehen kann, erweitert: Denken Sie zum Beispiel an Ahorn, Farne, Gräser und sogar Moose, die ganz ohne Blüten eine verblüffende Wirkung erzielen.

Heufiebergeplagte können jedoch enttäuscht sein, wenn sie glauben, dass ein Garten ohne Blumen ihre Symptome lindert. Die Reizungen werden vor allem durch die Pollen von Gräsern und Bäumen verursacht, und Pollen kann weit reisen. Die Quelle Ihrer Beschwerden kann also viel weiter entfernt als Ihr eigener Garten sein. Es lohnt sich, pollenreiche Pflanzen zu recherchieren und sie im Garten nicht anzupflanzen, aber erwarten Sie keine Wunder.

Struktur

Wenn Sie Blumen ausklammern, könnten Sie überrascht sein, wie farbenfroh und abwechslungsreich Laub sein kann. Beurteilen Sie Pflanzen aufgrund ihrer Blätter und Gesamtform anstatt ihrer Blüten. Erkundigen Sie sich beim Pflanzenkauf nicht nur nach Blumen, sondern auch nach Blättern: Wie lange werden diese halten und ändert sich die Farbe im Laufe der Jahreszeit? Wie sehen sie aus, wenn sie verwelken? Die Antworten können Ihnen etwas über die Rolle der Pflanze in Ihrem Garten sagen. Haben Sie genug Platz für Bäume, ziehen Sie Ahorn, Eukalyptus und Vogelbeere wegen ihres tollen Laubs in Betracht, oder auch die Weißbirke aufgrund ihrer Rinde. In Beeten und Rabatten können feine Grashalme mit breiten Blättern mit anderen mehrjährigen Pflanzen kombiniert werden. Sträucher wie Wermut oder Klebsame haben ebenfalls Laub, das ihre Blüten überstrahlt. Auch viele Bodendecker wie Lungenkraut, Funkie oder Sockenblume besitzen hübsches Blattwerk.

Es ist nicht schwierig, auf Blumen zu verzichten. Trotz ihrer Beliebtheit vertrauen die meisten Gärtner auf eine grüne Struktur im Garten. Dies ist ein wichtiger Aspekt für alle, die sich für Gartengestaltung interessieren.

Kapitel | 2 |

Essbare Pflanzen

Wieso sind meine Möhren krumm?

Manchmal hat selbst gezogenes Gemüse eine sehr individuelle Form. Krummbeinige Möhren, gespaltene Kartoffeln oder verformte Tomaten sind immer wieder im Gemüsebeet zu finden. Was verursacht in sich verwundene Möhren, und woher weiß man, ob man sie essen kann oder nicht?

Gemüse entwickeln oft eine komische Form, weil sie in klumpiger Erde gewachsen sind; sie schmecken aber trotzdem gut. Viele Supermärkte verkaufen inzwischen sogar verformtes Gemüse. Jedoch können die Verformungen auch von Schädlingen und Krankheiten herrühren, wodurch das Gemüse unter Umständen nicht essbar ist.

▲ Die Zubereitung verdrehter Möhren dauert vielleicht länger, sie sind aber trotzdem sehr schmackhaft.

Möhren können im Wachstum gehemmt werden oder sich verformen, wenn sie als winzige Setzlinge ihren Weg durch nährstoffarme oder klumpige Erde finden mussten oder zuerst eng zusammenwuchsen und dann stark ausgelichtet wurden. Das Gerücht, dass krummbeinige Möhren durch Überdüngung verursacht werden, hält sich nach wie vor hartnäckig. Obwohl Möhren und Pastinaken oftmals als Jungpflanzen in Modulwannen verkauft werden, die direkt in das Gemüsebeet eingepflanzt werden können, gehen erfahrene Gärtner schnurstracks daran vorbei. Sie wissen, dass eine Umsetzung der Jungpflanzen auf diese Weise fast immer zu extrem verformten Exemplaren führt.

Andere Probleme

Gespaltenes Gemüse ist en anderes Problem. Kartoffeln, Rüben, Radieschen und Möhren sind der Länge nach aufgespalten, sodass das Innere sichtbar wird. Kartoffeln können auch merkwürdig geformte Beulen herausbilden. Obwohl sie noch essbar sind, ist die Zubereitung von aufgespaltenem Gemüse zeitaufwendiger, und ein erheblicher Anteil davon muss weggeworfen werden.

Essbare Pflanzen

> **CATFACING BEI TOMATEN**
>
> Nicht nur verformtes Wurzelgemüse kommt im Gemüsegarten vor. Bei dem sogenannten Catfacing sind die Früchte stark gefurcht und übergroß. Dies hat verschiedene Ursachen, einschließlich zu niedrige Temperaturen während der Entwicklung und zu hoher Stickstoffgehalt im Boden. Dennoch sind die betroffenen Tomaten essbar, wenn man die schadhaften Stellen entfernt.

Blattläuse können Viren auf gesundes Gemüse übertragen. Der wohl verheerendste Schädling ist die Möhrenfliege, deren Larven Möhren und andere Wurzelgemüsesorten zerstören, indem sie zahllose Tunnel hineingraben und sie ungenießbar machen. Die Fliege wird durch den Duft der jungen Möhrenblätter angezogen, der noch stärker ist, wenn die Blätter zerdrückt werden. Seien Sie also vorsichtig, wenn Sie jäten, um diese Fliege nicht anzulocken.

Eine gute Ernte erzielen

Geben Sie Ihren Möhren die besten Chancen, indem Sie Modellexemplare ziehen und das Beet sorgfältig und großflächig anlegen. Sie können auch frühzeitig pflanzen und den problematischen Wechsel zwischen Trockenheit und unterbrochener Wasserversorgung vermeiden, der später im Jahr kritisch werden kann. Ist Ihr Boden für Möhren nicht geeignet, etwa schwerer Lehmboden, steinig oder flach, entscheiden Sie sich für stumpfwurzelnde Möhrensorten. Wie ihr Name schon sagt, haben sie naturgemäß stumpfe Enden, die nicht so sehr zu Verformung neigen wie Möhren mit feinen Wurzeln, da sie auch minderwertige Erde durchdringen.

Die Ursache ist oft eine unzureichende Menge des während des Wachstums zugeführten Wassers. Trocknet der Boden um das Gemüse herum aus, bevor starker Regen fällt oder es genügend gegossen wird, „trinkt" es mehr als seine Struktur aufnehmen kann und spaltet sich folglich auf. Werden Möhren von Nematoden befallen, färben sich nicht nur die Wurzeln gelb, sondern verkümmern auch und das Innere der Möhren wird holzig.

▼ Ein Aufplatzen der Möhre hat ein trockenes und holziges Inneres zur Folge, sodass der Großteil von ihr weggeworfen werden muss.

Schützen Sie die sich entwickelnden Pflanzen mit einem feinmaschigen Netz oder Vlies, um virustragende Blattläuse und Möhrenfliegen abzuhalten. Nematodenbefall wird am besten durch Fruchtwechsel verhindert, wobei eine bestimmte Gemüsesorte möglichst nur alle drei Jahre an derselben Stelle gepflanzt wird.

Wie sieht mein Gemüsebeet hübscher aus?

DAS HERKÖMMLICHE GEMÜSEBEET mit seinen geraden Umrandungen kann auch auf ganz eigene Art schön aussehen. Aber wie können Sie von der strengen Ausgestaltung wegkommen und mehr Flair und Kreativität in Ihren Gemüsegarten bringen?

Der ursprüngliche Grund für straff gestaltete Gemüsegärten war Arbeitsersparnis. Kulturpflanzen in exakten Reihen und ordentlichen, separaten Beeten sind leichter zu jäten. Genug Platz zwischen den Ackerfrüchten stellt sicher, dass die Erde in den Beeten selbst nicht betreten wird und sich nicht verdichtet. Die meisten Gärtner heutzutage bepflanzen relativ kleine Gemüsebeete, daher gibt es keinen Grund, wieso Sie Ihre Beete nicht genauso kreativ wie den Rest Ihres Gartens planen sollten.

Visuelle Anreize

Bei der Planung der für die jeweilige Jahreszeit typischen Feldfrüchte sollten Sie Aussehen und Geschmack berücksichtigen. Dies schließen alle Aspekte der Pflanze ein: die Farbe ihrer Blätter und Blüten, ihre Ausdehnung und ihre Höhe.

Wählen Sie ansprechende Stützvorrichtungen für rankende Nutzpflanzen – Bohnen, Erbsen und andere Kletterpflanzen ranken hier genauso wie auch an gewöhnlichen Vorrichtungen mit Stäben und Bindfäden. Bögen, Weiden-Wigwams und Obelisken aus Holz sehen auch gut aus und bilden Akzente zwischen niedrig wachsenden Kulturpflanzen.

Schönheit liegt natürlich im Auge des Betrachters, und viele Gärtner erfreuen sich an einem gut gepflegten und produktiven Gemüsebeet. Sie können jedoch auch große Pflanzen für Struktur, Kulturpflanzen mit leuchtenden Blüten und hübsche Rankhilfen für Ihre Kletterpflanzen in Betracht ziehen.

Große, strukturgebende Pflanzen, wie zum Beispiel die distelähnliche Wilde Artischocke, bieten einen hohen Schauwert im Garten und Abwechslung auf dem Speiseteller.

Wilde Artischocke
(Cynara cardunculus;
Gattung Scolymus)*

MISCHKULTUR IM GEMÜSEGARTEN

Bei einer Mischkultur werden zwei Pflanzen nebeneinander angepflanzt, wobei beide voneinander profitieren. Das bekannteste Beispiel ist das der „drei Schwestern": die klassische, in Nordamerika weit verbreitete Kombination aus Bohnen, Mais und Speisekürbis. Streng genommen handelt es sich um einen Zwischenfruchtanbau. Jede dieser drei Pflanzen wächst unterschiedlich und die sowohl über- als auch unterirdischen Bereiche werden voll genutzt: Die Bohnen nutzen den Mais als Rankhilfe und versorgen selbst wiederum den Boden mit Stickstoff. Überirdisch beschatten die Blätter des Kürbisses die Erde, sodass diese feucht bleibt und Unkraut sich nicht ansiedeln kann.

▲ Die „drei Schwestern", Bohnen, Mais und Speisekürbis, bilden eine gegenseitig nutzbringende Partnerschaft im Gemüsebeet.

Auch andere Kombinationen funktionieren anscheinend gut miteinander. Diese Behauptungen sind nicht wissenschaftlich fundiert, aber probieren Sie es aus. Pflanzen Sie jedoch solche Mischkulturen mit Bedacht, damit sie nicht mit Ihren hauptsächlichen Pflanzen konkurrieren. Immerhin entstehen so attraktive Gemüse-, Blumen- oder Kräuterkombinationen in Ihrem Gemüsebeet:

- **Knoblauch, Schnittlauch und Möhren:** Fans glauben, dass der Schnittlauch die Möhrenfliege verwirrt und diese so dem Wurzelgemüse fernbleibt.

- **Lavendel und Ringelblumen** schrecken beide angeblich Blattläuse ab. Setzen Sie also eine dieser Pflanzen oder beide neben jede für diesen Schädling anfällige Feldfrucht. (Einige Gärtner glauben auch, dass Kapuzinerkresse Blattläuse von Bohnen abhält.)

- **Borretsch** mit seinen strahlend blauen Blüten soll besonders Bestäuberinsekten anlocken – gut für Gemüsebeete.

Bedeutet selbst gezogen besserer Geschmack?

ANGENOMMEN, Ihr Gemüsegarten ist nicht groß genug, um jede Sorte, die Ihnen gefällt, anzupflanzen – welche Sorten lohnen sich besonders? Gibt es Spitzenreiter in Bezug auf Geschmack bei selbst gezogenem Gemüse im Gegensatz zu dem aus dem Laden oder vom Wochenmarkt?

Die im Laden gekauften Ackerfrüchte haben unvermeidlich eine tagelange Reise durch die Wertschöpfungskette hinter sich, was nicht gerade der Frische und dem Geschmack zuträglich ist. Dies spricht also für selbstgezogenes Gemüse. Gemüse aus dem eigenen Garten wie beispielsweise Äpfel, Birnen, Kartoffeln und Möhren weisen vielleicht eine weniger ausgeprägte Spitzenqualität auf.

Gartenerbsen
(Pisum sativum)

Die Größe ist wichtig

Eigene Kulturpflanzen anzubauen bietet Ihnen die Möglichkeit, sie beim optimalen Reifegrad zu ernten und direkt zu essen. Manche kommerziell angebauten Kulturpflanzen haben nie die Chance, ihre vollständige Größe zu erreichen. Für den Supermarkt bestimmte Pastinaken etwa werden geerntet, wenn sie noch relativ klein sind. Pflanzen Sie sie selbst an, können Sie sie größer werden lassen. Sie sehen vielleicht etwas krummer und nicht Instagram-würdig aus, aber sie schmecken genauso gut wie ihre Miniatur-Geschwister. Die kommerziell angebauten Kartoffelsorten werden auch aufgrund ihres gleichen Aussehens und der verlässlichen Ernte ausgewählt. Wollen Sie also etwas Ungewöhnliches in Bezug auf Geschmack, Konsistenz und Farbe bei Saatkartoffeln ausprobieren, lohnt es sich, sie selbst anzupflanzen.

Wenig und oft

Ein durchgeplanter Anbau Ihrer Kulturpflanzen ermöglicht eine Ernte und den Verzehr zum optimalen Reifezeitpunkt. Salat, Erbsen und Bohnen werden vorzugsweise in geringen Mengen, dafür aber oft geerntet. Viele Gärtner säen und pflanzen daher in Etappen, damit sie möglichst lange von ihren Kulturpflanzen profitieren können.

Gemüse, in dem nach der Ernte der Zucker rasch in Stärke umgewandelt wird, schmeckt am besten, wenn Sie es nahezu sofort essen: Wahre Zuckermais-

Essbare Pflanzen

In gewisser Weise hängt Ihre Wahl von Ihrem Geschmack ab. Als Faustregel jedoch gilt, dass Produkte mit einer kurzen Lagerfähigkeit (Salat, Bohnen, Erbsen und Beeren) direkt aus dem Garten schmackhafter sind.

freunde empfehlen, Wasser schon zum Kochen zu bringen, bevor Sie die Kolben von ihren Stängeln schneiden. Gekaufte Maiskolben sind weniger frisch und schmecken nicht so gut.

Leckerere Tomaten

Es ist allgemein bekannt, dass selbstgezogene Tomaten und alte Tomatensorten besser schmecken. Die University of California hat herausgefunden, dass in den letzten 70 Jahren die kommerzielle Zucht von Tomaten, bei der die Früchte gleichmäßig reifen und so leichter zu transportieren sind, jedoch unabsichtlich die Gene unterdrückt hat, die zur Süße beitragen. Züchter begegnen dem, indem sie „Neo-Traditionssorten" in voller Größe mit dem Ziel züchten, den Geschmack beizubehalten, jedoch darüber hinaus auch deshalb, um einen hohen Ertrag sowie Resistenz gegenüber Schädlingen und Krankheiten zu erhalten.

ZUCCHINI: FRUCHT UND BLUME ZUGLEICH

Einige Vorteile selbstgezogener Feldfrüchte sind kommerziell nicht erhältlich. Beispielsweise sind in kälteren Gefilden eher selten Zucchiniblüten neben Zucchini erhältlich, wohingegen sie auf Märkten im Süden Italiens und Frankreichs oft zu haben sind. Die Blüten sind eine köstliche Zugabe für den Hobby-Zucchinizüchter.

Übrigens: Ernten Sie im eigenen Garten die männlichen Zucchiniblüten, die keine Früchte entwickeln, es sei denn, der Ertrag ist so groß, dass Sie die Blüten außer Acht lassen können. Männliche Blüten haben einen schmalen Stamm und öffnen sich oftmals früher am Tag. Der Stamm der weiblichen Blüten ist geschwollen, woraus sich nach der Bestäubung die Zucchini entwickelt.

▶ Eine männliche (links) und eine weibliche (rechts) Zucchiniblüte. Gefüllt, als Salat oder gebraten sind sie köstlich.

Wie kann ich supergroße Gemüsesorten anbauen?

Wenn Sie schon einmal eine örtliche Blumen- und Gemüseschau besucht haben und aufgrund der Fülle an ausgestellten Sorten verblüfft waren, haben Sie sich wahrscheinlich gefragt, wie es zu diesen tollen Ergebnissen gekommen ist. Sie haben vielleicht sogar schon eine ähnliche Motivation diesbezüglich verspürt.

Die meisten Kategorien bei den Schauen prämieren nicht die Größe, sondern eher die Ebenheit und Qualität der gezeigten Gemüsesorten. Obwohl dies ein besserer Test für die Wachstumsfähigkeit ist als das bloße Gewicht, ist der Anbau eines rekordbrechenden, oder zumindest preisgekrönten Kürbisses recht lustig.

Übergrößen sind oft ein Hobby von Langzeitgärtnern. Riesige Kürbisse sind am weitesten verbreitet, da sie im Gegensatz zu Riesenlauch oder -zwiebeln kein Treibhaus benötigen. Neben den Samen und der Erde brauchen Sie ausreichend Platz und Geduld.

DER REKORDBRECHER IN DER HYDE HALL

2016 brachte ein einziger Kürbiskern £ 1.250 bei einer Auktion ein. Er kam von einem eindrucksvollen Stammbaum: von Beni Meir, einem Schweizer Züchter, der Kürbisse in Rekordhöhe in Treibhäusern angebaut hatte. Dieser Samen war jedoch draußen angepflanzt worden: Matthew Oliver zog ihn zärtlich im Garten der RHS in der Hyde Hall in Essex auf, mit bahnbrechendem Erfolg: Der daraus entstehende Kürbis wog erstaunliche 605 Kilogramm.

ZÜCHTUNG EINES KÜRBISSES IN ÜBERGRÖSSE

- Wählen Sie das richtige Saatgut aus. Einige Sorten werden größer als andere. Obwohl es einen Schleichhandel unter den Gärtnern in Bezug auf die Samen von bekannten Züchtern gibt, ist bei manchen Anbietern auch hochwertiges Saatgut mit dem Potenzial für riesige Früchte erhältlich.

- Säen Sie im April das Saatgut aus. Halten Sie den Topf warm, mindestens 18 °C, am besten in einem Anzuchtkasten.

- Härten Sie die Schösslinge im Mai in einem Frühbeet oder im Freien ab. Bringen Sie sie nachts rein und pflanzen Sie sie Anfang Juni aus, vorzugsweise unter einer Glasglocke oder unter Vlies.

- Kürbisse benötigen sowohl Platz als auch fruchtbaren Boden, in dem das Wasser ungehindert abläuft. Lassen Sie 1,8 Meter Abstand zwischen den Pflanzen und düngen Sie mit gut verrottetem Mist pro Quadratmeter und regulärem Dünger. Bei wenig Platz versuchen Sie, einen einzigen Kürbis in einem Hochbeet oder einem circa 25 Zentimeter hohen Erdhügel aus gut gedüngter Erde anzubauen. Bei mehr Platz wählen Sie unter mehreren Ihren potenziellen Champion aus, wenn sie dabei sind, sich zu etablieren.

- Machen Sie für jeden Schössling eine ungefähr 30 Zentimeter tiefe Vertiefung und füllen Sie sie mit einer Mischung aus Gartenkompost und Erde.

- Halten Sie die Erde feucht, aber nie nass, damit Ihr Kürbis an Größe zunimmt und Mehltau vermieden wird. Senken Sie neben jeden Schössling einen Topf von 15 Zentimetern Höhe ein und gießen Sie Wasser hinzu. So wird die Erdoberfläche nicht zu nass, und das Wasser gelangt bis zu den Wurzeln.

- Bestäuben Sie die Pflanze von Hand, sollte die Frucht früh „angesetzt" werden. Übertragen Sie Pollen mit einem Pinsel oder einem Finger von dem spitzen Staubgefäß der männlichen Blüte (die männliche hat einen schmaleren Stängel) auf die mittlere, klebrig aussehende Narbe der weiblichen Blüte (diese hat einen breiteren Stängel).

- Düngen Sie ihn alle zwei Wochen mit hochkonzentriertem Kalidünger.

- Legen Sie jeden Kürbis auf eine Fliese; dies verhindert Verfärbungen und Fäule. Drehen Sie ihn ab und zu, damit er eine ebenmäßige Form annimmt.

Wieso sind meine Tomaten an der Unterseite schwarz?

IHRE TOMATEN haben schwarze Dellen und Flecke auf der Unterseite, die am weitesten entfernte Stelle vom Strunk (dort, wo die Blüte von der Frucht abgefallen ist). Was stimmt da nicht, und kann es vermieden werden?

Dieser Zustand wird als Blütenendfäule bezeichnet und durch Kalziummangel verursacht. Obwohl meistens Tomaten betroffen sind, können auch Paprika und Auberginen befallen sein.

Das Ausmaß des Befalls kann von einem kleinen schwarzen Fleck bis hin zu einer großen, weich gewordenen, fauligen Stelle reichen, die den Großteil der Unterseite einnimmt. Während Sie den verdorbenen Teil wegwerfen und den Rest essen können, kann schlimmstenfalls nicht mehr viel „Rest" übrig sein.

Ein Kalziummangel bedeutet für gewöhnlich nicht, dass der Boden kein Kalzium aufweist. Die Pflanze kann es nicht schnell genug in ihre Extremitäten leiten – wo die Früchte sind – um mit ihrer Wachstumsgeschwindigkeit Schritt zu halten. Der Hauptgrund ist unregelmäßiges Gießen. Pflanzen benötigen gleichmäßiges, regelmäßiges Wässern, damit das Kalzium im Wasser konstant durch die Pflanze transportiert werden und dann in den Blättern und Früchten verdunsten kann.

Werden Feldfrüchte unter Glas gezogen, müssen sie auch gut gelüftet werden, da eine hohe Feuchtigkeit eine reduzierte Verdunstung zur Folge haben kann und so den Wasserfluss durch die Pflanze einschränkt.

◀ Bei den ersten Anzeichen der Blütenendfäule stellen Sie regelmäßiges Wässern und bei Anbau im Treibhaus eine optimale Belüftung sicher.

Essbare Pflanzen **69**

Sind Beerensträucher langlebiger?

HABEN BEERENSTRÄUCHER immer ein begrenztes ertragreiches Leben, oder können sie dahingehend genarrt werden, auch noch im hohen Alter Früchte hervorzubringen?

Es lohnt sich, Beeren anzupflanzen, da es ziemlich einfach ist, einen guten Ertrag zu erhalten und die meisten Beeren in den Läden recht teuer sind. Wie lange die Pflanzen halten, hängt von der Art ab. Himbeeren oder Stachelbeeren zum Beispiel haben ein eher langes Leben; oftmals sind sie nach mehr als zehn Jahren immer noch ertragreich. Die Garten-Erdbeere (*Fragaria x ananassa*, Abbildung rechts) muss alle zwei oder drei Jahre ausgetauscht werden.

Frischer Bestand

Fallen die Sträucher gleich welcher Beerensorte nach einigen Jahren Viren oder Schädlingen zum Opfer, nimmt die Menge an Beeren rapide ab. Da ständig neue Zuchtsorten auf den Markt kommen, darunter viele höchst ertragreich und zertifiziert virenfrei, sollten Sie sich ein Herz fassen und ältere, schwächelnde Sträucher ersetzen.

Genau wie bei Gemüse empfiehlt sich ein Fruchtwechsel auch bei Beeren. Pflanzen Sie also neue Beerensträucher nicht an dieselbe Stelle. Auch wenn Sie sogar einen Fruchtschutzkäfig umsetzen müssen, wird es sich lohnen – neue Sträucher an eine frische Stelle zu pflanzen, bewirkt oftmals eine verblüffende Ertragssteigerung. Und die Erde, aus der Sie die alten Beerensträucher ausgejätet haben, eignet sich gut zum Gemüseanbau.

Neu oder alt?

Lohnen sich neue Zuchtsorten, unter der Voraussetzung, dass sie gesund bleiben und einen besseren Ertrag erzielen? Während die modernen Zuchtsorten oft tatsächlich besser als die alten sind, sind die traditionellen Sorten womöglich ihr Geld wert. Die Schwarze Johannisbeere „Baldwin" etwa ist unübertroffen. Ist Ihr Platz begrenzt, informieren Sie sich genau über die Sorten und nehme Sie die, deren Name Ihnen am besten gefällt.

Beerensträucher können Jahrzehnte überdauern: Kleingartensiedlungen sind voll von betagten Exemplaren, welche von vielen Besitzern weitergereicht wurden. Ob sie immer noch verlässlich Ertrag bringen, ist eine andere Frage.

Braucht mein Gemüsegarten Wege?

SIND WEGE in einem Gemüsegarten absolut notwendig? Und wenn ja, wie kann man sie am besten gestalten, und mit welchen Materialien?

In früheren Zeiten gab es in Gemüsegärten keine Wege. Die Gärtner benutzten einfach die Fläche zwischen den Reihen. Es lohnt sich aber, das Trampeln zu reduzieren, und Wege sind wichtig, wenn Sie das bekannte No-Dig-Verfahren praktizieren wollen.

Dauerhaft schmale Beete (Breite zwischen 1 und 1,5 Meter) können von den Wegen aus bearbeitet werden. Betreten Sie am besten gar nicht die Erde in den Beeten. So reduziert sich die Beetpflege, und ein Umgraben ist nicht so oft notwendig. Leben Sie jedoch in einer extrem nassen Region oder besteht Ihr Boden aus langsam drainierendem Ton, sind Hochbeete die beste Option.

Welche Art von Weg?

Wenn Sie Wege in Ihrem Garten verlegen wollen oder müssen, woraus sollten sie vorzugsweise bestehen? Es hängt davon ab, wie viel Zeit und Mühe Sie in das Anlegen stecken wollen, und ob Ihr Gemüsegarten dauerhaft auf der betreffenden Fläche verbleibt. Einfache Lösungen sind Baumrinde, Holzspäne oder auch – für eine kürzere Zeitdauer – Stroh. Diese Materialien sind schnell zu verlegen und können, wenn sie verfault sind, der Erde beigegeben werden. Sie sind jedoch oft auszutauschen.

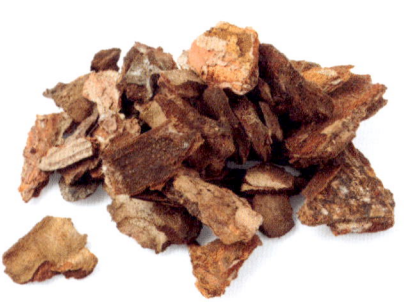

▼ Ziegelsteine oder Baumrinde sind am effektivsten. Letztere ist leicht zu verlegen, muss aber rasch ersetzt werden. Ziegelsteine halten länger, sind aber auch teurer.

WORUM HANDELT ES SICH BEI DEM NO-DIG-VERFAHREN?

Seit Menschen Gemüse anbauen, suchen sie nach Möglichkeiten, um das lästige Umgraben der Erde zu vermeiden. Das No-Dig-Verfahren wurde in den 1980er und 1990er Jahren entwickelt, um Gemüsegärten ohne die schweren Grabarbeiten pflegen zu können. Auf schmalen, von den Wegen aus gut zu pflegenden Beeten wird eine dicke Schicht (zwischen 5 und 8 Zentimeter) verrotteter Mist oder Kompost verteilt, um Unkraut zu ersticken. Graben Sie ihn nicht ein. Würmer laben sich an dem Mulch und untertunneln die Erde, was die Bodenstruktur anreichert.

Das No-Dig-Verfahren ist natürlich auch für Personen ratsam, die, warum auch immer, nicht graben können. Es eignet sich auch für schwere tonhaltige Böden, die nur zeitweise im Frühjahr und Herbst bearbeitet werden können.

Zuerst konnten es viele Gärtner nicht glauben, dass der Garten ertragreich ist, obwohl die Erde nicht gründlich umgegraben wird, aber dieses Verfahren wurde immer beliebter. Bei korrekter Ausführung ist es sehr effektiv, wobei der volle Nutzen erst Jahre später sichtbar wird. Es lohnt sich aber: Fans loben es als weniger mühsam und umweltfreundlich. Der renommierte Bio-Gärtner Charles Dowding hat das No-Dig-Verfahren durch seine Schriften bekannt gemacht und nennt es „mit dem Erdboden arbeiten, nicht gegen ihn".

Mühsamer sind Ziegel- oder Pflastersteine (neu oder recycelt): Beides ist relativ teuer und die Verlegung dauert länger, aber auf ihnen lässt sich gut arbeiten und sie sind einfach zu reinigen. So lohnt sich die zusätzliche Arbeit am Anfang, wenn der Garten ein Langzeitprojekt ist.

Verzichten Sie auf Kies – er wird klebrig, wenn Erde und Mulch daran haften und kann nicht ausreichend entfernt werden.

▶ Das Verlegen eines ansprechenden Backsteinwegs muss keine Aufgabe für Experten sein: Halten Sie sich an ein einfaches Muster und nehmen Sie das Projekt selbst in Angriff.

Ist Fruchtwechsel notwendig?

FRUCHTWECHSEL ist seit Jahrhunderten bekannt, mindestens seit der Römerzeit, wenn nicht länger. Er basiert auf dem Prinzip, dass Feldfrüchte mit ähnlichem Nährstoffbedarf und Anfälligkeit gegenüber denselben Krankheiten und Schädlingen ausgetauscht und nicht jedes Jahr an derselben Stelle angebaut werden sollten.

Bei dem Wechsel werden die Ackerfrüchte nach Familie angeordnet, und jede Gruppe wird jedes Jahr in einem anderen Teil des Gemüsegartens angebaut. Die Pflanzen ein- und derselben Gruppe werden Jahr für Jahr auf der Anbaufläche bewegt und kehren erst nach fünf Jahren bei einem Fünf-Jahres-Fruchtwechsel an die vorherige Stelle zurück. So wird das Risiko fruchtspezifischer Krankheiten reduziert, und Schädlinge verschanzen sich hier seltener als auf Flächen, auf denen wiederholt dieselben Ackerfrüchte angebaut werden. Auf diese Weise laugt auch der Boden aufgrund des unterschiedlichen Nährstoffanspruchs weniger aus.

Probleme verhindern

Drei der größten Probleme, die durch Fruchtwechsel bekämpft werden, sind die Kartoffelälchen (in Kartoffeln), Kohlhernie (in Kohl) und die Weißfäule (bei Zwiebelgewächsen). Sie können alle im Erdboden jahrelang überleben und verheerende Schäden anrichten. Daher sollte ihr Erscheinen möglichst verhindert werden. Ein Drei- oder Vier-Jahres-Fruchtwechsel kann womöglich nur teilweisen Schutz bieten, aber ein Versuch lohnt sich trotzdem.

Denken Sie daran, dass einige Kulturpflanzen nicht so anfällig für Wurzelkrankheiten oder Schädlinge sind, sodass sie als Lückenfüller verwendet werden können, etwa Kürbis, Süßmais, Zucchini, Süßkartoffel, Kopfsalat und Endivie.

Ist Ihr Garten für einen Fruchtwechsel zu klein, befolgen Sie diese drei einfachen Richtlinien:
1. Mulchen Sie Ihre Kulturpflanzen regelmäßig.
2. Leidet eine Ackerfrucht an einem sortenspezifischen Schädling, bauen Sie sie nicht wieder an derselben Stelle an. Ist Ihr Garten wirklich winzig, warten Sie wenigstens ein oder zwei Jahre.
3. Pflegen Sie Ihren Gemüsegarten, und entfernen Sie abgestorbenes Laub am Ende der Vegetationszeit.

Es gibt gute wissenschaftliche Gründe für Fruchtwechsel, jedoch haben Heimgärtner selten genug Platz im Garten, um sehr lange, besonders aussichtsreiche Wechsel von fünf Jahren oder mehr vorzunehmen. Aber auch auf einer kleinen Fläche ist ein Drei- oder Vier-Jahres-Fruchtwechsel möglich.

PLANUNG EINES DREI- UND VIER-JAHRES-FRUCHTWECHSELS

Ordnen Sie zunächst die anzubauenden Kulturpflanzen wie folgt in Gruppen:

- **Kohlgemüse** – einschließlich Weißkohl, Blumenkohl, Grünkohl, Rosenkohl, und vielleicht überraschend, Steckrüben.

- **Nachtschattengewächse** – Hierunter fallen Kartoffeln und Tomaten, obwohl Paprika und Auberginen auch zu der Familie gehören. Sie sind weniger anfällig und können daher überall auf der Anbaufläche angepflanzt werden.

- **Hülsenfrüchte** – einschließlich Erbsen und dicke Bohnen. Auch Stangen- und Brechbohnen gehören dazu und sind ebenfalls relativ problemlos anzubauen.

- **Zwiebelgewächse** – darunter Zwiebeln, Lauch, Schalotten und Knoblauch.

- **Wurzelgemüse** – etwa Möhren, Rote Bete, Sellerie, Knollenfenchel, Petersilie und die meisten anderen Wurzelgemüsesorten außer Steckrüben.

Hier lesen Sie, wie Sie eine Drei- und Vier-Jahres-Fruchtfolge planen können.

Fläche A
Jahr 1: Kartoffeln
Jahr 2: Hülsenfrüchte, Zwiebeln, Wurzelgemüse
Jahr 3: Kohlgemüse

Fläche B
Jahr 1: Hülsenfrüchte, Zwiebeln, Wurzelgemüse
Jahr 2: Kohlgemüse
Jahr 3: Kartoffeln

Fläche C
Jahr 1: Kohlgemüse
Jahr 2: Kartoffeln
Jahr 3: Hülsenfrüchte, Zwiebeln, Wurzelgemüse

◢ Drei-Jahres-Fruchtwechsel auf drei Flächen; Kartoffeln und Kohlgemüse als führende Ackerfrüchte.

Fläche A
Jahr 1: Hülsenfrüchte
Jahr 2: Kohlgemüse
Jahr 3: Kartoffeln
Jahr 4: Zwiebeln, Wurzelgemüse

Fläche B
Jahr 1: Kohlgemüse
Jahr 2: Kartoffeln
Jahr 3: Zwiebeln, Wurzelgemüse
Jahr 4: Hülsenfrüchte

Fläche C
Jahr 1: Kartoffeln
Jahr 2: Zwiebeln, Wurzelgemüse
Jahr 3: Hülsenfrüchte
Jahr 4: Kohlgemüse

Fläche D
Jahr 1: Zwiebeln, Wurzelgemüse
Jahr 2: Hülsenfrüchte
Jahr 3: Kohlgemüse
Jahr 4: Kartoffeln

◀ Vier-Jahres-Fruchtwechsel auf vier Flächen, mit Zwiebeln, Wurzelgemüse und Hülsenfrüchten, die nun eine wichtigere Rolle spielen.

Wer klaut meine Äpfel?

SIE HABEN ZEIT und Pflege in Ihren Apfelbaum investiert und ihn erfolgreich vor Krankheiten geschützt. Da ist es frustrierend, wenn Sie Teile Ihres liebevoll gehüteten Schatzes an einen Apfeldieb verlieren. Prüfen Sie die Spuren. Wer ist der Übeltäter?

Junifall

Liegt es an der Jahreszeit? Bäume werfen ihre Frucht ab, wenn der Bestand zu schwer ist, um sie bis zur Reife tragen zu können. Obwohl dies unter der Bezeichnung „Junifall" bekannt ist, tritt es gewöhnlich im Juli auf: Der Boden unter dem Baum ist mit unreifen Äpfeln übersät. Die Larven der Apfelsägewespe bohren sich durch den jungen Apfel und können auch einen vorzeitigen Fall der Früchte verursachen (zwischen dem späten April und Juni).

EINTÜTEN VON ÄPFELN

Eine Möglichkeit, reifende Äpfel von Schädlingen und Krankheiten fernzuhalten ist das Eintüten am Baum. Diese Technik wird bei Hobbygärtnern immer beliebter. Dünnen Sie Ihren jungen Apfelbestand bis auf einen Apfel aus. Umhüllen Sie diesen mit einem Nahrungsmittelbeutel aus Kunststoff und befestigen Sie ihn um den Ast herum mit Bindedraht. Schneiden Sie eine der beiden unteren Ecken des Beutels ab, damit Feuchtigkeit abgelassen werden und der Apfel reifen kann. Anwender dieser Technik berichten von großen, einwandfreien Früchten, obwohl es recht aufwendig wäre, den ganzen Baum einzutüten.

Früher haben Gärtner manchmal einen Apfel oder eine Birne in einer Flasche angepflanzt. Stülpen Sie einfach eine Flasche über die am Baum hängende, noch kleine Frucht. Wenn diese reif ist, entfernen Sie die Flasche. Sie scheint verblüffenderweise den engen Flaschenhals passiert zu haben. Sie können auch Motivformen aus Plastik über die wachsende Frucht stülpen, etwa einen Würfel oder einen Mini-Buddha, um so Kinder und Erwachsene mit lustig geformten Früchten zu überraschen.

Apfelbäume bringen normalerweise eine reiche Ernte hervor, sodass diese frühen Verluste während der zunehmenden Reife ignoriert werden können. Zu diesem Zeitpunkt machen sich andere Apfelliebhaber bemerkbar. Achten Sie auf die Anzeichen.

> Apfeldiebe erscheinen oft jahreszeitlich bedingt, etwa Eichhörnchen, Vögel, Wild, Dachse und sogar Menschen. Manchmal ist auch kein Dieb am Werk, sondern der natürliche Schwund.

Wer hat die Äpfel geklaut?

Angeknabberte Äpfel im Gras? Das waren wahrscheinlich Eichhörnchen – sie können überraschenderweise große Früchte forttragen. Die meisten Früchte bleiben liegen, in die wiederum Maden Löcher nagen. Eichhörnchen sind schwer zu fangen und von den Früchten abzuhalten, es sei denn, im Nachbarsgarten gibt es etwas Leckereres.

Angepickte Früchte am Baum sind oft das Werk von Vögeln, von Amseln über Eichelhäher bis hin zu Krähen ist alles dabei. Sie mögen die Früchte, bevor sie reif sind. Ein über den Baum gespanntes Netz vermeidet größere Schäden.

Werden die Äpfel von niedrig hängenden Zweigen und vom Boden gefressen? Steht der Baum in ländlicher Gegend ohne Wildzäune, kann Wild dafür verantwortlich sein. Auch Dachse können die Diebe sein: Hierfür sprechen die durch ihre starken Krallen hinterlassenen Kratzspuren an der Baumrinde. Wild und Dachse können durch einen elektrischen Zaun abgehalten werden. Beide fressen jedoch nur alles, was in Reichweite ist. Wenn der Baum also nicht sehr klein ist, werden die Diebstähle begrenzt sein.

Verschwinden reife ganze Früchte vom Baum, verwerfen Sie nicht den Gedanken an menschliche Einmischung, insbesondere auf offenem Gelände wie etwa Kleingartenanlagen – sind etwa menschliche Apfeldiebe unterwegs?

Einige Besitzer finden sich damit ab, einen gewissen Prozentsatz ihrer Äpfel zu verlieren, solange für sie selbst genug übrigbleibt. Belassen Sie die Früchte jedoch nicht länger am Baum als notwendig – pflücken Sie sie, sobald sie reif sind.

▶ Eichhörnchen fressen ihre Beute nicht direkt vom Baum, sondern lassen angeknabberte Äpfel im Gras liegen.

Was bedeutet „Tradition"?

Es gibt viele gedruckte und im Internet verfügbare Informationen über die Begriffe „alt" und „Tradition" in Bezug auf Obst- und Gemüsesorten. Was bedeuten diese Begriffe und was ist der Unterschied zwischen „alten" und gewöhnlichen Kultursorten, wenn es um den Ertrag geht?

Es klingt reizvoll: Der Gärtner pflanzt genau das Gemüse an, das auch schon seine Großeltern angebaut haben – mit der Auswirkung, dass der Geschmack und die Authentizität höher sind als bei „gewöhnlichen" Sorten. In der Tat ist eine althergebrachte, bewährte Sorte arteigen. Realistisch gesehen haben sich die meisten alten Kultursorten jedoch im Laufe der Zeit verändert, und ihre vorliegenden Charakteristika hängen davon ab, wie sorgfältig ihre Züchter die minderwertigen Exemplare mit der Zeit ausgemerzt haben. Sind sie akribisch vorgegangen, können die gegenwärtigen alten Nutzpflanzensorten sogar besser sein als die ursprünglichen Versionen.

Freie Bestäubung gegenüber Hybridisierung

Alte Nutzpflanzensorten werden ausnahmslos „frei bestäubt", also auf natürlichem Wege, nämlich durch Insekten, Vögel und den Wind. Dies bedeutet, dass sie sich nach und nach an die vorherrschenden Vegetationsbedingungen angepasst haben. Säen Sie ihre Samen im folgenden Jahr aus, werden Sie wahr-

▼ „Alte" Sorten sind oft exzentrischer und unregelmäßiger in der Form als ihre kommerziell angebauten Verwandten.

„Alt" und „Tradition" sind recht beliebig verwendete Begriffe. Sie weisen darauf hin, dass der Kultivar – die Zuchtsorte – als mindestens 50 Jahre alte Pflanze verstanden wird.

WAS IST BESSER – HYBRID ODER ALT?

Es ist wichtig, sich ins Gedächtnis zu rufen, wieso alte Obst- und Gemüsesorten überhaupt noch existieren – ihre ursprünglichen Züchter haben sie als kostbar erachtet, sodass sie die Samen zurückbehalten haben. Im Allgemeinen sind sie nicht für eine groß angelegte Produktion wie bei Hybriden entwickelt worden, aber oftmals sind sie individueller. Viele der heutigen Gärtner experimentieren mit einer Mischung aus Hybriden und alten Sorten, und viele sammeln gern die Samen von letzteren, sodass sie einen vollständigen Zyklus von Saatgut-zu-Ernte-zu-Saatgut für sich selbst produzieren können.

scheinlich eine ähnliche Nutzpflanze erhalten, da die Samen sortenechte Pflanzen hervorbringen.

Beachten Se jedoch: Während alle alten Sorten frei bestäubt wurden, sind nicht alle frei bestäubten Sorten alt: Das Wort bezieht sich auf den Zeitraum, seitdem diese spezifische Sorte anerkannt wird.

Im Gegensatz dazu werden Hybridsorten (mit der Kennzeichnung F1 auf den Samentütchen) mittels kontrollierter Bestäubung reproduziert – also per künstlicher Bestäubung. Der Grund liegt in der Reproduktion spezifischer gewünschter Charakteristika einer Pflanze, und deren erste Kreuzungsgeneration hat eine Eigenschaft namens Heterosis-Effekt (Bastardwüchsigkeit): Ihr Wachstum und ihr Ertrag werden also außergewöhnlich stark sein. Aus Sicht der kommerziellen Züchter, deren Ziel es ist, eine große Anzahl an Pflanzen mit identischen Charakteristika zu produzieren, ist dieses kontrollierte und vorhersehbare Ergebnis ideal. Der Nachteil bei Hybriden ist, dass nachfolgende Generationen sich nicht sortenecht entwickeln und unveränderlich schwächer als die erste F1-Kreuzung werden. Pflanzen Sie Hybriden an, ist das Aufbewahren und Aussäen der Samen für die Ernte im nächsten Jahr keine Option: Sie müssen jedes Jahr neues Saatgut kaufen.

▶ Tomatenpflanzen – beziehungsweise ihre Staubbeutel – geben ihren Pollen nur bei Erschütterung frei, Hummeln sind hier effiziente Helfer.

Kann ich Braunfäule besiegen?

ES IST FRUSTRIEREND, wenn Ihre Tomatenpflanzen eingehen oder Ihre Kartoffeln unter der Erde verfaulen. Der häufigste Schuldige ist die Kraut- und Braunfäule bei Tomaten und die Kraut- und Knollenfäule bei Kartoffeln, eine Pilzinfektion, die vor allem bei warmem, feuchtem Wetter auftritt. Sie wird durch vom Wind verbreitete Sporen übertragen. Können Sie sie besiegen und einen guten Ertrag erzielen?

Kartoffelfäule (*Phytophthora infestans*) auf einer Kartoffel (*Solanum tuberosum*)

> Greifen Sie beim Kauf von Saatgut oder Saatkartoffeln zu infektionsresistenten Kultursorten und/oder Frühkulturen. Tomaten sind vorzugsweise in einem Treibhaus anzubauen, da sie dort diesem Pilz nicht ausgesetzt sind.

Frühkulturen

Zusätzlich zu den oben genannten Optionen entscheiden sich manche Gärtner bewusst für Frühkulturen – Tomaten, die früh in der Jahreszeit blühen und Früchte entwickeln. Dies basiert auf dem Prinzip, dass Krautfäule am Ende der Erntezeit und nicht mittendrin auftritt. Frühkartoffeln leiden auch eher selten an dieser Infektion.

Krautfäule identifizieren

Bei Krautfäule stirbt sowohl die Tomaten- als auch die Kartoffelpflanze plötzlich ab. Die Blätter schrumpfen und werden braun, die Stängel werden weich und nass, und die Tomaten verfaulen. Bei den Blättern der Kartoffeln ist es ähnlich, die Knollen verfaulen unterirdisch und können nach der Ernte nicht mehr gelagert werden. Selbst wenn Sie die Anzeichen der Krautfäule feststellen und die betroffenen Blätter verbrennen, bringt es manchmal nichts. Die Infektion breitet sich schnell über die Pflanze aus: Ist ein Viertel der Blätter befallen, kann die Pflanze meistens nicht mehr gerettet werden.

Bei auftretender Krautfäule räumen Sie sofort und gründlich auf. Verbrennen Sie die Überreste der betroffenen Pflanzen; werfen Sie sie nicht auf den Komposthaufen. Dies gilt besonders für Kartoffeln, da diese oder im Gemüsegarten verbliebene Kartoffelpflanzen die Sporen der Krautfäule speichern, die dann im Folgejahr wieder auftreten kann. Weisen Ihre Kartoffelpflanzen entsprechende Anzeichen auf, entsorgen Sie sofort die Blätter und graben Sie die Kartoffeln innerhalb von zwei Wochen aus. Lassen Sie sie vor dem Einlagern einige Stunden lang an der Luft trocknen.

GEGEN BRAUNFÄULE RESISTENTE TOMATENSORTEN

Während der Großteil der früh tragenden Tomatensorten weniger anfällig für die Braunfäule ist als spätere Sorten, sind einige bestimmte Tomatensorten, wieder vorwiegend Frühtomaten, auf eine geringere Empfindlichkeit gegenüber der Braunfäule gezüchtet worden. Testen Sie die folgenden Sorten für eine einwandfreie Ernte:

- **Spaliertomaten.** Hier müssen die Seitentriebe eines einzelnen Stängels entfernt werden, um Früchte entwickeln zu können. Diese Tomaten benötigen eine Rankhilfe mittels Schnur, Stab oder beidem, und sie können sehr groß werden, 2,5 Meter oder höher. Halbhoch wüchsige Tomaten haben dieselben Eigenschaften wie die Spaliertomaten, werden aber nicht so groß.
- **Buschtomaten.** Wie der Name schon andeutet, sind diese kompakter und kleinwüchsiger als die Spaliertomaten. Ihre Seitentriebe müssen nicht entfernt werden und kommen mit einem Stab als Rankhilfe aus.
- **Berry.** Sorte mit süßen, saftigen, herzförmigen Kirschtomaten.
- **Crimson Crush.** 2014 als die „weltweit erste zu 100 % krankheitsresistente Tomate" eingeführt. Üppige Ernte mit großen Früchten von jeweils 200 Gramm Gewicht.
- **Ferline.** Diese Sorte hat mittelgroße, dunkelrote, sehr schmackhafte Früchte. Guter Allrounder für Salate und zum Kochen.
- **Legend.** Mittelgroße bis große, nahezu samenlose Fleischtomaten, etwas abgeflachte Form und hervorragender Geschmack.
- **Red Alert.** Sorte mit spärlichem Laub (geringe Feuchtigkeit um die Pflanze), sodass sie weniger anfällig für die Braunfäule ist. Angenehmer Geschmack und ausgesprochen früh tragende Sorte.

▶ Die Sorte Ferline, Allrounder unter den Tomatensorten, hat einen vollen „tomatigen" Geschmack, der auch nach dem Kochen noch vorhanden ist.

Kann ich Kartoffeln in flacher Erde anbauen?

KARTOFFELN wurden traditionell in einer Rinne gepflanzt und mit Erde bedeckt, bis die sich entwickelnden Stängel mit Erde überhäuft waren. Gedeihen sie auch in flacherer Erde, oder benötigen sie Tiefe?

Die konventionelle Anbaumethode von Kartoffeln ist das Anpflanzen in einem flachen Graben, der dann mit Erde gefüllt wird. Später wird diese dann um die Triebe herum angehäufelt, damit sich die Knollen in dem entstehenden Erdwall bilden können.

Das Wichtigste dabei ist, dass die sich entwickelnden Kartoffeln nicht dem Licht ausgesetzt werden. Sie werden sonst grün und sind nicht mehr genießbar.

Alternative Anbaumethoden

Wollen Sie Kartoffeln in offener flacher Erde anbauen, breiten Sie schwarze Plastikfolie über die gedüngte, geharkte und gewässerte Anbaufläche aus und beschweren Sie die Seiten mit Steinen. Schneiden Sie x-förmige Schlitze in Abständen von ungefähr 30 Zentimetern in die Folie, schlagen Sie die Ecken zurück und geben Sie eine Saatkartoffel in die freigelegte Erde. Wässern Sie die Kartoffelpflanzen während des Wachstums durch die Plastiköffnungen. Das Plastik hält das Licht ab, und die Knollen wachsen nahe an der Erdoberfläche.

> Kartoffeln sind verblüffend widerstandsfähig und eignen sich gut für Gartenneulinge, da sie in den meisten Bodenarten und unter vielen Bedingungen gedeihen. Sie können Sie in flacher Erde, in großen Behältern oder in offener Erde unter schwarzer Plastikfolie anpflanzen.

Anbau in Behältern

Sie können Kartoffeln in großen, selbst hergestellten Behältern mit Entwässerungslöchern anpflanzen, wenn es keine zu kaufen gibt. Abfalleimer aus Plastik mit einem Durchmesser von 45 bis 60 Zentimetern sind gut dafür geeignet. Sogar ein strapazierfähiger Müllbeutel aus Kunststoff kann funktionieren, wenn Sie den Beutel etwas herunterkrempeln. Rollen Sie ihn wieder hoch, wenn Sie Erde zum Anhäufen hinzufügen.

Füllen Sie den Behälter mit hochwertiger Topferde bis auf 20 Zentimeter unterhalb der Oberkante auf. Wenn die Kartoffelpflanzen wachsen, fügen Sie eine Kompostschicht bis 5 Zentimeter unterhalb der Oberkante hinzu. So können die Knollen sich in dem neuen Kompost ausformen, und es ist noch genug Platz, um sie effektiv zu wässern.

WIE LANGE BRAUCHEN KARTOFFELN ZUM WACHSEN?

Das hängt von der Sorte und dem Pflanzzeitpunkt ab.

- Frühe Sorten werden auch als „neue" Kartoffeln bezeichnet. Sie werden gewöhnlich im März gepflanzt und können im Juni und Juli geerntet werden, wenn sie zu blühen beginnen.
- Mittelfrühe Sorten werden meist Anfang bis Mitte April angepflanzt und Juli bis August ausgegraben. Genau wie bei den Frühkulturen sind sie bei der Blüte erntefähig.
- Spätkartoffeln benötigen länger, um sich auszuformen. Sie werden gewöhnlich Mitte bis Ende April gepflanzt und Ende August bis Oktober geerntet. Wollen Sie diese lagern, warten Sie bis zur Gelbfärbung der Blätter. Entfernen Sie dann die Pflanzen, belassen Sie aber die Kartoffeln für weitere zehn Tage in der Erde.

Um alle Kartoffeln auf einmal zu ernten, graben Sie die Pflanzen vorsichtig aus, damit die Knollen nicht beschädigt werden. Wenn Sie nur wenige, insbesondere in Behältern, anpflanzen, können Sie einige der größeren Knollen ernten und die obere Erde vorsichtig mit einer Pflanzkelle oder den Händen abkratzen. Decken Sie die kleineren Kartoffeln wieder ab und lassen Sie sie weiterwachsen.

Drei Saatkartoffeln pro Beutel oder Behälter sind für eine zufriedenstellende Ernte ausreichend. Letztere eignen sich besonders gut für neue Kartoffeln oder mittelfrühe Sorten, da beide schnell wachsen und Ernte bringen.

▶ Ein robuster Plastiksack für wachsende Kartoffeln ist günstig. Rollen Sie den Rand stetig hoch, da die Erde anzuhäufeln ist.

Wie baue ich mehr Gemüse an?

WIE KANN MAN den bestmöglichen Ertrag erzielen? Und gibt es eine hundertprozentige Garantie für eine Rekordernte?

Für eine gute Ernte beachten Sie die folgenden Punkte:

Säen Sie zur richtigen Zeit – eine frühe Aussaat bewirkt normalerweise eine üppigere Ernte. Ein Treibhaus, ein Polytunnel oder sogar ein Frühbeet fördern das Gedeihen der Pflanzen. Bitten Sie gegebenenfalls einen Freund oder Nachbarn um die Nutzung einer Ecke in solch einer Vorrichtung.

Ziehen Sie Hochbeete in Erwägung, vor allem wenn Sie schlecht drainierenden Lehmboden haben. Die Errichtung und Befüllung von Hochbeeten braucht etwas Zeit, aber es lohnt sich, da sie einfacher zu bearbeiten sind. Der angereicherte, tiefe Boden in den Beeten begünstigt auch einen hohen Ertrag.

Prüfen Sie die Abstände zwischen den Pflanzen: Stehen die Pflanzen näher beieinander (jedoch nicht zu eng), passen mehr in das Beet, und obwohl der Ertrag einzelner Pflanzen geringer ausfallen kann, ist der Gesamtertrag oftmals höher. Zu nahe beieinander kann jedoch den gesamten Ertrag zusammenbrechen lassen.

Einige Kletterpflanzen bringen oftmals einen großartigen Gesamtertrag hervor, wenn sie etwas niedrigere Rankhilfen zur Verfügung gestellt bekommen: Sehr große Steckhölzer für Erbsen und Stangenbohnen sehen eindrucksvoll aus, niedrigwachsende, dicht gesäte Pflanzen liefern jedoch eine höhere Ernte.

Nutzen Sie den Platz sparsam – wenden Sie den Zwischenfruchtbau an, bei dem zwei Ackerfrüchte an derselben Stelle ausgesät werden, zum Beispiel Rote Beete zwischen Zwiebelreihen, bevor die Zwiebeln geerntet werden – die Rote Beete gedeiht weiter. Wenn diese mehr Platz benötigt, sind die Zwiebeln schon ausgegraben worden.

Aufeinanderfolgende Aussaat: Eine Staffelung der Ernte durch das Säen mehrerer Samensätze im Abstand von einer oder zwei Wochen gewährleistet, dass Sie eine Ackerfrucht über seine ganze Saison hinweg ernten können und nicht nur einmal im Überfluss. Letzteres kann eindrucksvoll aussehen, ist aber vor allem in der Küche nicht so nützlich.

> Stellen Sie die Grundlagen bereit, nämlich ausreichend Dünger, Mist und regelmäßig Wasser. Bei saurem Boden fördert Kalk die maximale Produktivität Ihres Bodens.

◀ Rote Bete kann sich den Platz mit Zwiebeln teilen, wodurch er optimal genutzt wird.

Wie wähle ich die richtigen Sorten aus?

DAS ANGEBOT der in Katalogen und Baumschulen aufgeführten Samen und Setzlinge kann überwältigend erscheinen. Wie können Sie dann eine Auswahl treffen, wenn Sie am liebsten alles nehmen würden?

Wenn Sie sich nicht entscheiden können, beginnen Sie mit einem oder zwei Katalogen oder Online-Quellen, anstatt zwischen mehreren zu schwanken.

Der RHS Award of Garden Merit (Verdienstauszeichnung für Pflanzen, die sich besonders gut zum Gartenanbau auf den britischen Inseln eignen; genauere Informationen auf der Webseite der RHS) ist ein guter Anfangspunkt – die Preisträger sind strengen Tests unterzogen worden: Sie haben sich nicht nur für den Preis qualifiziert, sie werden auch regelmäßig auf Neue überprüft, ob sie ihre Bestform beibehalten haben.

Informieren Sie sich in der Beschreibung über die Eigenschaften einer Pflanze, aber achten Sie auf weggelassene Details. Wird beispielsweise eine Tomate als verlässlich und ertragreich bezeichnet, der Geschmack aber nicht erwähnt, ist sie vielleicht nicht die beste Wahl in punkto Geschmack.

Das genaue Studieren der Saatgut-Kataloge und Samentütchen erleichtert die Auswahl. Während Geschmack sehr subjektiv ist, werden die meisten anderen Angaben wie Jahreszeit, Wuchshöhe, Ausdehnung, Ertrag und Aussehen genau beschrieben.

GEDEIHT ALTES SAATGUT?

Auf den Samentütchen ist immer ein Haltbarkeitsdatum aufgedruckt. Werden die Samen danach trotzdem noch aufgehen oder sollte man sie wegwerfen?

Säen Sie sie aus. Die Meinungen darüber, wie schnell Saatgut an Qualität verliert, gehen auseinander. Es hängt auch von der Sorte ab, aber unter den richtigen Bedingungen werden die meisten Samen sogar noch ein oder zwei Jahre nach dem Verfallsdatum keimen. 2012 wurden in einem sibirischen Grab tiefgefrorene Samen entdeckt, deren Alter mittels der Karbondatierung bestimmt werden konnte: Sie waren über 31.000 Jahre alt.

Welche Gemüsesorten sind kinderleicht anzubauen?

KINDER AN DEN ANBAU von Gemüse heranzuführen, ist eine gute Möglichkeit, das Interesse an Gartenarbeit zu wecken. Außerdem essen auf diese Weise sogar sonst wählerische Kinder Gemüse, das sie selbst gezogen haben. Was sind also die besten Gemüsesorten, um ihr Interesse zu wecken?

Walderdbeere
(*Fragaria vesca*)

Kinder mögen schnelle Ergebnisse, beginnen Sie daher mit einigen schnellwachsenden Sorten wie zum Beispiel Radieschen oder Salat, damit sie Fortschritte sehen können. Sowohl der schatzjagdähnliche Aspekt beim Ausgraben von Gemüse als auch das Pflücken direkt vom Strauch wie Erdbeeren oder Erbsen sind für Kinder besonders reizvoll.

Die klassischen Gemüsesorten, die zusammen mit Kindern angepflanzt werden können – jene, die Sie vielleicht selbst früher mir Ihren Eltern oder Großeltern angebaut haben – sind Radieschen, Tomaten (vor allem Kirschtomaten, die direkt von der Pflanze abgepflückt und gegessen werden können) und Erdbeeren. Dieses Repertoire kann leicht erweitert werden. Werden die Kinder ermutigt, entwickeln sie schnell Begeisterung, die meisten Obst- und Gemüsesorten anzubauen, mit Ausnahme der größeren knubbeligen Wurzelgemüsesorten. Modernes Miniatur-Gemüse dürfte Kinder besonders ansprechen: Rote Bete, Fingerkarotten, sogar Miniversionen von Blumenkohl und Grünkohl sind erhältlich.

Eine eigene Ecke

Wenn Ihr Garten nicht gerade winzig ist, teilen Sie Kindern eine eigene kleine Fläche zu, damit sie mit Ihrer Hilfe selbst etwas anbauen können, und nicht anders herum. Speisen Sie sie auch nicht mit der schattigsten, trockensten Ecke ab, sondern geben Sie ihnen eine sonnige, offene Ecke, damit sie Erfolge sehen können.

Radieschen
(*Raphanus sativus*)

Ist Ihr Garten wirklich zu klein, zeigen Sie ihnen, wie sie Gemüse in Behältern anpflanzen können. Sogar ein fünf- oder sechsjähriges Kind kann mit etwas Hilfe Erdbeeren, einige neue Kartoffeln, eine Zucchini oder einen Kürbis anbauen. Schlagen Sie Projekte vor, die ein tägliches Kontrollieren des Fortschritts bieten, wie zum Beispiel einen extragroßen Kürbis für Halloween.

Tägliche Aufgaben

Beziehen Sie Kinder in die täglichen Gartenarbeiten ein: Jäten, Gießgänge, Ausbringen von Kompost und Mulch. Gärtnern ist ein sinnliches Vergnügen, und viele Kinder mögen den matschigen, unordentlichen Aspekt dabei. Geben Sie Kindern unter zehn Jahren viele Informationen, aber übertreiben Sie es nicht: Konzentrieren Sie sich lieber auf das, was geht als das, was nicht geht. Setzen Sie einen Countdown bei langsam wachsendem Süßmais fest, ab wann die Kolben reif sind, um gegessen zu werden.

◄ Schnell wachsende und problemlose Gemüsesorten wie Zucchini oder Kürbis bieten eine schnelle Ausbeute für junge Gärtner.

GURKE ODER WASSERMELONE?

Ein recht neues Gemüse ist die Mexikanische Minigurke (Cucamelon). Sie sieht wie eine olivengroße Wassermelone aus, ist außen grün gestreift, hat hellgrünes Fruchtfleisch und einen gurkenähnlichen Geschmack. Kinder werden sofort begeistert „oh, wie süß" rufen.

Wenn Sie selbst Cucamelons anbauen wollen, aber kein Treibhaus besitzen, ziehen Sie sie nicht aus Samen, sondern kaufen Sie sie als kleine Pflänzchen, die schon gut unter Glas gediehen sind.

Müssen Früchte und Gemüse belüftet werden?

Eines der vorteilhaftesten Dinge bei einer guten Ernte ist eine ausreichend große Menge an Ackerfrüchten, die man in den nachfolgenden Monaten verwenden kann. Wie kann man sein Obst und Gemüse am besten lagern, damit es nicht verdirbt? Benötigt es immer eine Belüftung, oder kommen einige Sorten auch ohne aus?

Einige Gemüsesorten – vor allem die unterirdisch reifenden Wurzelgemüsesorten – sind eigenständige Speicherorgane für ihre Pflanzen und müssen gar nicht herausgezogen werden: Sie können im Erdboden überwintern, bis Sie sie verwenden wollen. Viele andere müssen sorgfältig aufbewahrt und sogar belüftet werden, damit sie nicht faulen.

Bestimmte Früchte und Gemüsesorten halten sich besser als andere, aber eine Lagerhaltung unter richtigen Bedingungen stellt sicher, dass Sie Ihre Kulturpflanzen nach der Ernte weiterhin verwenden können. Eine trockene Lagerung muss stets gegeben sein, und ein gewisses Maß an Belüftung ist ratsam außer bei Wurzelgemüse, das dann leicht austrocknen kann.

Vorratskontrolle

Sie sollten Ihre Vorräte jeden Tag oder alle zwei Tage kontrollieren. Beginnt ein Obst oder Gemüse zu faulen, kann sich dies schnell auf den Rest ausbreiten. Entfernen Sie direkt bei der Inspektion Exemplare, die weiche, faulende oder schimmelnde Stellen aufweisen.

◀ Gesäuberte Möhren, in einer Kiste mit leicht angefeuchtetem Sand an einem kühlen, aber frostsicheren Ort aufbewahrt, halten sich einige Monate.

LAGERUNG VON OBST UND GEMÜSE

Äpfel, Birnen und Quitten

Diese Obstsorten müssen kühl, trocken, dunkel und gut belüftet – und idealerweise sicher vor Mäusen – aufbewahrt werden. Die Früchte sollten auf Lattenrostregale oder -platten gelegt werden, ohne dass sie sich berühren. Bewahren Sie Quitten weit entfernt von allen anderen Sorten auf: Ihr Duft ist herrlich, aber durchdringend und kann den Geschmack anderer Obstsorten beeinträchtigen.

Kontrollieren Sie das gelagerte Obst täglich, vor allem Birnen, die rasch faulen können. Bei den ersten Anzeichen von Reife sollten sie gegessen oder in den Kühlschrank gelegt werden, wo die Reifezeit um ein oder zwei Tage verlängert werden kann.

Kürbisse

Ernten Sie sie, wenn ihr Stiel möglichst lang ist (nehmen Sie sie dann aber nicht an dem Stiel hoch). Lassen Sie die Kürbisse zehn Tage lang nachreifen, entweder draußen, mit Vlies oder Pappe als Frostschutz oder im

◀ Große Lattenrostregale aus Holz sind ideal für die Lagerung von Äpfeln. Stapeln Sie sie nicht, sondern legen Sie sie nebeneinander in das Regal.

Treibhaus. Dies schließt die Reife ab und härtet die Schale als Vorbereitung auf die Lagerung. Danach können sie an einem kühlen, gut belüfteten Ort, etwa in einem Schuppen oder Keller, aufbewahrt werden. Die Kürbisse sollten nicht aneinanderstoßen und halten sich bis zu sechs Monate.

Wurzelgemüse

Wurzelgemüse, beispielsweise Rote Bete, Möhren und Sellerie, kann am besten im Boden überwintern und nach Bedarf ausgegraben werden. Ist Ihr Erdboden sehr nass und schlecht drainierend, oder steht schwerer Frost bevor, ernten Sie sie und lagern Sie sie kühl auf einer Sandschicht in einer Kiste, vorzugsweise wieder in einem Schuppen oder Keller. Wurzelgemüse neigt zur Austrocknung und benötigt keine Belüftung, wobei es jedoch vor Feuchtigkeit zu schützen ist.

Welche Feldfrüchte kann ich einfrieren?

EINE GERÄUMIGE Tiefkühltruhe scheint eine einfachere Lösung für die Lagerung von Obst und Gemüse zu sein.

Obst und Gemüse können je nach Sorte unterschiedlich gut eingefroren werden.

Die meisten Ackerfrüchte kann man in der einen oder anderen Form einfrieren. Kenntnisse hierüber gewährleisten auch nach dem Auftauen eine hohe Qualität.

Beeren- und Kernobst

Himbeeren, Erdbeeren und Johannisbeeren werden auf Anzuchtplatten ausgebreitet und tiefgefroren, bevor sie in Beutel gegeben, etikettiert und wieder in die Tiefkühltruhe gelegt werden. Dies verhindert, dass sie zu festen Ziegelsteinen gefrieren. Kernobst sollte vor dem Einfrieren halbiert und der Kern entfernt werden.

Hülsenfrüchte

Einen Überschuss an dicken Bohnen und Erbsen kann man gut einfrieren, diese gehören aber zu den am besten kommerziell erhältlichen Tiefkühlgemüsesorten. Essen Sie sie also frisch, wenn Ihr Ertrag nicht so üppig ist. Auch Borlotti-Bohnen können eingefroren werden. Brechbohnen schmecken eingefroren nicht so gut, aber die unreifen, ausgelösten Bohnensamen eignen sich gut dafür. Legen Sie also einige für die Tiefkühltruhe beiseite – sie sind leckerer als die getrockneten, vor allem in Wintersuppen und -aufläufen.

Blanchieren

Blanchieren hindert die Enzyme nach der Ernte daran, Stärke in Zucker umzuwandeln und den „gerade gepflückt-Geschmack" zu reduzieren. Dieser Prozess findet verlangsamt auch in gefrorenem Gemüse statt. So behält es auch seine Farbe. Schneiden Sie das Gemüse in mundgerechte Stücke und kochen Sie es ungefähr eine Minute lang. Legen Sie es abgetropft auf Anzuchtplatten, bevor Sie es eintüten, etikettieren und in die Tiefkühltruhe legen. (Auch unblanchiertes Gemüse ist immer noch genießbar, aber der Geschmack und die Farbe „verblassen" bei längerer Lagerung in der Tiefkühltruhe.)

EINIGE TIPPS

Einige Gemüsesorten kann man nicht so gut einfrieren, zum Beispiel Blattsalat, Chicorée oder Topinambur.
Sellerie als Grundlage für Aufläufe und Suppen jedoch schon, wenn Sie ihn vor dem Einfrieren in kleine Stücke schneiden.

Welche sind die besten Wintergemüse?

WENN EIN NEUER GÄRTNER über anzubauende Gemüsesorten nachdenkt, werden ihm vor allem typisches Sommergemüse einfallen. Um die Anbausaison möglichst lang und produktiv zu halten, sollten Sie aber auch Wintergemüse in Erwägung ziehen.

Denken Sie daran, dass Wintergemüse oft bereits im späten Frühjahr vorgezogen und im Sommer ausgepflanzt werden sollte. Der Boden kann dann neun Monate lang besetzt sein. Haben Sie also wenig Platz, überlegen Sie sich genau, was Sie anbauen wollen. Der große Vorteil bei Wintergemüse ist, dass es im Boden bleiben kann, bis Sie es zubereiten, auch wenn das Wachstum sich in der kalten Jahreszeit verzögert oder zum Stillstand kommt. So können Sie mitten im Winter frisches Gemüse ernten.

Salat kann von Spätsommer bis Frühherbst gesät werden. Die erste Aussaat keimt vor Einsetzen der Kälte; die spätere wird jedoch Schutz unter Glasglocken, Vlies oder in einem Treibhaus benötigen.

> **„HUNGRY GAP"**
>
> „Hungry Gap" bezeichnet die Periode im Frühling, bevor frisches Gemüse im Garten wächst, also von Ende März bis in den Mai in Großbritannien. Überwinterter Blumenkohl, Lauch und Sprossenbrokkoli sind einige der Ackerfrüchte, die zur Überbrückung dieser Zeitspanne angebaut werden können. In entsprechenden Katalogen finden Sie spätreifende Sorten, die gut in diesen Zeitplan passen.

Winterhartes grünes Gemüse schließt Sprossenbrokkoli, Grünkohl, Lauch, Kohl, Pastinaken und Rosenkohl ein. Wenn Sie eine Abdeckvorrichtung haben, können Sie auch Salat anbauen, etwa Rucola, Mizuna oder Sarepta-Senf.

Brokkoli „Purple Sprouting"
(*Brassica oleracea* var. *italica*)

Was verscheucht Wespen?

DIE MEISTEN GÄRTNER empfangen Bienen mit offenen Armen. Wespen jedoch, ihre nicht so pelzigen und nicht so freundlichen Verwandten, sind weniger beliebt. Gibt es ein natürliches Mittel, mit dem man sie abschrecken kann?

Gemeine Wespe, *Vespula vulgaris*

Es gibt kein wissenschaftlich nachgewiesenes Abwehrmittel gegen Wespen, und idealerweise sollten sie geduldet werden: Sie sind nicht nur Bestäuberinsekten, sondern auch gefräßige Raubtiere, die viele Gartenschädlinge vertilgen.

Was für Wespen spricht

Wespen spielen eine wichtige Rolle im Garten. Für eine kurze Zeit im Spätsommer, bevor die Kälte sie niederstreckt, werden sie schläfrig und zu einer Plage für den Gärtner.

Mögliche „Abwehrmittel"

Es gibt eine lange Liste mit Möglichkeiten, um Wespen abzuschrecken, aber die Forschung zeigt, dass viele von ihnen nicht sehr effektiv sind. Traditionelle Wespenfallen - Glasgefäße mit einer süßen Lösung, in der unachtsame Insekten ertrinken - töten einige von ihnen, aber Studien zufolge ziehen diese Fallen wieder genauso viele Wespen an. Die Fallen sind zudem rücksichtslos und töten andere wertvolle Bestäuberinsekten.

▼ Der Volksmund behauptet, dass Minze Wespen abschreckt, aber es gibt keinen wissenschaftlichen Beweis dafür.

Essbare Pflanzen

Auch künstliche Wespennester sind erhältlich, ausgehend von der Idee, dass Wespen sehr territorial orientiert sind und sich daher von einem offenbar bereits besetzten Gebiet fernhalten. Hierfür gibt es jedoch keine wissenschaftlichen Belege. Dem Volksmund zufolge sollen einige Pflanzen Wespen abhalten.

Wenn Sie eine wespenfreie Zone schaffen wollen, versuchen Sie es mit dem Anpflanzen von Minze, Eukalyptus, Zitronengras und Wermut.

Am besten lebt man Seite an Seite mit den Wespen. Sie tun viel mehr Gutes, als dass sie schaden.

DER MOLEKULARE HINTERGRUND

Über Abwehrmittel gegen Wespen wird viel geforscht. Studien in den USA und in Belgien konzentrieren sich darauf, ob bestimmte ätherische Öle Wespen abwehren. Experimente unter kontrollierten Bedingungen haben ergeben, dass Zitronell-Öl, Nelkenöl und Geraniumöl eine abschreckende Wirkung haben. Leider funktionieren sie offenbar noch nicht in der weniger kontrollierten Umgebung eines Gartens: Der Duft verflüchtigt sich zu schnell bei heißem Wetter und leichtem Wind.

Belgische Wissenschaftlicher sind jedoch einen Schritt weitergegangen: Sie untersuchen gegenwärtig die Moleküle in den ätherischen Ölen und stehen kurz davor, ein Molekül zu isolieren, das als Super-Abschreckungsmittel wirken könnte. Es ist noch nicht klar, wie die Moleküle arbeiten; es wird angenommen, dass sie die chemischen Zeichen der Insekten bei der Kommunikation imitieren. Ein effektives Molekül könnte also die Kommunikation der Wespen blockieren.

Zitronengras
(*Cymbopogon nardus*)

Kann ich Gemüse in Behältern anbauen?

WELCHES GEMÜSE kann in Behältern angebaut werden? Kann die Bandbreite über Tomaten, Kräuter und Kartoffeln hinaus erweitert werden?

Da viele Gärtner lediglich eine begrenzte Anbaufläche haben, manchmal nur einen kleinen Hof, eine Terrasse oder gar nur einen Balkon, ist das Gärtnern in Behältern nach wie vor eine beliebte Alternative.

Die Wahl des richtigen Behälters

Die richtige Größe des Behälters ist maßgeblich. Die Wurzeln des Gemüses benötigt Raum, um zu wachsen und es muss genug Erde vorhanden sein, um der Pflanze ausreichend Nährstoffe bieten zu können. Kräuter können oftmals in kleineren Töpfen gezogen werden, Behälter für Gemüse sollten jedoch mindestens 45 Zentimeter sowohl in der Tiefe als auch im Durchmesser betragen. Das beste Universal-Nährmedium ist Topferde.

Die Wahl der Gemüsesorten

Experimentieren Sie ruhig – es kann etwas dauern, bis Sie den für Sie richtigen Behälter sowie geeignete Gemüsesorten gefunden haben. In der Zwischenzeit können Sie Spaß daran entwickeln, neue Sorten auszuprobieren. Testen Sie die Sorten nicht einzeln nacheinander, sondern planen Sie im Voraus. Die Gemüsesorten können aufeinanderfolgend in Behältern gezogen werden. Zum Beispiel können Möhren im späten Februar gesät und im Juni geerntet werden. Brechbohnen, in demselben Behälter angepflanzt, sind im September erntefähig. Wenn Spinat im Februar ausgesät wird, beginnt er im Juni zu keimen. Ersetzen Sie den Spinat durch Zucchini, die von Ende August bis in den September hinein geerntet werden können. Schnell wachsender Miniatur-Kopfsalat, etwa Tom Thumb oder Little Gem, kann im Januar ausgesät, im Juni geerntet und durch Lauch ersetzt werden, der wiederum im Winter erntefähig ist.

Vorteil der Sackkultur

Pflanzsäcke sehen nicht besonders dekorativ aus, aber sie ermöglichen eine effiziente und preisgünstige Anzucht von Gemüse auf engem Raum, wie zum Beispiel Salat, Zucchini, Paprika, Gurken und Tomaten. Wenn sie Ihnen nicht gefallen, leeren Sie sie und setzen Sie die Pflanzen in einen Behälter ähnlicher Größe um, oder stellen Sie sie hinter andere Behälter. Schütteln Sie stets den Sack vor dem Öffnen gründlich, um die Erde darin zu lockern.

> Nahezu alle Gemüsesorten, von Roter Bete über dicke Bohnen und Spinat bis hin zu Gurken, können in ausreichend großen Behältern angebaut werden. Sorgen Sie für geeignete Erde, regelmäßiges Gießen und Düngen.

Essbare Pflanzen 93

Benötige ich ein Frühbeet?

WIR HABEN ALLE SCHON die langen Reihen wunderschön angelegter Frühbeete bewundert, die an den niedrigen Außenmauern der Treibhäuser in viktorianischen Gemüsegärten angeordnet sind, aber finden sie Platz in einem kleinen Garten unserer Zeit? Wozu dient ein Frühbeet?

Ein Frühbeet im Garten ist nicht absolut notwendig, aber es ist unglaublich nützlich für alle möglichen Arbeiten, vom Abhärten der Sämlinge bis zum Überwintern der Zwiebeln. Wenn Sie erstmal ein Frühbeet haben, werden Sie sich fragen, wie Sie bisher ohne ausgekommen sind.

Vorgefertigte Frühbeete sind bequem, aber teuer. Ein Frühbeet selbst zu bauen, ist eine gute Option. Am einfachsten geht es mit einem alten Flügelfenster als Abdeckung und zugeschnittenen Holzresten für die Seiten. Die gebrauchsfertige Version hat eher entweder Glas oder Kunststoff oben und an den Seiten. Der Deckel muss einfach zu öffnen und fest arretierbar sein, während Dinge hineingestellt oder herausgenommen werden.

Generell sind die niedrigen, flachen Frühbeete den höheren mit Regalen vorzuziehen. Die größere Bodenfläche der erstgenannten Option ist praktikabler.

Der nächste Schritt wäre die Erwägung eines Mini-Treibhauses oder einer Anbau-Konstruktion. Beide Möglichkeiten sind praktisch und beherbergen unter Glas gedeihende Gemüsesorten, etwa Tomaten oder Auberginen.

5 ANWENDUNGSMÖGLICHKEITEN FÜR EIN FRÜHBEET

- Unterbringung von Samen, etwa die der Christrose, die die Winterkälte zum Keimen benötigen, jedoch keinen Winterregen mögen
- Abhärtung und Überwinterung von Setzlingen und Ablegern, zum Beispiel von Kopfsalat, dicken Bohnen, Blumenkohl, winterharten einjährigen und mehrjährigen Pflanzen
- Aufziehen junger Pflanzen, bevor sie ausgepflanzt werden
- zusätzliche Wärme für niedrigwachsendes Sommergemüse wie Gurken oder Melonen
- Gewinnung eindrucksvoller Ableger

Was verursacht Löcher in meinen Kartoffeln?

LÖCHERIGE KARTOFFELN sind ein weit verbreitetes Problem, aber die Schuldigen zu identifizieren und – noch wichtiger – ihr Treiben zu stoppen, ist schwierig. Nehmen Sie die gewöhnlichen Verdächtigen der Reihe nach unter die Lupe und erfahren Sie hier, wie man sie besiegen kann.

Schnecken lieben Kartoffeln und sind bei weitem die häufigsten Übeltäter. Eine nicht so oft vorkommende Ursache ist der Drahtwurm. Es gibt auch Trittbrettfahrer, einschließlich Asseln, große Nematoden und Tausendfüßler, die nicht selbst den Schaden anrichten, davon aber profitieren.

Schnecken

Wird das Problem von Schnecken verursacht, können Sie dagegen effektiv Nematoden einsetzen. Die Nematoden werden zum Gießwasser gegeben, womit im Frühjahr der Boden gewässert wird, sobald die Temperaturen eine gewisse Höhe erreicht haben. Der Boden muss warm und feucht genug sein, damit die Nematoden ans Werk gehen können. Die mikroskopisch kleinen Kreaturen dringen in den Körper der Schnecken ein und setzen tödliche Bakterien ab, welche die Schnecken von innen heraus töten.

Andere Angreifer

Tausend- und Hundertfüßler richten normalerweise keinen großen Schaden an, und obwohl Sie manchmal Asseln auf löcherigen Kartoffeln sehen, sind sie nicht die Auslöser – sie folgen nur dem Beispiel der Schnecken.

Drahtwürmer jedoch schädigen Kartoffeln in hohem Maße. Sie sind die orange-braun gefärbten Larven des Saatschnellkäfers und zwischen 12 und 15 Millimeter groß. Im Gegensatz zu den großen, matschigen Aushöhlungen der Schnecken bohren sie lange, dünne Tunnel in die Knollen. Drahtwürmer kommen nur in sehr verunkrauteten, überwucherten Gärten oder in einem frisch

Grünschnegel
(*Limacus maculatus*)

Essbare Pflanzen **95**

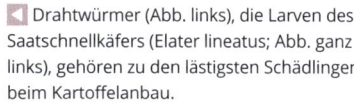 Drahtwürmer (Abb. links), die Larven des Saatschnellkäfers (Elater lineatus; Abb. ganz links), gehören zu den lästigsten Schädlingen beim Kartoffelanbau.

angelegten Kartoffelbeet vor, das bis vor kurzem mit Gras bedeckt war. Wird das Beet vor dem Einsetzen der Kartoffeln sorgfältig umgegraben, treten die Larven zutage (Entfernen und zertreten Sie sie). Auch gibt es Nematoden, die spezifisch und effektiv gegen Drahtwürmer vorgehen.

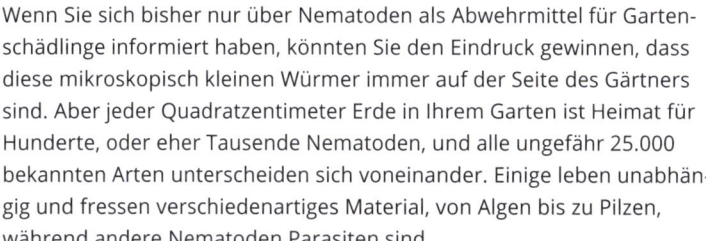

ARBEITSWEISE DER NEMATODEN

Wenn Sie sich bisher nur über Nematoden als Abwehrmittel für Gartenschädlinge informiert haben, könnten Sie den Eindruck gewinnen, dass diese mikroskopisch kleinen Würmer immer auf der Seite des Gärtners sind. Aber jeder Quadratzentimeter Erde in Ihrem Garten ist Heimat für Hunderte, oder eher Tausende Nematoden, und alle ungefähr 25.000 bekannten Arten unterscheiden sich voneinander. Einige leben unabhängig und fressen verschiedenartiges Material, von Algen bis zu Pilzen, während andere Nematoden Parasiten sind.

Einerseits können Gärtner Nematoden als wirkungsvolles und umweltfreundliches Mittel gegen Schnecken verwenden, aber andererseits ist einer der schlimmsten Kartoffelschädlinge ein Nematode, nämlich das Kartoffelälchen, das sowohl private Ernten im Garten als auch kommerzielle Kartoffelernten auf der ganzen Welt zerstört.

Dieser Schnecken tötende Nematode trägt den weniger eingängigen Namen Phasmarhabditis hermaphrodita. Obwohl er erst 1994 als biologische Schädlingsbekämpfung entwickelt und vermarktet wurde, wurde er bereits 1859 identifiziert und war schon lange dafür bekannt, Bauchfüßler zu töten. Seine Methoden sind grausam (Lesen Sie nicht weiter, wenn Sie empfindlich sind): Nach Eindringen in den Körper der Schnecke setzt er Bakterien frei, die den Wirt töten. Danach nutzt der Nematode den toten Körper als Brutstätte für seine Nachkommen.

Halten Kräuter Schädlinge fern?

TRADITIONELLEM GARTENWISSEN zufolge halten viele Pflanzen, vor allem Kräuter, Schädlinge vom Garten fern. Stimmt das und auf welche Schädlinge trifft es zu?

Die Geister scheiden sich hinsichtlich auf nicht wissenschaftlichen Erkenntnissen beruhender schädlingsabschreckender Eigenschaften von Kräutern. Jedoch ziehen nachweislich die meisten blühenden Kräuter nützliche Insekten an, die Pflanzen bestäuben und sich auch von gewöhnlichen Gartenschädlingen ernähren.

Reale Bedingungen können nur schwer in kontrollierten Tests nachgebildet werden. Experimenten zufolge haben die ätherischen Moleküle, die Kräutern ihren charakteristischen Duft verleihen, eine entweder anziehende oder abschreckende Wirkung; draußen jedoch sind die Ergebnisse weniger klar. Es schadet aber nicht, mit einigen der Kräutern, die angeblich bestimmte Schädlinge abschrecken, zu experimentieren. Im Bestfall ist dies eine Win-Win-Situation im Gemüsegarten.

WIE WÄHLEN SCHÄDLINGE IHRE PFLANZEN AUS?

Alle Insektenschädlinge haben ihre bevorzugte Wirtspflanze oder -pflanzen. Eine Studie der Universität Warwick hat ergeben, dass die ätherischen Öle in den Kräutern nicht wirklich die Insektenschädlinge abzuschrecken scheinen. Auf einer Fläche mit einer großen Vielfalt an Pflanzen wählten die Insekten anscheinend grüne Flächen zum Landen, um sich dann zu entscheiden, ob diese Pflanze ihre Wirtspflanze sein sollte und sie dort verweilen wollten oder nicht, sodass sie nach kurzer Zeit wieder wegflogen. Sie landeten nicht auf der nackten Erde, verschiedene grüne Bereiche schienen sie aber gleichermaßen anzuziehen, auch wenn diese Pflanzen künstlich waren. Dieses Vorgehen schien mehr aufs Geratewohl abzulaufen, als die Forscher erwartet hatten. Die Ergebnisse sind alles andere als sicher, aber es sieht so aus, als wollten die Beipflanzen es den Insektenschädlingen schwermachen und sie von ihrem angestrebten Ziel ablenken.

WELCHES KRAUT FÜR WELCHEN SCHÄDLING?

Nachfolgend sind einige Kräuter aufgeführt, die angeblich bestimmte Schädlinge abwehren:

- Schnittlauch und Koriander gegen Blattläuse
- Eberraute gegen Eschenzwieselwickler
- Oregano, Thymian, Rosmarin und Minze gegen Kohlmotten
- Ringelblumen gegen Spargelhähnchen
- Rosmarin und Salbei gegen Möhrenfliegen
- Minze und Katzenminze gegen Erdflöhe

Soll man Samen einweichen?

VIELLEICHT HABEN SIE GEHÖRT, dass harte Samen vor der Aussaat eingeweicht werden sollten. Ist dies notwendig und beschleunigt es die Keimung?

Einige Samen, vor allem jene von Bäumen und Sträuchern, kann man vor dem Aussäen aufquellen lassen, damit die Außenhülle aufweicht und die Keimdauer der Samen herabgesetzt wird. Für viele Samen ist ein erhöhter Grad an Feuchtigkeit ein Zeichen dafür, dass es Zeit wird zu wachsen.

Samen werden normalerweise zwischen 12 und 14 Stunden eingeweicht. Eine zu lange Einweichzeit macht sie anfällig für Fäule, also sollte man es nicht übertreiben und die Anweisungen für jede spezifische Samenart beachten.

> Es gibt kein Patentrezept für das Aussäen von Samen; ihre Beschaffenheit und Größe reichen von groß mit einer robusten Außenschicht bis hin zu mikroskopisch klein. Größere, härtere Samen wie die der Lupinen sind einzukerben (siehe unten); einige Samen können schneller keimen, wenn sie vor der Aussaat eingeweicht werden.

Samen mit einer sehr harten Außenschale können mit einem sauberen, scharfen Messer eingekerbt werden („abschnitzeln"), um die Keimung zu begünstigen. Davon profitierende Samen sind die der Gartenwicke, Kapuzinerkresse, Prunkwinde und Lupine.

WIE LANGE DAUERT ES, BIS SAMEN KEIMEN?

Dies ist eine Frage im Stil von „Warum ist die Banane krumm?" Die Temperatur ist der wichtigste Faktor: In warmer Erde kommt eine Möhre beispielsweise in nur etwa fünf Tagen zum Vorschein, unter kalten Bedingungen aber kann die Keimung bis zu 20 Tage dauern. Unter günstigen Umständen benötigt der Großteil aller Samen nicht mehr als 90 Tage, oftmals sogar weniger als 30. Bei einigen wenigen dauert es jedoch bis zu einem Jahr oder mehr, bis sie in die Gänge kommen. Einige benötigen extreme Bedingungen, um keimen zu können, etwa zwei aufeinanderfolgende Kälteperioden. Jede Pflanze hat sich dahingehend entwickelt, das Beste aus ihren Überlebenschancen herauszuholen, und die Produktion von Samen, die nur unter bestmöglichen Bedingungen keimen, ist Teil dieser Entwicklung.

Wie viele Samen sollte ich säen?

WIE HOCH IST DIE ERTRAGSRATE bei einem Samentütchen? Kann man sich darauf verlassen, dass die meisten Samen daraus keimen?

Die Lebensfähigkeit von Samen ist in vielen Ländern rechtlich festgelegt. In Großbritannien müssen die meisten Gemüsesamen zu 55 Prozent lebensfähig sein, aber dies ist nicht unbedingt eine genaue Angabe für die Anzahl der Samen, die tatsächlich keimfähig sind. Alle möglichen Unwägbarkeiten können diese Zahl beeinflussen, von den Aussaatbedingungen bis hin zu der Qualität der Samen selbst. Saatgut ist nach wie vor ein natürliches Produkt, wie streng auch immer die Bedingungen bei seiner Entstehung waren. Es wird in der Erwartung verkauft, dass sie frisch verwendet werden. Und je frischer das Saatgut, umso höher ist seine Lebensfähigkeit.

Was sind also die Grundzüge des Umgangs mit Samen?

Lebensfähige Samen werden am besten in Innenräumen ausgesät, wo kontrollierte Aussaatbedingungen bestehen und so die Chancen auf Keimung verbessert werden, da nur wenige Samen in einem Tütchen vorhanden sind und Sie wahrscheinlich keine „Überreste" haben.

Säen Sie unkomplizierte, leicht umzusetzende Kulturpflanzen dünn aus, um ein späteres, exzessives Verziehen der Setzlinge zu vermeiden. Verteilen Sie eine etwas dickere Schicht Erde am Ende einer jeden Reihe, um mit überschüssigen Setzlingen Lücken füllen zu können.

Einige Tütchen enthalten so viele Samen, dass es verführerisch ist, nur einige auszusäen und den Rest für die nächste Saison aufzubewahren. Aber es ist generell eine gute Idee, großzügig zu sein. Die Erfolgsrate hängt auch davon ab, ob Sie drinnen oder draußen säen.

Wenn Sie anspruchsvollere Kulturpflanzen für den Außenbereich aussäen, die nicht so gerne umgepflanzt werden wollen, wie zum Beispiel Möhren oder Pastinaken, versuchen Sie „stationäres Aussäen". Drei bis fünf Samen werden überall dort ausgesät, wo Sie letztlich nur eine Pflanze haben wollen. Obwohl überschüssige Setzlinge ausgeglichen werden müssen, zahlt es sich durch eine gerade Reihe an Pflanzen ohne überflüssige Lücken aus.

Haben Sie eine große Menge an Samen produziert und viele davon beim Auspflanzen und Auslichten verloren, machen Sie sich nichts draus: Samen sind normalerweise nicht sehr teuer und ein Überschuss an Samen ist ein natürlicher Teil des Gartenzyklus.

Wieso trägt mein Apfelbaum keine Früchte?

△ Apfelbaumblüten sind empfindlich, sodass ein später Frost sie leider in dem Maße schädigen kann, dass sie nicht mehr lebensfähig sind.

APFELBÄUME sind normalerweise recht ertragreich, daher ist es frustrierend, wenn die Fülle an Äpfeln ausbleibt, vor allem wenn der Baum zuvor produktiv gewesen ist. Es gibt zahlreiche Gründe dafür, und viele der Probleme können zum nächsten Jahr behoben werden.

Gehen Sie die Fragen auf dieser Seite durch und prüfen Sie, welche auf Ihren Baum zutrifft.

Fragen, um dem Problem auf den Grund zu kommen:

Ist der Baum alt genug?
Junge Obstbäume brauchen bisweilen einige Jahre, bis sie reif genug sind, um Früchte zu tragen.

Wurde der Baum bestäubt?
Bei schlechtem Wetter sind die Bestäuberinsekten ausgeblieben. Die meisten Apfelsorten benötigen zudem den Baum eines anderen Kultivars als Bestäubungspartner. Der Behauptung, dass eine Kultursorte selbstbefruchtend sei (oftmals im Laden als Kaufargument), sollten Gärtner keinen Glauben schenken.

Hat der Baum geblüht?
Ohne Blüten gibt es keine Früchte. Die Knospen können von Vögeln gefressen worden sein, teilweise von Buchfinken, oder von Schädlingen: Der Apfelblütenstecher kann einen Ertrag erheblich dezimieren.

Waren die Knospen beschädigt?
Später Frost kann nicht mehr gutzumachende Schäden an den Knospen verursachen. Kleinere Bäume können mit Vlies geschützt werden, und einige spätblühende Kultursorten bleiben von Frostschäden verschont.

Wurde der Baum ausgelichtet?
Ein mangelhaftes Auslichten kann die Triebe schädigen, die sonst zu gegebener Zeit Blüten entwickelt hätten.

Ist Ihr Baum rundherum glücklich?
Bekommt er genug Sonne und Wasser? Wächst er in fruchtbarer Erde?

Alternierende Erträge
Ihr Apfelbaum kann zu einer Sorte gehören, die in einem Jahr einen reichen und

im darauffolgenden Jahr einen schlechten Ertrag aufweist. Obwohl diese Sorten eine Veranlagung dazu haben, kann man dieser Alternanz mit einem beherzten Beschneiden der Blüten während eines guten Jahres entgegenwirken.

WIESO BENÖTIGEN BÄUME EINEN RÜCKSCHNITT?

Da kein Baum oder Strauch wie im Bilderbuch aussieht, haben wir hier auf eine Anleitung für einen Rückschnitt verzichtet. Sehen Sie sich Videos im Internet an, wenn Sie sich unsicher sind. Auch der Internetauftritt der RHS bietet eine genaue Beschreibung.

- Bäume haben eine natürliche Tendenz, Blüten und Früchte zu entwickeln. Wurden sie also sich selbst überlassen, werden sie immer noch ertragreich sein, wenn auch nicht in großem Maße, und dann auch nur größere Bäume.

- Ein leichter Baumschnitt bewirkt viele kleine Triebe, die Sporne genannt werden und den Großteil des Fruchtbestands tragen. Ein starker Baumschnitt ist generell nicht empfehlenswert, da der Baum mit einem übermäßigen unfruchtbaren Wiederaustrieb reagieren wird.

- Relativ wenige Blüten müssen für einen üppigen Ertrag bestäubt werden, da Äpfel und Birnen große Früchte sind. Das Entfernen einiger Blütenknospen ist für den Ertrag nicht problematisch – wenn der Baum überladen ist mit Früchten, wirft er selbst einige ab, damit die verbleibenden Äpfel zu voller Größe heranwachsen können (s. „Junifall", Seite 74).

- Ein sorgfältiger Baumschnitt vermeidet eine Überfüllung in der Mitte des Baumes, starke vertikale Triebe und ein kränkliches Wachstum. Das erwünschte Ergebnis ist ein Baum mit Trieben, deren Basispunkte jeweils ungefähr 45 Zentimeter voneinander entfernt sind, und mit einer leichten Auswärtsneigung.

🔺 Ein guter Baumschnitt öffnet die Mitte des Baumes (obere Abb.). Zu viele übrige, miteinander konkurrierende Zweige können zu einem gehemmten Wachstum führen (untere Abb.).

Kapitel 3

Über der Erde

Wieso ist mein Rasen uneben?

EIN UNEBENER RASEN ist eine Frage der Wahrnehmung. Es kann so aussehen, als wären dort Klumpen, aber viel wahrscheinlicher ist es, dass Hohlräume den verbleibenden Rasen ungleichmäßig aussehen lassen. Wie auch immer, ein unebener Rasen sieht nicht schön aus und ist schwer zu mähen.

Eine ungleichmäßige Abnutzung des Rasens kann Hohlräume verursachen, vor allem in Gärten, in denen Kinder spielen, oder auf Trampelpfaden. Tiere unter der Erde, insbesondere Maulwürfe und Wühlmäuse, können den Rasen zum Einsinken bringen, wenn ihre unterirdischen Tunnel zusammenbrechen. Ein allmählicher Abtrag des Bodens kann ebenso Klumpen verursachen, jedoch keine unterirdischen Steine und Schutt (üblicherweise in den Gärten neugebauter Häuser).

Baumwurzeln

Große Bäume können ebenfalls den Rasen einsinken lassen. Ihre Wurzeln entziehen einer Fläche genug Wasser, sodass Hohlräume entstehen. Auch wenn ein stattlicher Baum gefällt wurde, verursachen die in der Erde verbleibenden faulenden Wurzeln Hohlräume.

Einebnen von Rasenflächen

Die Bereinigung eines unebenen Rasens kann einen Nachmittag oder auch mehrere Monate dauern. Langfristig können kleinere Hohlräume mithilfe von feinem Mutterboden und Grassamen auf die Höhe der umliegenden Erde angehoben werden. Dieser Vorgang ist solange zu

> Ein perfekter grüner Rasen ist eine Frage der Pflege. Harken Sie ihn nach dem Mähen und geben Sie Mutterboden und Grassamen darüber, um Hohlräume zu füllen.

▼ Maulwürfe sind nicht nur für die Maulwurfshügel verantwortlich. Ihre Tunnel lassen den Rasen absacken, da die Erde darüber zusammenfällt.

ALLES IN ORDNUNG BRINGEN

Zwei Hauptursachen für Unebenheiten im Rasen sind Regenwurmkot und eine ungleichmäßige „Berasung" (alter Rasenschnitt, Moos und andere Abfälle). Durch starkes Rechen, auch als „Vertikutieren" bezeichnet, werden die Abfälle gleichmäßig eingearbeitet beziehungsweise entfernt.

▶ Vertikutieren erfolgt am besten in Bezug auf die Jahreszeit: im Frühjahr im leichten Maße, im Sommer gar nicht, und im Herbst sollte stark vertikutiert werden.

wiederholen, bis der Rasen vollständig erneuert worden ist.

Eine jährliche Belüftung der verdichteten Flächen mithilfe einer Forke, um viele kleine Löcher im Boden zu erhalten, fördert auch das Wurzelwachstum.

Klumpen können gesenkt und Hohlräume schnell angehoben werden, indem unter der Rasenschicht Mutterboden entfernt oder hinzugefügt wird. Schneiden Sie mit einem scharfen Spaten oder Halbmond-Kantenstecher ein „T" in die Mitte des Klumpens oder Hohlraums und schneiden Sie darunter den Rasen auf, bis Sie ihn abziehen können. Füllen Sie frischen Mutterboden oder die ausgegrabene Erde (oder auch Steine) in die Hohlräume und ersetzen Sie den Rasen. Treten Sie diesen fest, damit er gut mit dem Boden verbunden ist. Füllen Sie Spalten mit Mutterboden auf und wässern Sie ausreichend.

▼ Regelmäßige Pflege ergibt ebenmäßigen Rasen. Beseitigen Sie alten Rasenschnitt und füllen Sie Mutterboden auf.

Was kann ich gegen trockene Erde unternehmen?

IN DER VERGANGENHEIT wurde ein trockener Garten als Herausforderung angesehen: Zuerst wurde normalerweise der Boden angereichert und dann per künstlicher Berieselung gewässert. Heutzutage jedoch machen Besitzer trockener Gärten das Beste daraus.

Beth Chatto, eine britische Gärtnerin, hat sich in den 1970er und 1980er Jahren sehr darum bemüht, das Bewusstsein zu erhöhen, wie gut trockene Gärten aussehen können. Ihr „trockener" Kiesgarten in Essex, Südost-England, der berühmt dafür ist, nie gewässert zu werden, wurde immer wieder in Fernsehsendungen und Magazinen über das Gärtnern erwähnt. Kiesgärten erfreuen sich seitdem immer größerer Beliebtheit, wenn trockene, aber sonnige Bedingungen vorherrschen. Diese Gärten bieten mehrere Vorteile: Sie benötigen wenig Pflege, sind beliebt bei wildlebenden Tieren und passen gut zu einer mediterran anmutenden Bepflanzung. Sie sind wunderschön in kleinen Gärten oder füllen eine begrenzte Fläche in einem größeren Garten optimal aus. Es

Die meisten Gärtner sind dazu übergegangen, mit den Bedingen zu arbeiten, die ihre Gärten ihnen geben. Schließt dies trockenen, frei entwässernden Boden ein, gibt es immer noch zahlreiche Pflanzen, die dort glücklich gedeihen können.

gibt zwei Arten, einen Kiesgarten anzulegen: Sie legen Gartenvlies aus, in die Sie Schlitze für die Pflanzen schneiden. Dann verteilen Sie den Kies darüber. Oder Sie geben den Kies direkt auf den vorbereiteten Erdboden. Auf jeden Fall sollte der Erdboden zunächst sorgfältig von Unkraut befreit und vorbereitet werden. Durch das Gartenvlies haben Sie kein Unkraut mehr; bei einer Kiesfläche müssen Sie gelegentlich noch jäten.

◀ Das Kapkörbchen *(Osteospermum)* gedeiht an trockenen, sonnigen Orten und ist in lebhaften Rosatönen und in Cremeweiß, Weiß und Gelb erhältlich.

FÜNF PFLANZEN, DIE SONNE UND TROCKENHEIT TOLERIEREN

Die Blätter von Pflanzen, welche evolutionsbedingt mit trockenem Boden auskommen, reduzieren die Wassermenge, die ihnen entzogen wird, entweder durch sehr schmale Blätter (etwa Lavendel) oder durch fleischiges, wächsernes Laub (zum Beispiel das Kapkörbchen; Osteospermum). Zusätzlich sind sie tiefwurzelnd oder haben fleischige Wurzeln, um Wasser zu speichern.

Lavendel *(Lavendula).* Seine schmalen grauen Blätter verlieren nicht viel Wasser, und er enthält auch flüchtige Öle, die verdunsten und die Blätter kühlen.

Wolfsmilchgewächse *(Euphorbia).* Besonders geeignet sind die gelb blühende Zypressen-Wolfsmilch (E. cyparissias) und die Walzen-Wolfsmilch (E. myrsinites; limettengrüne Blüten). Viele Wolfsmilcharten haben grünes Blattwerk und fleischige Wurzeln zur Speicherung des vorhandenen Wassers.

Nachtkerzen *(Oenothera).* Sowohl die gelb als auch die pink blühenden Arten lieben trockenen Boden. Seien Sie sich jedoch über die verwildernde Tendenz der hübschen Nachtkerzen bewusst, wenn sie eine besonders gemütliche Stelle finden.

Kapkörbchen *(Osteospermum).* Fleischige, wächserne Blätter reduzieren die Menge des verdunstenden Wassers.

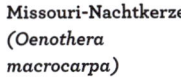

Missouri-Nachtkerze
(Oenothera macrocarpa)

Wermut *(Artemisia).* Eine große Familie innerhalb der Duftpflanzen mit federartigen, grau-grünen Blättern. Die beliebtesten Arten sind „Powis Castle" und „Lambrook Silver" (Silbriger Garten-Wermut). Beide haben kleine gelbe Blüten.

Gletscher-Edelraute
(Artemisia glacialis)

Was kann ich gegen durchnässten Erdboden unternehmen?

GÄRTNER HEISSEN normalerweise den Regen willkommen, aber was ist, wenn Ihr Gartenproblem zu viel Wasser ist? Obwohl Gärten selten das ganze Jahr über nass sind, können viele von ihnen nach Starkregen im Sommer und auch im Winter mit Wasser durchtränkt sein. Wie geht man am besten mit einem nassen Garten um?

> Wie bei trockenen Gärten ist es am besten, mit den gegebenen Bedingungen zu arbeiten. Überprüfen Sie, wie nass oder verdichtet Ihr Boden ist; planen und pflanzen Sie dann entsprechend. Hochbeete oder niedrige Erdhügel sind sinnvoll, wenn Sie Pflanzen bevorzugen, die ein längeres Durchnässen des Bodens nicht tolerieren.

Um zu sehen, wie nass und/oder verdichtet Ihr Boden ist, graben Sie an einer „typischen" Stelle ein ungefähr 60 Zentimeter tiefes Loch, gießen Sie Wasser hinein, bedecken Sie es mit beschwerter Plastikfolie, damit es sich bei Regen nicht noch mehr füllt und warten Sie einten Tag lang ab. Entfernen Sie dann die Folie. Wenn immer noch Wasser in dem Loch ist, ist Ihr Boden schlecht drainierend. Problematisch ist dabei, dass Wurzeln Sauerstoff benötigen, der in durchnässtem Boden nicht vorhanden ist. Eine Belüftung des Bodens wird durch organisches Material, sei es eingegraben oder großzügig als Mulch auf dem Boden verteilt, erreicht. Bei einem kleinen Garten ist es schwierig, eine ausreichende Menge davon auszubringen. (Die Hinzufügung von Kies oder Sand ist weniger effektiv, da man meistens nicht genug ausstreuen kann, um tatsächlich etwas zu bewirken.) Betrifft das Abflussproblem den gesamten Garten, ist guter Rat teuer. Wenden Sie eine kombinierte Strategie an. Errichten Sie einige mit viel organischem Material gefüllte Hochbeete, damit Sie die Bedingungen kontrollieren können. Verbessern Sie außerhalb dieser Hochbeete die Entwässerung um die Wurzeln einer Pflanze herum, indem Sie diese in etwas erhöhten Erdhügeln ansetzen. Wählen Sie in anderen Ecken des Gartens nässetolerante Pflanzen.

Roter Hartriegel
(Cornus sanguinea)

SECHS OPTIONEN BEI NASSEM BODEN

Viele Pflanzen werden mit feuchtem Boden und begrenztem Sauerstoffgehalt fertig. Hier nur eine kleine Auswahl der attraktivsten Möglichkeiten.

Hartriegel *(Cornus)*. Diese hübschen Sträucher, vor allem der Rote Hartriegel (Cornus sanguinea), hat weiße Blüten, einen roten Stängel im Winter und tiefrotes Laub im Herbst. Vögel lieben sein Beeren.

Astilben *(Astilbe)*. Anspruchslose mehrjährige Pflanze mit Blütenköpfen, die über das Blattwerk hinausragen. Die Palette der Farben geht von Pink und Rot bis hin zu Weiß; ihre Wuchsgröße variiert von 25 Zentimetern bis über einen Meter. Sie tolerieren auch Schatten.

Sanddorn *(Hippophae rhamnoides)*. Sommergrüner dorniger Strauch mit silbrigen Blättern und strahlend orangefarbenen Beeren an den weiblichen Pflanzen (Für einen guten Ertrag sind eine männliche und eine weibliche Pflanze notwendig). Die Beeren sind süß-sauer, enthalten viel Vitamin C und sind sehr beliebt bei Vögeln und, als Gelee und Marmelade, bei Menschen.

Sibirische Schwertlilie *(Iris sibirica)*. Diese Pflanze bringt ihre leuchtend violettblauen Blüten im frühen Sommer hervor. Die Rhizome breiten sich an einem geeigneten Ort aus.

Goldmelisse *(Monarda didyma)*, auch Bienenbalsam genannt, ist eine duftende, sommergrüne mehrjährige Pflanze, die bis zu 1,2 Meter groß werden kann. Rote, pinke und lila Blüten, auch Hybriden erhältlich.

Goldmelisse *(Monarda didyma)*

Lobelie *(Lobelia)*. Die Kardinal-Lobelie *(Lobelia cardinalis)*, eine mehrjährige Pflanze, bildet bis zu 60 Zentimeter große Wurzelstöcke und wunderschöne, strahlend rote, rispenförmige Blüten aus.

Kann ich Eichhörnchen voraussehen?

VIELE GÄRTNER, vor allem in halbländlichen Gebieten, würden Grauhörnchen nicht weit hinter Schnecken einordnen, wenn es um Gartenschädlinge geht. Eichhörnchen, die vergleichsweise niedlich aussehen, erregen zwar keinen Ekel, wie es bei Schnecken oft der Fall ist – aber ihr Ruf, „Ratten mit pelzigen Schwänzen" zu sein, kommt nicht von ungefähr.

Da Sie wahrscheinlich Eichhörnchen nicht vollends aus Ihrem Garten vertreiben können, ist es besser, Wege zu finden, um den von ihnen angerichteten Schaden zu begrenzen.

Grauhörnchen gelangten von Amerika nach Großbritannien: Ein Banker namens Thomas Brocklehurst brachte 1876 zuerst ein Paar über den Atlantik und entließ sie auf seinem Anwesen in Cheshire in die Freiheit.

Andere Touristen brachten mehr Eichhörnchen mit, die (für kurze Zeit) als bezaubernde Neuheit galten. Schon

▼ So süß es auch aussieht, kann ein Eichhörnchen großen Schaden im Garten anrichten, vom Ausgraben von Zwiebeln bis hin zum Stehlen von Früchten und Nüssen.

EICHHÖRNCHEN ALS MIETER

Ziehen Eichhörnchen in Ihr Haus ein, wird es Zeit, den Kammerjäger zu rufen. Wenn sie erst einmal in ein Dach oder Loft gelangt sind (gewöhnlich unter der Dachrinne, wo sie sich durch überraschend kleine Öffnungen hindurchzwängen), können sie elektrische Leitungen, Wärmedämmung und inneres Gebälk beschädigen. Wenden Sie sich also an einen Experten. Und versiegeln Sie unbedingt alle Zutrittsmöglichkeiten, wenn Sie Ihre unerwünschten Mieter hinausgeworfen haben.

bald wurde jedoch die einheimische und viel schüchternere Population des Roten Eichhörnchens durch von den Grauhörnchen eingeschleppte Krankheiten stark dezimiert. Gegenwärtig gibt es ungefähr zwischen 2 und 3 Millionen Grauhörnchen in Großbritannien – und sie sind bei vielen Gärtnern nicht sehr beliebt.

Wiederholungstäter

Die Untaten der Eichhörnchen beinhalten Knabbern an der Baumrinde, um an das Harz zu gelangen sowie das Abstreifen der Blütenknospen und Früchte, wie beispielsweise bei Birnen, Äpfeln und Nüssen. Sie machen auch Löcher in den Rasen, um ihre Funde zu vergraben und um Zwiebeln und Knollen auszugraben und knabbern an anderen Feldfrüchten wie Erdbeeren und Zuckermais.

Zurückschlagen

Wie können Sie sich ihren Aktivitäten in den Weg stellen? Die Geister scheiden sich darüber, ob Ultraschall-Abwehrmittel tatsächlich funktionieren. Der Vorteil ist, dass sie nicht sehr teuer sind und an verschiedenen Stellen in größeren Gärten verwendet werden können. Einige Gärtner berichten von weniger Eichhörnchen und geringerem Schaden, aber andere Gärtner haben keine große Wirkung festgestellt.

Am praktischen ist es, Pflanzen mit einer physischen Barriere zu schützen. Bedecken Sie kürzlich eingepflanzte Zwiebeln, Erdbeeren oder heißgeliebte Pflanzen mit Maschendraht (es muss Draht sein, da Eichhörnchen problemlos Plastik durchbeißen können). Der Maschendraht wird gebogen und mit den

▲ Finden Sie aufgespaltene Haselnüsse vor, sind Eichhörnchen die Schuldigen. Löcher in den Schalen weisen eher auf Mäuse hin.

Kanten nach unten im Boden verankert. Bemerken Sie Bissspuren an einem Baumstamm, handeln Sie sofort: Ringelung kann den Baum absterben lassen. Die Rinde wird hierbei in einem durchgehenden Kreis um den Baumstamm herum abgenagt. Je nachdem, wie weit die schadhaften Stellen am Baum nach oben reichen, kann der Baumstamm mit Maschendraht umwickelt werden.

▼ Maschendraht hält Eichhörnchen von Pflanzen und Früchten fern; grünes Gitter mit Plastikbeschichtung hebt sich nicht so deutlich von dem Laub ab.

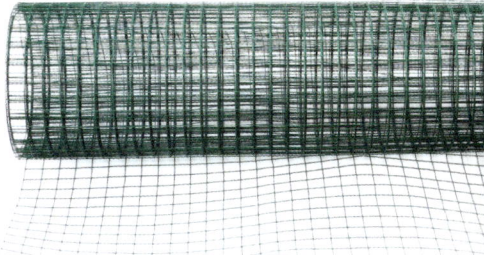

Wie kann ich mich Katzen erwehren?

OB SIE NUN EIN KATZENFREUND SIND ODER NICHT, können Katzen im Garten nervig sein. Sie sonnen sich auf geliebten Pflanzen, schärfen ihre Krallen an der Rinde von Bäumen oder Sträuchern und, wahrscheinlich die häufigste Beschwerde, nutzen Blumenbeete als Toilette. Naturbegeisterte beklagen auch die sehr erfolgreichen Jagdgewohnheiten von Katzen.

> Auch wenn Sie selbst keine Katze haben, können Sie sie nicht von Ihrem Garten fernhalten. Es gibt jedoch Möglichkeiten, ihre Besuche zu reduzieren.

Katzenkot stinkt fürchterlich, und da Katzen versuchen, ihn zu vergraben, meist mit geringem Erfolg, hinterlassen sie oftmals verwüstete Blumenbeete.

Gestalten Sie Ihren Garten weniger einladend

Setzen Sie Ihre Pflanzen so dicht wie möglich: Katzen scheiden den Kot bevorzugt auf der blanken Erde aus. Vermeiden Sie also Zwischenräume zwischen den Pflanzen. Wässern Sie Blumen und Gemüse regelmäßig: Katzen mögen keine feuchte Erde. Frisch eingesäte Flächen können Sie mit einem an den Seiten festgepflockten Plastikgitter schützen. Besonders gehegte Setzlinge oder Jungpflanzen, um die herum sich unvermeidlich freiliegende Erde befindet, können mit senkrecht in die Erde gesteckten Cocktailspießen verteidigt werden: Katzen werden weder darüber laufen noch sich darüber kauern wollen.

◂ Die Rangelei mit Katzen im Garten kann sich wie ein abgeschwächter Guerillakrieg anfühlen, vor allem in Städten.

ABWEHRMITTEL GEGEN KATZEN

Es gibt mehrere Substanzen und Vorrichtungen, die Katzen angeblich nicht mögen, manche etwas ausgefallener – und teurer – als andere. Die Meinungen über ihre Wirkung gehen auseinander. Beginnen Sie also mit dem preiswertesten Abschreckmittel und arbeiten Sie sich hoch.

▲ Katzen verabscheuen gewöhnlichen schwarzen Pfeffer: Er gelangt in ihre Nase und lässt sie niesen.

- Paprikapulver, Aluminiumammoniumsulfat und Methylnonylketon sind Bestandteile in käuflich zu erwerbenden Sprays und Pulvern (einige Gartenbesitzer verwenden auch Chilipulver). Sie sind nicht regenfest, daher müssen diese Sprays immer wieder angewandt werden. Auch wird gelegentlich für seltsamere Substanzen, wie zum Beispiel getrockneter Löwenkot, als Abwehrmittel gegen Katzen geworben. Sie sind vielleicht ein lustiges Geschenk, aber heimische Katzen wird man dadurch nicht vertreiben.

- Katzenschreck (Coleus canina) ist eine Pflanze, die bei Berührung einen fürchterlichen Gestank freisetzt, den viele Katzen nicht ausstehen können.

- Sie können Ultraschall-Geräte kaufen, die bei Bewegung einen für Menschen nicht wahrnehmbaren Ton auslösen und als Abschreckmittel gegen Katzen funktionieren sollen. Sie eignen sich besonders gut für sehr große Gärten. Auch dieses Gerät finden manche Gärtner effizient und manche nicht.

- Auch durch Bewegungsmelder ausgelöste Wassersprinkler mit Zielvorrichtung sind erhältlich.

- Ein ganz anderer Ansatz ist die Errichtung einer „Katzenecke" in Ihrem Garten: Legen Sie an einem sonnigen Platz ein großes Beet mit Katzenminze an, in der Hoffnung, dass es als Aufenthaltsort für Katzen dient.

Katzenschreck
(Coleus canina)

Wie kann ich Bienen unterstützen?

MAN NIMMT AN, dass überall die Anzahl der Insekten, einschließlich wichtiger Bestäuber, zurückgeht. Seit langem ist die Bienenpopulation durch eine Vielzahl von Gründen vorm Aussterben bedroht, durch Pestizide, die sowohl im Privatbereich als auch in der Landwirtschaft verwendet werden bis hin zu Varroa-Milben, die ein großes Problem für gezüchtete Honigbienenkolonien darstellen. Können Sie als Gärtner im kleinen Maßstab irgendwie helfen?

Richten Sie Ihren Garten auf eine möglichst lange Blütezeit aus. Bienen sind vor allem zwischen März und Oktober aktiv, überwinternde Bienen jedoch, wie zum Beispiel die Königinnen und einige bestimmte Arten, können bei einem warmen Winter zu anderen Zeiten im Jahr erscheinen und benötigen dann Nahrung. Ein dicht bepflanztes Areal mit vielen verschiedenen offenen Blumen, von ein- und mehrjährigen Pflanzen bis hin zu Bäumen und Sträuchern, bietet die größtmögliche Auswahl für alle nach Futter suchenden Insekten.

▼ Verschiedene Bienenarten bevorzugen Blumen, die ihrer „Reichweite" entgegenkommen: Langrüsselige Hummeln fliegen tiefere Blüten an.

Da viele zuvor wilde Ecken auf dem Land mittlerweile landwirtschaftlich genutzt werden, werden Gärten immer mehr zur Heimat für Bestäuberinsekten. Bienenfreundliches Gärtnern kann nicht nur Honigbienen, sondern auch andere Bienenarten unterstützen.

Von Bienen bevorzugte Pflanzen

Bienen mögen generell einfache, offene Blumen. In komplexe Hybriden mit doppelten Blütenblattschichten können sie nicht gut eindringen (und diese bieten oft auch nicht den benötigten Nektar und Pollen). Einige Arten haben jedoch besonders lange Zungen, und Pflanzen mit ihren geneigten, röhrenförmigen Blüten, etwa Löwenmäulchen und Fingerhut, sind ihre Lieblingsblumen.

Die meisten Bienen mögen den Duft von Kräutern wie Ysop, Lavendel, Fenchel, Thymian, Borretsch, Schnittlauch, Minze und Beinwell.

Über der Erde

Viele blühende Kräuter „füllen" sich besonders schnell wieder mit Honig, sodass die nächste Biene bereits wieder Nektar in der Blüte vorfindet, auch wenn ihr Vorgänger sich gerade erst bedient hat.

Kaufen Sie möglichst organisch gezüchtete Pflanzen. Eine überraschende Anzahl an nicht essbaren Pflanzen sind unter Verwendung von Pestiziden gezogen worden, bevor sie das Gartencenter erreicht haben, und Sie wollen bestimmt keine an Bestäuberinsekten weitergegebenen chemischen Rückstände. Organisch gezogene Zierpflanzen werden immer beliebter.

Etwas zu trinken anbieten

Kieselsteinen gefüllte Schale in den Garten und geben Sie Wasser hinein. Die Insekten können während der Wasseraufnahme auf den Steinen sitzen.

Pestizide vermeiden

Pestizid als letzten Ausweg verwenden müssen, versprühen Sie es nur in der Abenddämmerung, wenn die Bienen nicht aktiv sind. Gebrauchen Sie es auf einer möglichst kleinen Fläche, und verschonen Sie nach Möglichkeit blühende Pflanzen, da diese ja von den Bestäubern besucht werden.

SCHUTZ BIETEN: EIN INSEKTENHOTEL BAUEN

Ein Insektenhotel bietet Schutz und einen Nistplatz für Bestäuberinsekten, einschließlich Hummeln und Solitärbienenarten. Sie können es kaufen (siehe untere Abbildung) aber man kann es auch ganz einfach selbst bauen. Sie benötigen kurze Bambusstäbe, Dach- und Lochziegel oder Pflastersteine sowie Stroh, Moos und Zweige. Das Insektenhotel sollte idealerweise mindestens 60 Zentimeter über dem Boden auf Holz oder Ziegelsteinen stehen. Platzieren Sie die Bambusstangen hochkant abwechselnd mit den Ziegelsteinen oder Dachziegeln und befüllen Sie die Lücken mit dem genannten Material. Setzen Sie ein wasserdichtes Ziegeldach auf. Je mehr Sie das Hotel sich selbst überlassen, desto mehr Insekten stellen sich ein.

Wie bekämpft man Unkraut?

Ein vernachlässigter Garten empfängt womöglich den neuen Besitzer mit einer großen Menge an etabliertem Unkraut. Präsentiert es sich als eine geschlossene, fest verwurzelte Bodenschicht, weiß man nicht, wo man mit Jäten anfangen soll. Wie kann man am besten dagegen vorgehen?

Traditionell wurden alte Teppiche als Bodenbedeckung verwendet, um Unkraut das Licht zu entziehen. Inzwischen wird aber angenommen, dass Chemikalien durch den Teppich in die Erde sickern, und die schaumstoffgepolsterten Teppiche zersetzen sich in kleine, schmutzige Stücke, die schwierig zu entsorgen sind.

Das Gute an so viel Unkraut ist, dass dies auf einen fruchtbaren Boden hinweist. Ein akribisches Ausgraben ist die mühsame Lösung, aber am einfachsten ist die Abdeckung der gesamten Fläche, sodass das Unkraut kein Licht mehr bekommt. Mit der Zeit (es dauert ungefähr ein Jahr) wird es bis auf die widerstandsfähigsten Arten aufgeben.

Viel besser geeignet ist eine Abdeckung aus schwerem Plastik oder Stoff oder auch eine Kartonschicht mit viel Stroh oder Holzspänen darüber. Beschweren Sie das Abdeckmaterial, damit es nicht wegweht. Bei einer Plastik- oder Stoffabdeckung graben Sie eine Rinne an jeder Seite der betreffenden Fläche und lassen Sie die Abdeckung über das Ende bis zur Grabensohle ragen, wo Sie sie mit Steinen beschweren.

Bei Karton entfernen Sie gegebenenfalls Klebebandreste, die sich nicht so schnell zersetzen, stapeln Sie mehrere Lagen aufeinander und schließen Sie mit Stroh oder Holzspänen ab. Sie können hierauf noch überschüssigen Grünschnitt oder andere Grünmasse geben. Die oberste Schicht verrottet und reichert den Erdboden an, während sie dem Unkraut den Garaus macht.

Wie komme ich ums Jäten herum?

ES KOMMT IMMER WIEDER VOR, dass Sie nach einer Stunde Jäten zufrieden mit sich selbst sind, dann aber doch noch eine verwilderte, unbearbeitete Stelle entdecken. Seien Sie nicht zu versessen darauf, jedes einzelne Unkraut zu entfernen: Als Gärtner kommt Ihnen ein philosophischer Ansatz eher zugute.

Alle Gärten sollten gejätet werden, und Sie werden sich Unkraut nie ganz entledigen können: Es kann bezwungen, aber nicht ausgerottet werden. Es ist opportunistisch und siedelt sich dort an, wo es eine Stelle findet. Minimieren Sie den Unkrautbewuchs und bepflanzen Sie Ihren Garten so, dass nur wenig Platz für Unkraut verbleibt.

Wenn Sie Beete dicht bepflanzen, drängen Sie das Unkraut heraus, und der zurückbleibende Rest wird durch die Menge der anderen Pflanzen verdeckt. Dieser Ansatz bedarf jedoch etwas Kontrolle: Einige Unkrautarten, zum Beispiel die Ackerwinde, wächst gerne zwischen anderen Pflanzen und muss herausgezogen werden, bevor sie die Oberhand gewinnt. Die Vogelmiere wiederum wächst heimtückisch im Schutz des Blattwerks, sodass Sie sie erst einmal ausfindig machen müssen.

Planen Sie Ihre Beete so, dass sie über die Ränder hinausgehen: Unkraut mag leere Ecken; bepflanzen Sie die Beete bis zum Rand, damit es sich nirgends ansiedeln kann. Lassen Sie unter den überhängenden Blättern genug Platz, um mit Ihrer Hacke dorthin zu gelangen: schnell und oft.

GUTE ANGEWOHNHEITEN BEIM JÄTEN

Gewöhnen Sie sich bei jedem Aufenthalt im Garten an, und sei es nur für eine Tasse Kaffee, ein bisschen Unkraut zu zupfen. So bleiben Sie am Ball. Reißen Sie auf jeden Fall immer die Blütenköpfe ab, auch wenn Sie keine Zeit zum Ausgraben oder Hausziehen der Wurzeln haben. Auf diese Weise kann das Unkraut nicht aussamen.

Wächst etwas unter Bäumen?

ES IST EINE BEKANNTE SITUATION: Alles wächst wunderschön im Garten, nur unter dem Baum oder den Bäumen nicht, die den Mittelpunkt des Gartens bilden. Dies ist nicht die beste Stelle für Pflanzen - wie kann man also diese Lücke füllen?

Sie werden leichter Pflanzen finden, die sich unter sommergrünen Bäumen wohlfühlen; immergrüne (etwa Ilex) oder Nadelbäume (beispielsweise Eibe) sind eine größere Herausforderung, da sie das ganze Jahr über Schatten spenden. Solche Pflanzen müssen mit trockenem und minderwertigem Boden auskommen, da der Baum die Nährstoffe für sich beansprucht hat. Dessen Wurzeln können nahe der Oberfläche liegen, sodass der Gärtner nicht beliebig tief graben kann.

Befindet sich nackte Erde unter dem Baum, mulchen Sie sie zunächst mit einer Schicht aus Holzspänen, Rinde oder Lauberde. Auch wenn Sie kein organisches Material untergraben können, reichert Mulch den Boden an. Legen Sie eine Mulchschicht von ungefähr fünf bis zehn Zentimetern aus, jedoch nicht direkt an den Baumstamm, da dies Fäule begünstigt. Belassen Sie mindestens 20 Zentimeter Platz zwischen der Mulchschicht und dem Baum.

Pflanzen, die unter sommergrünen Bäumen gedeihen, profitieren von etwas Licht und Regen im Spätherbst und Winter, wenn der Baum seine Blätter abgeworfen hat. Der Großteil ihres Wachstums erfolgt zu Beginn des Frühjahrs, sodass sie schon weit fortgeschritten sind, wenn die Blätter des Baumes erscheinen und Schatten über die Pflanzen werfen.

Sie helfen Pflanzen unter einem Nadelbaum oder immergrünen Baum, indem Sie sie in möglichst große Löcher stecken (so groß wie Sie aufgrund der Baumwurzeln ausheben können), verteilen Sie nährstoffreichen Kompost um die Löcher. Wässern und kontrollieren Sie diese regelmäßig.

Kleine Traubenhyazinthe *(Muscari)*

Der Boden unter Bäumen ist schwierig zu handhaben, da er oft trocken ist und je nachdem, ob der Baum sommergrün ist oder nicht, teilweise oder das ganze Jahr über im Schatten liegt. Zahlreiche Pflanzen werden jedoch oftmals dieser Situation fertig, und man kann den Boden optimieren.

EINIGE PFLANZEN, DIE IN TROCKENEM SCHATTEN GEDEIHEN

Zwiebeln und Pflanzenknollen

- Schneeglöckchen *(Galanthus)*
- Kleine Traubenhyazinthe *(Muscari)*
- Osterglocken und Narzissen *(Narcissus)*
- Herbst-Alpenveilchen *(Cyclamen hederifolium)*

All diese Beispiele blühen unter sowohl sommer- als auch immergrünen Bäumen, wenn sie in angereicherter Erde wachsen können. Bei sehr trockenem Wetter sind sie öfter zu gießen.

Mehrjährige Pflanzen

- Weicher Frauenmantel *(Alchemilla mollis)*: hellgrüne Blätter mit grob gezahnten Rändern und Zweige mit kleinen gelben Blüten.

- Christrose *(Helleborus)*: Frühblüher mit weiß oder violett-pink blühenden Sorten, oder Hybride von Rot, Grün oder Gelb bis hin zu einem sehr dunklen Violett und beinahe Schwarz. Die Ursprungssorten haben einfache Blüten, aber viele Hybride sind ausgefallener mit dunklen Flecken oder gefüllten Blüten. Hübsche, tief eingeschnittene dunkelgrüne Blätter, die sich bis nach der Blüte halten.

- Elfenblume *(Epimedium)*: Die meisten Sorten haben hübsche, herzförmige Blätter, die oftmals leuchtend grün sind oder rot gefärbte Ränder haben. Die Stängel ragen über das Laub hinaus und tragen kleine, zierliche Blüten von Weiß über Gelb bis zu Pink. Sie sind sehr widerstandsfähig, obwohl sie sauren Boden bevorzugen.

Farne

- Gewöhnlicher Wurmfarn *(Dryopteris filix-mas)*: Hübsche, aufrecht wachsende Farnwedel, in trichterförmigen Rosetten angeordnet. Im Herbst bronzenefarbene Blätter, die im Winter absterben, bevor sich neue Wedel im Frühjahr von der „Krone" aus entkräuseln.

- Hirschzungenfarn *(Asplenium scolopendrium)*: Gewellte, kräftig grüne Blätter in charakteristischer Zungenform. Sie tolerieren sehr schlechten Boden und wachsen oft aus trockenen Mauern.

Hirschzungenfarn *(Asplenium scolopendrium)*

Wie viel sollte ich mulchen?

Mulch wird meist auf den Erdboden gegeben, damit dieser bei heißem Wetter Feuchtigkeit speichern kann, Pflanzenwurzeln vor extremer Hitze und Kälte geschützt werden und Unkraut bezwungen werden kann. Mulch schließt die Fläche um die Pflanzen herum sauber ab und wird meistens unter Bäumen, Büschen, Obststräuchern und Kletterpflanzen verteilt. Aber welche Art Mulch sollte man verwenden, und in welcher Menge?

> Biologisch abbaubarer Mulch, etwa Lauberde, Kompost oder Holzspäne, helfen wirklich dem Boden. Obwohl man es kaum übertreiben kann, sollten Sie um kleinere Pflanzen nicht zu viel Mulch anhäufen.

Lauberde, Kompost und Holzspäne sind biologisch abbaubar, ebenso wie gut durchgerotteter Mist, Seetang, Stroh und Pilzkompost. All diese Arten sind zumindest etwas nährstoffhaltig. Auch nicht abbaubare Mulchsorten sind erhältlich, beispielsweise Kies, Kieselsteine, Schiefer und Splitt. Sie entmutigen Unkraut und schützen die Pflanzen an der Oberfläche, geben jedoch keine Nährstoffe an das Erdreich darunter ab.

Mulchfolie

Zudem gibt es die sogenannte Mulchfolie: dünne Planen, gewöhnlich schwarz und porös. Verwenden Sie nur die biologisch abbaubare Folie, denn Plastik oder Synthetik, vor allem aus alten Teppichen oder PVC, wird schnell in Tausende winzige Stückchen zersetzt, die im Boden verbleiben und ihn verunreinigen.

Mulchfolie wird gewöhnlich für ein oder zwei Jahre vor dem Auspflanzen auf neue Beete gelegt, um Unkraut unter Kontrolle zu halten, während sich neue, durch Schlitze in der Folie wachsende Pflanzen ohne Konkurrenz etablieren können. Sie hält eine Fläche einige Jahre lang von Unkraut frei, sieht aber

◀ Geschredderte Rückschnittreste von Gehölzen ergeben langlebigen Mulch, der relativ langsam verrottet.

eher rustikal aus, sodass sie meistens auf Gemüse- und Obstanbauflächen verwendet wird.

Wie und wann man mulchen sollte

Man kann kaum zu viel Mulch ausbringen, aber denken Sie daran, dass er der Erde um die Pflanzen herum zugutekommen soll und nicht zu hoch um kleinere Pflanzen, Stängel und Stämme von Sträuchern oder Bäumen angehäuft werden sollte. Die meisten Gärtner schichten biologisch abbaubaren Mulch in fünf bis zehn Zentimeter dicken Schichten auf.

Idealerweise wird Mulch ab Mitte des Winters aufgebracht, bevor Unkraut wieder zu wachsen beginnt. Zusätzliche Nährstoffe vom Ende des Sommers bis zum späten Winter sind nicht notwendig, da sich die meisten Pflanzen dann in der Vegetationsruhe befinden.

Wässern und Düngen:

Gemulchte Flächen müssen ausgiebiger gegossen werden, damit das Wasser durch den Mulch in den Boden gelangt, obwohl allgemeinhin Mulch bei langlebigen Bäumen und Pflanzen angewandt wird, die nicht so viel Wasser benötigen, wenn sie sich etabliert haben. Dünger wird ebenfalls direkt durch den Mulch weitergegeben, wobei fester Dünger wie Pellets oder Pulver vorzugsweise am Ende des Winters kurz vor dem Mulchen ausgebracht wird, damit der letzte Winterregen ihn in den Boden hineinwaschen kann.

VORTEILE AN DER KÜSTE

Seit Jahrhunderten wird Seetang von an der Küste lebenden Gärtnern als Mulch zwangsverpflichtet. Er ist auch bei Gärtnern beliebt, die sowohl auf kommerziell produzierten Dünger als auch auf tierische Produkte verzichten wollen. Die meisten Grundbesitzer und Stadtverwaltungen werden nichts dagegen haben, wenn Sie einige Säcke mit Seetang direkt am Strand sammeln, vorausgesetzt, Sie fragen vorher. Traditionell als dicke Schicht auf der Erdoberfläche ausgelegt, kann er während des Trocknens schnell übel riechen. Moderne Gärtner nutzen Seetang meist als Bodenoptimierer: Reich an Kalium, Magnesium und Spurenelementen, kann er direkt verwendet werden, ohne vorher verrotten zu müssen.

Was tötet meine neuen Pflanzen ab?

ES IST BESTÜRZEND, wenn ein erst kürzlich gepflanzter, besonderer Neuzugang in Ihrem Garten nicht gelingt, auch wenn Sie ihn gehegt und gepflegt haben. Umso schlimmer, wenn er wegen Ihnen abstirbt. Was ging schief und wie vermeiden Sie es?

Ein klassischer Fall von topfgebundenen Pflanzen. Kaufen Sie eine Pflanze nicht, wenn die Wurzeln aus den Wasserablauflöchern des Topfes herausragen.

Es scheint klar zu sein, aber sind Sie sicher, dass die Pflanze tot ist? Auch wenn die Blätter verwelkt, bräunlich oder abgefallen sind, muss sie nicht hinüber sein. Brechen Sie einen kleinen Stängel ab: Geht dies leicht und ist er innen spröde und trocken, ist das kein gutes Zeichen. Beugt sich der Stängel, ist er schwer zu brechen und sieht innen feucht und grün aus, lebt die Pflanze noch. Auch wenn der Stängel brüchig und braun ist, lohnt es sich, die Wurzeln zu überprüfen: Sind sie kräftig und biegsam, hat die Pflanze noch eine gute Überlebenschance. Dunkle, spröde oder durchtränkte Wurzeln bedeuten jedoch, dass man sich von ihr trennen sollte. Wurde sie erst vor kurzem angepflanzt, fragen Sie sich:

Wenn Sie die Pflanze im Topf erworben haben, haben Sie vor dem Einpflanzen den Wurzelballen gelöst und die Wurzeln etwas herausgeschoben?

Haben Sie die richtige Erde für diese Pflanze gewählt? Liebt sie sauren Boden, ist aber in Kalkboden gelandet?

Hat sie zu viel oder zu wenig Wasser bekommen?

Wenn sie direkt aus einer Baumschule mit geschützten Bedingungen kam, haben Sie sie vor dem Einpflanzen abgehärtet?

Selbst wenn die Blätter einer Pflanze abgestorben sind, können die Wurzeln noch reaktiviert werden. Eine Kontrolle lohnt sich.

Gab es einen plötzlichen Temperaturabfall oder gar Frost? Konnte sich die Pflanze an ihrem neuen Ort an einer geschützten Stelle oder in einem Frühbeet akklimatisieren? Eine oder mehrere dieser Umstände können eine Pflanze absterben lassen, die am verletzlichsten ist, wenn sie gerade an einen neuen Standort gepflanzt worden ist. Gärtner verdächtigen oft einen Schädling oder eine Krankheit, wenn eine alltägliche Ursache vorliegt. Der große Gartenbösewicht Hallimasch beispielsweise befällt jedoch nur selten eine neu eingesetzte Pflanze, da er Zeit benötigt, um seine Wirkung zu entfalten.

Von der Garantie Gebrauch machen

Viele Baumschulen geben Garantie auf ihre kurz nach dem Kauf eingegangenen Pflanzen. Weniger offenkundige Gründe einschließlich der Krautfäule sind nämlich nur sehr schwer in Baumschulen auszumerzen und könnten ihren Bestand gefährden. Wenn Sie den Grund nicht finden, versuchen Sie, in der Baumschule Ersatz zu bekommen. Informieren Sie sich dort über die Bedürfnisse der neuen Pflanze und versuchen Sie es erneut.

Sich nicht zu sehr ärgern

Machen Sie sich bewusst, dass jeder Gärtner einmal Pech mit einer Pflanze hat. Vielleicht hat eine sonnenliebende Pflanze im tiefen Schatten gestanden oder eine andere wurde nicht abgehärtet. Man lernt daraus und macht den Fehler nicht wieder.

Es gibt viele Ursachen für das plötzliche Absterben einer Pflanze. Prüfen Sie die Gründe. Setzen Sie je nach Ursache eine neue Pflanze nicht wieder an dieselbe Stelle.

VON DEN WURZELN HOCH

Hat die Pflanze den Stängeltest nicht bestanden, sehen die Wurzeln aber noch gesund aus, können Sie die Pflanze vielleicht von den Wurzeln aus wieder nachwachsen lassen. Graben Sie die Pflanze aus und geben Sie sie in einen Topf mit feuchtem, aber nicht nassem Kompost. Achten Sie darauf, dass noch genug Platz für die Wurzeln ist. Schneiden Sie dann die Stängel bis zum Lebendholz zurück, also etwa ein oder zwei Drittel des Stängels, oder bis nahe an die Basis. Stellen Sie den Topf an eine geschützte Stelle, idealerweise in ein Frühbeet. Warten Sie, bis sie groß genug ist, bevor Sie sie wieder draußen auspflanzen.

Wieso mögen die Würmer meine Erde nicht?

WIR ASSOZIIEREN normalerweise gesunden Boden mit der Anwesenheit von Würmern und hören oft, wie wichtig sie sind. So kann es irritierend sein, beim Umgraben einiger Quadratmeter im Garten keine Würmer vorzufinden. Wieso sind sie nicht da, und wie können Sie sie in Ihren Garten kommen lassen?

Würmer mögen feuchte, nährstoffreiche Erde aus organischem Material, nicht aber sehr sauren, sandigen oder nassen Boden. Dass Sie keine Würmer sehen, bedeutet aber nicht zwangsläufig, dass es keine gibt.

Würmer sind wichtig, da sie den Erdboden optimieren und belüften. Einige Arten sind bis zu zwei Meter unter der Erdoberfläche aktiv, unschätzbar in jeder Art von Garten, aber besonders nützlich, wenn Sie das No-Dig-Verfahren anwenden. In den meisten Böden leben Würmer: Einer Studie des Rothamsted Research Centre in Hampshire zufolge enthält sogar minderwertige Erde bis zu 250.000 Regenwürmer pro Hektar, während in einem nährstoffreichen Boden ungefähr sieben Mal so viel Würmer enthalten sind. Bei trockenem, heißem Wetter dringen die Würmer tiefer in die Erde vor und kommen nach einigen Regenschauern wieder näher an die Oberfläche.

Die Würmer an die Oberfläche bringen

Finden Sie bei trockenem und heißen Wetter keine Würmer vor, nehmen Sie nicht direkt an, dass in Ihrem Garten keine sind. Würmer benötigen Feuchtigkeit, um durch ihre Haut atmen zu können. Warten Sie also, bis es heftig geregnet hat und graben Sie ein weiteres Mal: Die Chancen stehen nicht schlecht, dass Sie welche direkt unter der Oberfläche finden.

Sind immer noch keine vorhanden, muss Ihr Garten wohl gedüngt werden. Graben Sie möglichst viel Kompost, gut durchgerotteten Mist oder Lauberde unter, um Ihre Erde zu einem wurmfreundlicheren Lebensraum zu machen.

PLATTWURM IM VERGLEICH ZUM REGENWURM

In den späten 1960er Jahren gelangte der Neuseelandplattwurm in die Gärten Großbritanniens – er reiste wahrscheinlich in importierten Topfpflanzen mit – und ernährte sich bald von den einheimischen Regenwürmern. Wie sein Name schon sagt, ist er flach und bräunlich, hat spitz zulaufende Enden, ist bis zu 20 Zentimeter lang (obwohl er häufig eingerollt vorzufinden ist, wodurch er viel kleiner aussieht) und sehr schleimig. Nach dem Plattwurm folgten der australische und der brasilianische Plattwurm (die beide eher orange als braun sind). Obwohl keiner dieser Ankömmlinge weder Gärtner noch heimische Regenwürmer in Jubelrufe ausbrechen ließen, waren die Auswirkungen auf britische Gärten und deren Regenwurmpopulationen nicht so schlimm wie anfangs befürchtet. Eine sehr feuchte Umgebung behagt dem Plattwurm mehr als eine trockene, und die Folgen waren in schottischen Gärten ernster als in jenen südlich der Grenze, wo die Plattwurm- und Regenwurmpopulationen nun ausgeglichen zu sein scheinen, nachdem letztere zuerst abgenommen hatte. Forschern zufolge haben auch Plattwürmer Feinde: die Larven des Rasenkäfers, und womöglich haben auch Tausendfüßler sie auf der Speisekarte.

Wenn Sie einen dieser unwillkommenen Würmer im Garten finden, zertreten Sie sie. Und seien Sie vorsichtig, wenn Sie Pflanzen an andere Gärtner weitergeben – Sie wollen sicher nicht die Population ausbreiten.

Gemeiner Regenwurm
(Lumbricus terrestris)

Neuseelandplattwurm
(Arthurdendyus triangulatus)

Was gehört nicht auf meinen Komposthaufen?

Einige Leute behandeln ihren Kompost wie ein spezielles Rezept, das nur „gelingt", wenn ganz besondere Zutaten miteinander vermischt werden; andere werfen alles bis auf die Küchenspüle auf den Komposthaufen und produzieren immer noch guten Kompost. Was kann nun drauf und was nicht?

▲ Pflanzen mit ledrigen oder wächsernen Blättern, etwa Azaleen *(Rhodendron),* sollten zunächst zerkleinert werden.

lien zu halten. Die optimale Mischung besteht ungefähr zur Hälfte aus „grünem", also stickstoffreichem Material (Grünschnitt, Blattabfälle, Unkraut) und zur anderen Hälfte aus „braunem", also kohlenstoffreichem Material (holzige Stängel, totes Laub, Karton, Holzspäne, Haustiereinstreu und so weiter). Zu viel grüner Abfall, vor allem eine Menge Grünschnitt, kann zu einem nassen, schleimigen Gemisch führen, umgekehrt kann die Zersetzung sehr lange dauern, wenn ein Überschuss an „braunem" Material besteht.

Küchenabfälle, die kein Gemüse sind, etwa Fleisch, Fisch und Brot, gehören auf keinen Fall auf den Kompost, da sonst Ratten angelockt werden. Von zu vielen Zitrusschalen wird auch abgeraten: Sie brauchen lange bis zur Zersetzung. Dasselbe gilt für sehr dicke Blätter immergrüner Pflanzen, wie zum Beispiel Lorbeer oder Azaleen: Es dauert lange, bis sie verrotten.

Die richtige Balance halten

Das Wichtigste bei einem Komposthaufen ist, die richtige Balance zwischen den unterschiedlichen Materia-

▼ Totes Laub ist eine gute Ergänzung im Kompost. Haben Sie viel davon, empfiehlt es sich, auch Lauberde daraus herzustellen (siehe Seite 144).

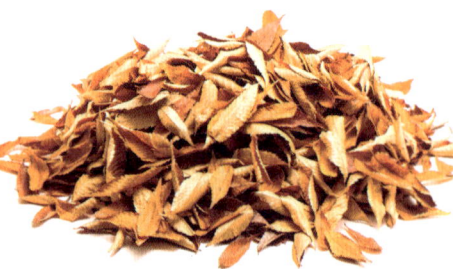

UMGANG MIT WURZELN UND UNKRAUT

Da die Temperatur eines Komposthaufens in einem Privatgarten nicht hoch genug ist, um Krankheiten der Pflanzen auszumerzen oder diese zu zersetzen, sollten Fruchtstände und Wurzeln von robustem Unkraut oder kranken Pflanzen nicht direkt auf dem Kompost landen. Legen Sie sie daher ein oder zwei Wochen lang in Wasser, und fügen Sie das entstandene Gemisch dem Kompost hinzu.

▶ Unkraut kann auf dem Kompost wieder zum Vorschein kommen. Lassen Sie es zunächst im Wasser verfaulen, um seine Wurzeln und Samen abzutöten.

Wie lange dauert es?

Der Großteil des Materials benötigt zwischen sechs Wochen und zwei Jahren, bis es vollständig durchsetzt ist. Regelmäßiges Wenden (die „Schichten" des Komposthaufens mit einer Harke durchmischen) ist empfehlenswert, obwohl auch so alles verrottet. Bereits durchsetzter Kompost kann dem Haufen entnommen und verwendet werden. Belassen Sie den restlichen, unfertigen Kompost auf dem Haufen und wenden Sie diesen gründlich.

Werfen Sie weder Fisch noch Fleisch auf den Komposthaufen. Andere Abfälle begünstigen den Kompostiervorgang in viel höherem Maße.

▶ Eier- und Bananenschalen sowie Kaffeesatz können kompostiert werden, obgleich die Zersetzung zwei Jahre oder länger dauern kann.

Kann ich schnell Kompost herstellen?

Angeblich dauert die Herstellung
von Kompost zwei Jahre. Kann dies beschleunigt werden?

Den vollen, erdigen Geruch von fertig durchsetztem Kompost erkennt man sofort. Er sollte zudem dunkelbraun und krümelig sein. Keine Sorge, wenn sich trotzdem noch kleine Äste darin befinden sollten: Dies ist normal, auch in Reifkompost.

Die Würmer die Arbeit machen lassen

In einem winzigen Garten ohne Platz für einen Komposthaufen oder Komposteimer bietet ein Wurmkomposter die Möglichkeit, kleinere Mengen an Küchen- und Gartenabfällen zu verwerten und gleichzeitig ein nützliches Stärkungsmittel für den Garten herzustellen. Der produzierte Wurmkompost ist ein guter Bodenverbesserer, während die abgeflossene Flüssigkeit verdünnt als Dünger verwendet werden kann. Ein Wurmkomposter braucht nur eine geschützte Ecke im Garten und ein bisschen tägliche Pflege. Es handelt sich um einen kostengünstigen Plastikkasten von ungefähr 60 Zentimetern Höhe. Gewöhnlich besteht er aus zwei Fächern, einem oberen Fach, in dem die Würmer leben und arbeiten (und Sie Ihre Gartenabfälle hineinfüllen) und einem tieferen Fach, das die abfließende Flüssigkeit auffängt. Aufwändigere Kästen enthalten auch Schiebefächer, um den fertigen Kompost einfach entnehmen zu können.

DREI SCHNELLE METHODEN

- Umschließen Sie Ihren Komposthaufen mit „Wänden" – offene Haufen benötigen länger.

- Schreddern oder schneiden Sie das Material wie zum Beispiel holzige Stängel und Pflanzenabfälle vor dem Hinzufügen in kleine Stücke; diese zersetzen sich schneller als große Teile.

- Wenden Sie den Kompost regelmäßig und durchmischen Sie ihn von unten. Dies lässt Luft hinein, was wesentlich für den gesamten Kompostierzyklus ist. Sollten Sie beim Durchmischen Trockenheit feststellen, geben Sie Wasser hinzu, ist der Kompost zu nass, schafft etwas Stroh oder zusammengeknülltes Zeitungspapier Abhilfe.

Viele Methoden beschleunigen den Kompostiervorgang, aber nur in einem gewissen Maße: Auch die schnellste Methode dauert ungefähr sechs Monate.

Kompostwürmer

Die Bewohner eines Komposters sind keine Regen-, sondern Kompostwürmer. Sie haben eine intensivere Rotfärbung und sind kleiner als Regenwürmer, umfassen mehrere unterschiedliche Arten und werden auch als Erd- oder Mistwürmer bezeichnet. Sie werden auf eine Schicht alten Komposts gesetzt, obwohl der Hersteller des Komposters gewöhnlich eine Schicht aus Kokosbast mitliefert. Darauf kommt die Nahrung der Würmer, zum Beispiel Gemüseabfälle, Unkraut und so weiter.

Es sollte nicht zu viel Material sein, und je kleiner es geschreddert wurde, desto besser werden die Würmer damit fertig. Das für einen Komposthaufen geeignete Material kommt meist auch für den Komposter infrage, wobei auch hier Zitrusgewächse außen vor bleiben sollten. Die Würmer mögen keine zu saure Umgebung und keine zu großen Zweige.

Kontrollieren Sie regelmäßig, ob die obere Schicht von den Würmern durchgearbeitet wurde. Sie können neues Material aufbringen, wenn Sie einige Würmer oben auf der letzten „Futterschicht" vorfinden. Normalerweise sollte ein Komposter ein oder zweimal die Woche aufgefüllt werden. Die Temperatur ist ein wichtiger Faktor: Würmer fühlen sich bei 18 bis 26 °C am wohlsten. Ist es kälter oder wärmer, sind sie weniger aktiv. Ihre Umgebung muss feucht sein; dies ist kein Problem, wenn regelmäßig Abfälle zugeführt werden, da organisches Material aus reichlich Feuchtigkeit besteht.

Hat der Komposter keine Schiebefächer, leeren Sie ihn, wenn er voll ist. Setzen Sie die Würmer auf den Boden des oberen Fachs (sie gruppieren sich genau unterhalb der obersten Materialschicht, es ist also nicht so schwer, wie es sich anhört). Wiederholen Sie dann einfach den Zyklus.

▼ Bei einem Komposter mit mehreren Fächern oder Schubladen können Sie Kleinmengen von fertigem Kompost sowie flüssigen Dünger entnehmen.

Was hält Vögel davon ab, meine Grassamen zu fressen?

DAS ANLEGEN EINES RASENS aus Saatgut ist kostengünstiger als eine Fläche mit Fertigrasen zu bedecken, und er ist auch einfacher zu pflegen. Wie kann man jedoch Grassamen eine Chance geben zu wachsen, da sie bei Tauben und anderen Vögeln sehr beliebt sind?

Ist die eingesäte Fläche in Ihrem Garten recht klein, können Sie ein gut befestigtes Netz oder Vlies darüberlegen, damit die Vögel nicht an die Samen gelangen. Bei einer großen Fläche empfiehlt es sich, sie zu vertreiben.

Bei mildem, feuchtem Wetter ausgesäte Grassamen werden nicht länger als ungefähr drei bis vier Wochen benötigen, bis sie angehen. Danach sind Plünderungen durch Vögel kein großes Problem mehr.

Den Boden vorbereiten

Dies ist mühsamer als das eigentliche Aussäen: Bei trockenem Wetter jäten und harken Sie die Erdoberfläche, idealerweise bis zu einer Tiefe von 20 Zentimetern, bis sie gleichmäßig und glatt ist. Laufen Sie einige Male darüber, sodass die Erde oben locker und unter der Oberfläche fest ist. Säen Sie frühestens zwei Tage später das Saatgut aus. Es lohnt sich, den Boden sorgfältig vorzubereiten: So erhalten Sie einen ebenerdigen Rasen ohne mehrjähriges Unkraut.

VÖGEL VERTREIBEN

Stellen Sie Vogelscheuchen auf, wie zum Beispiel alte CDs, die in der Sonne schimmern und reflektieren. Hängen Sie sie mit Schnüren an Pfählen auf, welche an jeder Ecke der besäten Fläche stehen. Auch ist reflektierendes Vogelschutz-Klebeband, das im Licht aufblitzt und einen hohen Summton abgibt, erhältlich. Dies sollte die Vögel fernhalten.

Was hält Ameisen ab?

AMEISENNESTER GIBT ES HÄUFIG in Gärten, auch wenn man sie nicht sieht. Ein feiner, ausgehobener Erdhaufen auf dem Rasen kann das einzige Anzeichen für ein Ameisennest darunter sein, und manchmal siedeln sich Ameisen auch in einem großen Kübel an.

Ameisennester bleiben am besten sich selbst überlassen – lockere Erde auf dem Rasen oder an Beetkanten kann einfach weggekehrt werden. Ein Nest in einem großen bepflanzten Behälter kann die Wurzeln behindern und so Schaden anrichten, aber oftmals ist es ein Anzeichen dafür, dass zu wenig gegossen wurde. Die Einführung eines regelmäßigen Turnus beim Gießen wird die Ameisen veranlassen, sich eine andere Bleibe zu suchen.

Ameisen sind in Gärten weitverbreitet und richten normalerweise keinen Schaden an außer geringfügige und gelegentliche Beschädigungen an Wurzeln. Dies sollte ihnen jedoch nicht den Namen „Schädling" einbringen. Daher müssen sie nicht gestoppt werden, es ist vielmehr besser, Seite an Seite mit ihnen zu leben.

BEGÜNSTIGEN AMEISEN BLATTLÄUSE?

Ameisen ernähren sich von Meltau – eine süße Ausscheidung der Blattläuse – und ermuntern mit ihren Fühlern diese, diese Exkretion abzugeben. Dies wird manchmal auch als „melken" bezeichnet. Ameisen vertreiben sogar die Fressfeinde der Blattläuse, beispielsweise Marienkäferlarven, um ihr Gut zu schützen. Die meisten Gärtner haben eigene Methoden, um mit Blattläusen fertig zu werden, etwa mit Behandlungen der Läusekolonien mit Seife oder Zerdrücken mit den Fingern.

▲ Ameisen profitieren zwar von der Anwesenheit der Blattläuse, aber sie ermutigen sie nicht, in Ihren Garten zu kommen; die Läuse kommen von ganz allein.

Wieso rollt sich mein neuer Rasen an den Kanten nach oben?

EIN KLARER VORTEIL EINER MIT FERTIGRASEN bedeckten Fläche ist, dass man sofort Ergebnisse sieht. Sie müssen jedoch einige Regeln beachten, damit der Rasen ebenmäßig aufliegt, sonst können sich die Kanten wie bei einem vertrockneten Sandwich aufrollen.

DEN RASEN AUSLEGEN

- Beginnen Sie an einer Ecke der Rasenfläche und legen Sie die Rasenstücke nach außen auf die vorbereitete Erde. Stellen Sie sich dabei auf Bretter, damit keine Beulen in dem frisch verlegten Gras entstehen.
- Legen Sie kleinere Rasenstücke in die Mitte, da sie an den Kanten eher austrocknen, schrumpfen und sich aufrollen.
- Befüllen Sie kleine, zwischen den Rasenstücken auftretende Hohlräume oder Lücken mit feiner, krümeliger Erde.
- Regengüsse halten den neuen Rasen normalerweise ausreichend feucht. Gießen Sie ihn bei ausgedehnten Dürreperioden (ungefähr länger als zehn Tage).

Die Vorbereitung für einen Fertigrasen sieht genauso aus wie die für eine Aussaat von Grassamen. Der klare Vorteil eines Fertigrasens besteht darin, dass er bereits nach wenigen Tagen betreten werden kann. Zusätzlich sollte vor dem Auslegen der Rasenstücke Dünger in die Erde eingearbeitet werden.

Die Rasenstücke sollten in dem Zeitfenster Oktober bis März ausgelegt werden, da sie feucht gehalten werden müssen. Der Sommer eignet sich also nicht so gut dafür. Im Herbst oder Winter hat der Rasen genug Zeit, Wurzeln zu entwickeln, bevor er im späten Frühjahr gemäht wird.

Sie haben vielleicht Ihren Rasen zum falschen Zeitpunkt gekauft. Legen Sie die Rasenstücke in den kälteren Monaten aus. Sofortiges Handeln ist geboten, damit er sich später nicht aufrollt. Verlegen Sie ihn also idealerweise am Tag seiner Ankunft in Ihrem Garten, was einige Vorbereitungen notwendig macht.

Halten Fadenwürmer Schädlinge fern?

Der moderne Gärtner hat eine Alternative zu vielen klassischen Pestiziden gefunden: Fadenwürmer. Diese gehören alle zur großen Familie der Nematoden, wurmähnliche Organismen, die gehäuft in vielen verschiedenen Lebensräumen vorkommen, von Berggipfeln bis zum Meeresgrund. Sie kommen auch in der Erde Ihres Gartens vor. Insbesondere einige der parasitären Mitglieder dieser produktiven Familie können sehr nützlich sein.

So benötigen Nematoden eine feuchte, leicht warme Umgebung, daher sind sie im späten Frühjahr oder Sommer am aktivsten. Nicht nur die bekanntesten Nematoden, sondern auch die meisten nutzbringenden Arten werden gegen Schnecken verwendet. Vermischen Sie den Inhalt einer Packung (in der die Nematoden viel zu klein sind, um erkannt zu werden) mit lauwarmem Wasser und geben Sie die Mischung auf die betroffene Fläche im Garten. Sobald sie im Boden sind, besiedeln sie ihren natürlichen Wirt. Verschiedene Fadenwürmer gehen effizient gegen zahlreiche Schädlinge vor, wie zum Beispiel Dickmaulrüssler, Engerlinge und Möhrenfliegen sowie Schnecken.

Da Nematoden Lebewesen sind, werden sie gewöhnlich per Bestellung gekauft. Sie können nicht ewig abgepackt auf den Regalen einer Baumschule leben.

Nematoden leisten gute Dienste, wenn sie zur rechten Zeit in der richtigen Art und Weise bei den richtigen Schädlingen verwendet werden. Oftmals sind sie besonders bei jenen Schädlingen erfolgreich, die in der Erde leben, etwa Schnecken. Oberirdisch sind Nematoden weniger effektiv, etwa bei Raupen, da sie unter trockenen Bedingungen nicht überleben.

> ### NICHT IMMER DIE GUTEN
>
> Nematoden können jedoch selbst Schädlinge sein: Viele Arten sind Parasiten, die Pflanzen schädigen, indem sie deren Zellen durchstoßen und diese leersaugen, woraufhin die Pflanze Schwellungen und andere Verletzungen ausbildet. Nematoden sind jedoch bei der Verwendung im Garten für Pflanzen, Haustiere und Menschen vollkommen harmlos.

Gefurchter Dickmaulrüssler (*Otiorhynchus sulcatus*)

Kann ich Chemikalien verwenden?

IN DEN 1950ER UND 1960ER JAHREN haben die meisten Gärtner Gartenprobleme mit Chemikalien gelöst: Pestizide, Fungizide und Unkrautvernichter waren in fast jedem Garten vorzufinden. Heutzutage sind die Umwelt- und Sicherheitsvorschriften in zahlreichen Ländern viel strenger, und obwohl zugelassene Pestizide effektiv und sicher sind, verzichten viele Gärtner darauf.

Es gibt viele alternative Lösungen für Schädlinge und Krankheiten, recherchieren Sie also gründlich, bevor Sie den chemischen Weg einschlagen.

Möglichkeiten ohne Chemikalien

Kontrollen Sie Ihre Pflanzen häufig. Wird ein Schädling oder eine Krankheit früh genug erkannt, ist nicht mehr als das Abpflücken der Blätter oder Zerdrücken von Insekten notwendig. Pflanzen Sie Lieblingspflanzen in einer anderen Art und Weise als sonst an. Wenn Sie etwa Funkien in offener Erde bisher nur mit reichlich Schneckenkorn anpflanzen konnten, ziehen Sie sie stattdessen in Töpfen, wo sie mit Barrieren wie Kupferband oder Wollpellets verteidigt werden können.

> Pestizide sollten immer der letzte Ausweg sein. Probieren Sie zunächst andere Methoden zur Bekämpfung von Schädlingen, Krankheiten und Unkraut aus.

▼ Funkien, besonders bei Schnecken beliebt, kann man auch ohne Chemikalien beschützen, wenn man sie in Töpfen anpflanzt.

Viele Pflanzenarten sind dahingehend gezüchtet worden, einigen Krankheiten gegenüber resistent zu sein, beispielsweise Apfelschorf bei Apfelbäumen oder Sternrußtau bei bodendeckenden Rosen. Berücksichtigen Sie alle Alternativen zu Chemikalien: biologische Bekämpfung, Fallen und Barrieren. Die verfügbaren Optionen hängen vom Problem ab: Nematoden sind häufig sehr effektiv bei im Boden befindlichen Schädlingen, während klebrige Fallen gut bei Schnecken in Treibhäusern funktionieren und Pheromonfallen bei einer ganzen Reihe von anderen Schädlingen Abhilfe schaffen. Vlies dient als Schranke für winzige Schädlinge wie zum Beispiel Erdflöhe, während Insektenschutzgitter im Gemüsegarten Lauchmotten und Möhrenfliegen abhalten.

TIPPS FÜR EINE CHEMISCHE BEHANDLUNG

- Identifizieren Sie genau das Problem und vergewissern Sie sich, dass das Pestizid, das Sie kaufen wollen, dafür geeignet ist. Lassen Sie sich in Baumschulen beraten.

- Greifen Sie zu Pestiziden, die für Biogärten erlaubt sind, wie zum Beispiel Insektizide auf Seifenbasis. Diese bieten hinreichend Schutz, vor allem dann, wenn die Schädlinge frühzeitig erkannt werden.

- Sprühen Sie nicht bei heißem, trockenem Wetter und bevorzugt in der Abenddämmerung, wenn nicht viele Insekten unterwegs sind. Stellen Sie den Zerstäuber auf einen größeren Tropfen ein, der nicht verwehen kann, und sprühen Sie nicht bei leichtem Wind.

- Das größte Umweltrisiko liegt in der Beseitigung der Pestizide. Kaufen Sie daher nur die benötigte Menge und bringen Sie überflüssige Pestizide zu einer offiziellen Mülldeponie.

▶ Wenn Sie Chemikalien versprühen, verwenden Sie stets einen Aufsatz mit einer verstellbaren Düse und stellen Sie die höchste Tröpfchengröße ein.

Sind Asseln bedenklich?

Gärten sind normalerweise die Heimat von Asseln, und zwar von vielen. Wenn Sie manchmal einen Blumentopf hochheben, sehen Sie bestimmt Hunderte in Kreisen herumwuseln, bevor sie auseinanderstieben. Aber worum genau handelt es sich, und sind sie als Gartenschädlinge anzusehen?

Nein, Asseln sind keine ausgewiesenen Schädlinge. Jedoch sind sie oft am Ort der von Schädlingen verursachten Beschädigungen anzutreffen.

Da sich Asseln von verwesendem organischem Material ernähren, ziehen sie manchmal den Verdacht auf sich, wenn man sie gehäuft an beschädigten Wurzeln oder Gemüsesorten vorfindet. Als Opportunisten richten sie den Schaden nicht selbst an.

DAS LEBEN DER ASSELN

Man könnte Asseln für Insekten halten, sie gehören aber zu den Krustentieren, die an Land lebenden Verwandten der Krabben und Hummer. Die meisten Gärten bieten eine Menge des verrottenden Pflanzenmaterials, von dem sie sich ernähren, und sie kommen vor allem im Komposthaufen vor. Sie sind nachtaktiv: Tagsüber ruhen sie an einem dunklen und feuchten Ort, aber nachts kommen sie zum Fressen hervor. Das Weibchen legt Eier, die sich in einer Bruttasche unter ihrem Körper entwickeln, bis die winzigen Asseln schließlich schlüpfen. Im Frühjahr können Sie oft die jungen, blassgrauen Ebenbilder sehen, wie sie sich mit den erwachsenen Asseln unter Blumentöpfen oder Ziegelsteinen scharen.

▶ Erwachsene (dunkelgraue) und junge (blassrosa-graue) Asseln auf verfaultem Holz, einem ihrer bevorzugten Habitate.

"Über der Erde" 137

Sind Spinnen Gartenfreunde oder -feinde?

Wenn Sie zu den Leuten gehören, die eine heftige Abneigung gegen Spinnen haben (dieses Krabbeln! diese vielen Beine!), wollen Sie sie, wie auch immer ihre Funktion im Garten ist, wohl nicht um sich haben. Aber welche Rolle spielen die Spinnen dort eigentlich?

▲ Spinnen sind Leckerbissen für viele Gartenvögel, hier ein Spatz *(Passer domesticus)*.

Alles in allem tun Spinnen mehr Nützliches als dass sie Schaden anrichten. Sie sind ein wichtiger Teil der Nahrungskette, werden von Vögeln und kleinen Säugetieren gefressen und fressen selbst viele Insektenschädlinge.

Natürlich kommen viele „gute" Insekten wie Motten und Schwebfliegen in Spinnennetzen um, aber ihnen können viele andere gegenübergestellt werden, die nicht Freunde des Gärtners sind, einschließlich Blattläuse und Thripse. Während Sie oftmals im Herbst Spinnen in ihren vom Tau durchnässten Netzen sehen, wie sie auf Opfer warten, gibt es viele Spinnen im Garten, die Sie nie bemerken, da sie keine Netze weben, sondern jagen oder auf Beute lauern.

IN DER UNTERZAHL

Ob Sie sie nun mögen oder nicht, gibt es viel mehr Spinnen als Menschen: Einigen Studien zufolge liegt das Spinnen-Menschen-Verhältnis in Großbritannien bei 500.000 zu 1 mit über 650 heimischen Arten. Diese Zahl wird wiederum mühelos von der Anzahl in den USA übertroffen, wo es mehr als 38.000 Arten gibt.

▶ Eine Wolfsspinne, eine der über 2.300 weltweit vorkommenden Arten der Familie Lycosidae. Der Name bezieht sich auf ihre ausgeprägte Jagdfertigkeit.

Wie kann ich meinen Boden revitalisieren?

DAS NONPLUSULTRA DER MEISTEN GÄRTNER ist nährstoffreicher, krümeliger, dunkelbrauner Erdboden, feucht, aber nicht durchnässt, sowie reich an Würmern, der nur darauf wartet, Pflanzen für Sie hervorzubringen. Aber was, wenn Sie eine Fläche mit weniger idealem Boden geerbt haben? Wie können Sie ihn optimieren?

Gesunde Erde wimmelt nur so von Mikroorganismen, die mit bloßem Auge nicht erkennbar sind: Ein Gramm Erdboden beherbergt nahezu eine Million von ihnen. Zwischen drei und sechs Prozent gesunder, ertragreicher Gartenerde besteht aus organischem Material; ausgelaugter und nährstoffarmer Boden hat jedoch nur ungefähr 2 Prozent oder weniger von diesem wichtigen Bestandteil. Die bloße Beigabe von organischem Material, sei es Kompost, Dünger oder Lauberde, führt dem überbeanspruchten Boden sofort neue Mikroorganismen zu.

Organisches Material kann jeden Boden besser machen, und mag er am Anfang noch so nährstoffarm sein. Wenn Sie zudem etwas Arbeit hineinstecken, können Sie Ihren Boden enorm verbessern.

Düngersorten

Für den Fall, dass Sie Dünger nicht selbst herstellen, gibt es viele kostengünstige Alternativen: Pilzkompost, Dünger von einem nahegelegenen Stall

▼ Wenn Sie Kompost selbst in ausreichender Menge herstellen können, können Sie mit ihm optimal einen ausgelaugten Boden revitalisieren. Wenn nicht, gibt es einige Alternativen.

(er sollte gut durchgerottet sein) oder Kompost von anderen Quellen (die Stadtverwaltung verkauft oft Kompost auf Wertstoffhöfen).
Sollte ein Untergraben für Sie nicht infrage kommen, können Sie alle diese Düngersorten auch als Mulch ausbringen. Die Nährstoffe sickern nach und nach in den Erdboden.

PIONIER- ODER SCHUTZPFLANZEN

Ist Ihr Erdboden nährstoffarm oder verdichtet oder besteht er aus dichtem Lehm, ziehen Sie eine traditionelle Abhilfe in Betracht: Setzen Sie Pionierpflanzen, auch als Schutzpflanzen oder Gründünger bekannt. So pflanzen Sie eine Kulturpflanze zu dem einzigen Zweck, den Boden zu verbessern: Nichts ist effektiver als Wurzeln, die den Boden durchlüften und verdichtete Erde aufbrechen, und eine Jahreszeit mit einer robusten, widerstandsfähigen Pflanze oder einer Mischung aus Pflanzen kann eine geradezu wundersame Wirkung auf den Boden haben. Einige Beispiele sind Senf, der sowohl schnell als auch tief wächst, der sehr tief wurzelnde Ölrettich (ungleich dem Speiserettich), Buchweizen bei trockenem, sandigen Boden und Weidelgras als Überwinterungsoption. Hat die Pflanze ihre Arbeit getan, können Sie sie, bevor sie Samen aussät, untergraben oder auch zerkleinern und als Mulch auf der Erdoberfläche belassen.

Weißer Senf
(Sinapis alba syn. Brassica alba)

Buchweizen
(Fagopyrum esculentum)

Welche Bodenart habe ich?

DER BODEN VERÄNDERT SICH je nach Landschaft erheblich; und welche Art Boden Sie in Ihrem Garten haben, wirkt sich darauf aus, wie leicht er zu bearbeiten ist, wie viel organisches Material Sie beigeben müssen und, in manchen Fällen auch dahingehend, was Sie anpflanzen können. Wenn sich eine Handvoll Erde aus Ihrem Garten kiesig anfühlt, bedeutet das, dass er viel Sand enthält? Wenn dem so ist, was ergibt sich daraus für die Gartenarbeit?

Es gibt generell sechs verschiedene Bodentypen, Sand ist einer von ihnen. Nachfolgend zählen wir die „reinen" Kategorien mit ihren Haupteigenschaften auf, obgleich Gartenerde selten exakt einer einzigen Kategorie zugeordnet werden kann. Wahrscheinlich haben Sie einen Mischboden, wie zum Beispiel schluffigen tonigen Lehm oder sandigen Lehm.

Erfahrene Gärtner können Ihnen normalerweise auf einen Blick und per Fühlprobe sagen, welche Art Boden Sie haben. Zum Beispiel bedeutet eine Handvoll kiesiger Erde, dass der Boden sandig ist, Nässe also schnell abläuft, er leicht zu bearbeiten ist, jedoch zusätzlich Dünger benötigt, um seine Fruchtbarkeit anzukurbeln.

Ton

Ton ist ein „schwerer" Boden und besteht aus sehr kleinen Körnern, so dass er dicht und schlecht dränierend ist. Nährstoffe werden nicht so leicht herausgewaschen, aber er muss aufgebrochen und belüftet werden. Im Frühjahr erwärmt er sich nur langsam, im Sommer kann er austrocknen. Tonboden fühlt sich geschmeidig an, klumpt leicht und ist im nassen Zustand glatt und zäh.

Sand

Sand ist ein „leichter" Boden und hat die größten Partikel von allen Böden, daher ist er schnell dränierend, und die Nährstoffe werden schnell herausgewaschen. Er ist leicht zu bearbeiten und erwärmt sich rasch im Frühling. Sandiger Boden fühlt sich kiesig an, und auch bei Feuchtigkeit klumpt er nicht so schnell zusammen.

▼ Hortensien kommen in einer Vielzahl von Böden zurecht, wobei sie sich in fruchtbaren, gut dränierenden Böden am wohlsten fühlen.

Schluffboden

Dieser besteht aus mittelgroßen Körnern (kleiner als Sand, größer als Ton) und speichert Feuchtigkeit und Nährstoffe besser als Sand. Er entwässert recht gut, verdichtet sich jedoch leicht. Schluffboden ist ziemlich glitschig und verklumpt auch bei Feuchtigkeit nicht so schnell.

Lehm

Die für den Gärtner ideale Bodenart ist eine weitgehend ausgeglichene Kombination aus Schluffboden, Sand und Ton mit einem großen Anteil an organischem Material. Lehmboden ist fruchtbar und leicht zu bearbeiten. Er hat eine krümelige Konsistenz und klumpt bei Feuchtigkeit leicht, jedoch nur geringfügig.

Torf

Obwohl Torf oft auf Listen wie dieser erscheint, findet man ihn selten in Gärten, und das Vorkommen von Torf in der freien Natur geht immer mehr zurück (deswegen greifen viele Gärtner wahrscheinlich zu torffreiem Kompost). Torfboden enthält sehr viel organisches Material. Er speichert gut Feuchtigkeit, ist aber eher nährstoffarm und eignet sich für Moorbeetpflanzen, die sauren Boden bevorzugen. Torfboden fühlt sich bei leichtem Druck schwammartig an.

Heidekraut (*Erica*)

Kalk

Kalkboden kann sowohl schwer als auch leicht sein (bei ersterem ist der Tonanteil höher), aber er ist immer sehr basisch, sodass er kein guter Boden für säureliebende Pflanzen ist, wie etwa die meisten Heidekrautarten (Abbildung oben rechts).

Ton-, Sand- und Kalkböden können jeweils durch die Beigabe von organischem Material verbessert werden. Schluff- und Lehmböden, die von Natur aus fruchtbar sind, profitieren auch davon, benötigen es aber nicht in demselben Maße. Sollten Sie, was recht ungewöhnlich ist, Torfboden haben, benötigt er wahrscheinlich nicht zusätzlich organisches Material, profitiert jedoch von Dünger.

▲ Diese Profilansichten von Trials Field (Versuchsfelder im Garten der RHS in Wisley, Surrey) zeigen verschiedene Böden:
A: Lehmboden, B: neuer Boden, C: sandiger Boden und D: Boden aus einem Obstgarten.

Wieso sind die Blätter meiner Rosen pulverig?

EINE BISHER GESUNDE ROSE weist auf ihren Blättern eine weiche, weiße Schicht auf. Die Blätter sind an den Rändern verformt und verschrumpelt: Sie sehen krank aus. Was ist da los, und wie kann es behoben werden?

s scheint ein klassischer Fall von Echtem Mehltau zu sein, einer Pilzinfektion. Sowohl Echter als auch Falscher Mehltau können in Gärten auftreten, jedoch haben sie trotz des ähnlichen Namens nichts miteinander zu tun.

Welche Pflanzen werden vom Mehltau befallen?

Beide Begriffe, Echter und Falscher Mehltau, bezeichnen nicht eine einzige Infektion, sondern eine ganze Gruppe. Jede Infektion scheint nur eine ganz bestimmte Pflanzengruppe zu befallen, beispielsweise ist der Echte Mehltau auf der Rose nicht derselbe, der einen Apfelbaum befällt, und jener auf einem Apfelbaum befällt nicht ein rankendes Geißblatt.

◤ Weiße Flecken auf der Oberseite verwelkter Rosenblätter deuten auf Echten Mehltau hin.

Was ist der Unterschied zwischen Echtem und falschem Mehltau?

Sie haben ganz unterschiedliche Symptome: Ersterer zeigt sich in weiß pudrigem Belag, während Falscher Mehltau trockene, verkümmerte Stellen auf der Oberseite der Blätter und eine schimmelähnliche Substanz auf der Blattunterseite aufweist. Beide sind durch Sporen übertragbare Pilzinfektionen, daher ist das Laub jeder betroffenen Pflanze nicht auf den Komposthaufen zu werfen, sondern zu verbrennen.

◄ Weiße Flecken auf der Oberfläche von welkenden Rosenblättern signalisieren Echten Mehltau.

Behandlungsweise bei Mehltau

Für bestimmte Pflanzen oder Pflanzengruppen gibt es chemische Sprays gegen Echten Mehltau, aber viele Gärtner bevorzugen eine Extraportion Pflege in der Hoffnung, dass die Pflanzen die Infektion besiegen können. Wird das Problem frühzeitig entdeckt, kann ein unverzügliches Wegschneiden der infizierten Blätter und Triebe helfen.

Großzügiges Mulchen und regelmäßiges Wässern macht viel aus, und ein selbst hergestelltes Spray kann auch effektiv sein (siehe Kasten rechts).

Gegenwärtig gibt es keine chemische Behandlung gegen Falschen Mehltau, Vorbeugung ist die beste Heilung. Er wird durch Feuchtigkeit begünstigt, gießen Sie daher Ihre Pflanzen nicht abends und stellen Sie eine ausreichende Belüftung von bedeckten oder in Treibhäusern gehaltenen Pflanzen sicher. Die Sporen des Falschen Mehltaus können sich sowohl im Boden als auch in der Luft ausbreiten. Hat er also einige Ihrer Pflanzen befallen, setzen Sie sie nicht wieder an dieselbe Stelle, sondern pflanzen Sie dort etwas anderes an.

Es sind mehltauresistente Kultursorten erhältlich; sehen Sie sich also um, wenn Sie Pflanzen einer bestimmten Gruppe kaufen.

SELBST HERGESTELLTES ANTI-MEHLTAU-SPRAY

Es gibt viele Hausmittel gegen Echten Mehltau, von Milch bis Knoblauch, aber solche, die Hydrogenkarbonat – schlichtes Backpulver – oder Kaliumbikarbonat enthalten, sind wohl am wirkungsvollsten.

- Lösen Sie einen Teelöffel Hydrogenkarbonat oder Kaliumbikarbonat unter Rühren in 4,5 Liter Wasser auf.

- Fügen Sie einen Teelöffel flüssige Seife und zwei Teelöffel Pflanzenöl hinzu und rühren Sie gründlich um.

- Geben Sie die Mischung in einen Zerstäuber, schütteln Sie diesen gut und fertig ist das Anti-Mehltau-Spray.

- Besprühen Sie die Pflanze regelmäßig, wiederholen Sie die Behandlung nach Regengüssen und besprühen Sie auch neu zum Vorschein kommende Pflanzen.

▼ Gewöhnliche Zutaten aus dem Vorratsschrank, etwa Hydrogenkarbonat, sind eine effiziente Behandlung gegen Mehltau.

Wozu dient Lauberde?

Obwohl sie von unerfahrenen Gärtnern oft mit Kompost verwechselt wird, ist Lauberde eine viel einfachere Angelegenheit. Zusammengeharkte Blätter werden sich selbst überlassen, bis sie vollständig durchgerottet sind. Wofür eignet sich Lauberde besonders gut?

Es ist einfacher zu fragen, wozu Lauberde nicht dient. Sie ist eine der besten Bodenverbesserer und ergibt einen hervorragenden Mulch. Das einzige Problem ist, dass man nie genug davon herstellen oder erwerben kann.

Sie müssen einfach nur Ihre Blätter zusammenkehren und sie so belassen. In größeren Gärten mit vielen Blättern lohnt es sich, im Herbst einen Laubvorrat anzulegen. Dieser kann in einen einfachen, offenen Rahmen aus Holz oder Hasendraht mit Pflöcken in den Ecken eingebracht werden. Nachdem die Blätter darin aufgehäuft worden sind, heißt es warten: Es wird einige Jahre dauern, bis sie verfault sind.

Auch in einem kleinen Garten mit einem oder zwei Bäumen und ohne Platz für einen Laubvorrat ist es immer noch sehr einfach, eine kleine Menge an Lauberde herzustellen, vorausgesetzt, die verwendeten Blätter sind sommergrün (immergrüne benötigen eine sehr lange Zeit – siehe Kasten auf der folgenden Seite). Sammeln Sie die Blätter zusammen, besorgen Sie sich einige robuste Plastiksäcke und füllen Sie eine Gießkanne mit Wasser. Geben Sie die Blätter bis zu einem Drittel in die Säcke, gießen Sie etwas Wasser hinzu und, wenn die Säcke bis zu zwei Dritteln gefüllt sind, füllen Sie wieder etwas Wasser nach. Geben Sie Blätter bis oben hinzu und verschließen Sie die Säcke. Stechen Sie mit einer Grabegabel einige Löcher in die Säcke und stellen Sie diese beiseite. Prüfen Sie in einem Jahr, ob die Laub-erde vollständig durchgerottet ist. Wenn nicht, binden Sie die Säcke wieder zu und überlassen Sie sie für weitere Monate sich selbst. Bei der nächsten Prüfung hat der Inhalt sich in Lauberde verwandelt und kann verwendet werden.

◀ Lauberde ist eines der einfachsten und wertvollsten Dinge, die ein Gärtner herstellen kann. Es sollte nur Zugang zu vielen sommergrünen Bäumen verfügbar sein.

WELCHE ART BLÄTTER?

Alle Blätter ergeben Lauberde, aber wie lange sie dafür brauchen, hängt von der Art der Blätter ab. Bei sommer- und wintergrünem Blattwerk werden Sie letztendlich zwei oder mehr verschiedene Bestände an Lauberde haben. Sie ist so wertvoll im Garten, dass sie sich ihren Platz mit Recht verdient.

Lauberde wird am einfachsten aus sommergrünen Blättern hergestellt, etwa Eiche, Rot- oder Hainbuche. Andere Blätter sind auch geeignet, obwohl dickere, ledrige Sorten wie Wallnussblätter erst zerkleinert werden sollten, damit sie in demselben Maße wie die kleineren, dünneren Blätter verrotten können.

Sehr robuste wintergrüne Blätter wie Ilex oder Eukalyptus werden vorzugsweise separat gelagert, sie verrotten auch, was aber einige Jahre dauert.

Und schließlich können Nadelbäume für Lauberde verwendet werden; Die Nadeln sind aber in einem getrennten Haufen zu sammeln. Kiefern- und andere Nadeln verrotten langsam, aber sie ergeben ein sehr saures Gemisch, das sich besonders für Moorbeetpflanzen wie Rhododendron, Azaleen, Kamelien oder sogar Blaubeeren eignet.

Thuja
(*Thuja*)

Buche
(*Fagus*)

Kapitel 4

Tägliche Gartenpflege

Ist mein Garten zu ordentlich?

Bei einem Sorgfältig aufgeräumten Garten, kann die Information, dass die meisten Vertreter der Tierwelt eine Umgebung bevorzugen, die ein bisschen weniger ... gepflegt ist, irritieren. Wie sollen diese unordentlichen Ecken aussehen?

Dies hängt von der Größe Ihres Gartens ab – jene mit kleinen Patios haben da nicht viele Möglichkeiten, obwohl sogar auf einem Patio ein Haufen mit leeren Töpfen und trockenen Blättern in einer kleinen Ecke errichtet werden kann. Auch nach einem großen Herbstputz, wenn die Erde trocken genug ist, um darauf zu gehen und Sie verkümmertes Laub loswerden können, können Sie immer noch eine oder zwei Stellen im Garten ungestört verwildern lassen. Haben Sie das Glück, einen größeren Garten zu besitzen, können Sie eine Mischung aus überwucherten und nüchterneren, ordentlichen Ecken gestalten. Vergessen Sie nicht, dass einige Notwendigkeiten im Garten, etwa Komposthaufen oder Mulchschichten, auch schon Mini-Ökoysteme sind, die reichlich Nahrung für Vögel, Amphibien und Insekten bieten.

Teil eines größeren Ganzen

Ihr Garten ist nicht so sehr eine einzelne Einheit als vielmehr Teil von etwas viel Größerem. Nahegelegene Parks, Bäume an Straßen, Flüsse, Kanäle und Bahndämme tragen alle zur Vielfalt der Fora und Fauna bei. Gärten können dieses größere System ergänzen, indem Verbindungen zu den aufgezählten natürlichen Lebensräumen geschaffen werden. Haben Sie mittels Vogelhäuschen oder Fledermauskästen Ihren Anteil daran.

An Insekten denken

Insekten überwintern im Boden, in all ihren Formen: als Larven, Puppen und im Erwachsenenstadium. Verschaffen Sie ihnen Unterschlupfmöglichkeiten im Garten und lassen Sie die Erde während der Wintermonate unberührt, sodass sie bis zum Frühling überleben können.

▼ Stellen Sie ein breites Angebot an Nahrung und Unterschlupfmöglichkeiten zur Verfügung – beispielsweise diesen Fledermauskasten –, um viele verschiedene Arten anzulocken.

Man kann auch Schutzpflanzen, beispielsweise Senf oder Weidelgras, auf größeren Flächen oder nackter Erde anbauen. Dies kommt sowohl dem Boden als auch der Tier- und Pflanzenwelt zugute. Die Schutzpflanzen kann man untergraben, solange sie noch grün sind, bevor im Frühjahr wieder die Aussaat ansteht.

Es muss sich nicht um Alles oder Nichts drehen: Fassen Sie Ihren Garten als ein Stück in dem Flickenteppich der Landschaft um Sie herum auf. Eine große Vielfalt ist für Flora und Fauna am besten.

GUTE VERSTECKE UND WER VON IHNEN GEBRAUCH MACHT

- Samenköpfe bieten gute Nahrungsmöglichkeiten für samenfressende Vögel, während Pflanzen mit hohlen Stängeln vielen verschiedenen Insekten- und Spinnenarten Schutz bieten.
- Marienkäfer sammeln sich gehäuft auf totem Blattwerk oder an Pflanzenstängeln.
- Würmer ziehen auf der Oberfläche zurückgebliebene Blatt- und Pflanzenreste in die Erde (und reichern so diese an).
- Ziegelsteine oder umgedrehte Töpfe und Teller sind ein guter Rückzugsort für viele verschiedene Insekten sowie Kröten und Molche.

Kann ich eine Wiese anstelle eines Rasens haben?

WILDBLUMENWIESEN sehen toll aus, sodass es verführerisch ist, selbst eine im eigenen Garten zu ziehen. Aber ist dies machbar, und wieviel Pflege beansprucht der „natürliche Look"?

Blumenwiesen gibt es in zwei Ausführungen: einjährig und mehrjährig. Mehrjährige Wiesen gelingen am besten auf nährstoffarmen Böden, da das Gras nicht so sehr mit den Wildblumen konkurriert.

Eine Wildblumenwiese anzulegen ist gar nicht so schwierig, wie Sie vielleicht meinen. Die mehrjährige Variante eignet sich nicht unbedingt für totale Anfänger, aber wenn Sie etwas Gartenerfahrung haben und mit Freude dabei sind, ist es einen Versuch wert.

Eine einjährige Wiese

Eine einjährige Blumenwiese mit einer traditionellen Mischung aus Blumen wie Kornrade, Saatwucherblume, Klatschmohn, Kornblume und Kamille verlangt nach nährstoffreicherem Boden. Anzuchterde für den Garten ist normalerweise relativ nährstoffreich, sodass die Wiese wahrscheinlich ohne Zugaben auskommen wird. Diese macht sich gut während eines einzigen Sommers und sät sich womöglich selbst wieder aus, obwohl die Mischung in ihrer Vielfalt mit der Zeit abnimmt. Sie können auch problemlos Samen von einer einjährigen Blumenwiese aufbewahren und sie selbst wieder aussäen. Einige käuflich zu erwerbende Wildblumen-Samenmischungen enthalten eine größere Auswahl an einjährigen Gartenpflanzen, und obwohl sie nicht genau die „natürliche" Samenmischung

Saatwucherblume
(*Glebionis segetum*)

Klatschmohn
(*Papaver rhoeas*)

Römische Kamille
(*Chamaemelum nobile*)

> **ZU KAUFENDE WIESEN**
>
> Wildblumenwiesen sind ein Geschäftsmodell, und viele Lieferanten bieten eine breite Palette an Saatgut, Jungpflanzen und vorgesäten Wildblumenrasen an, die auf eine ganze Reihe von Zielsetzungen zugeschnitten sind. Für entsprechendes Geld können Sie nahezu jede gewünschte Wiese erwerben, wobei Sie immer noch den Boden, in dem Sie sie anpflanzen wollen, vorbereiten müssen.

widerspiegeln, ergeben sie doch einen herrlich bunten und für Bestäuberinsekten sehr attraktiven Blumenteppich.

Die mehrjährige Option

Die Umwandlung eines seit langer Zeit bestehenden Rasens in eine mehrjährige Wildblumenwiese erfordert langfristige Planung: Es kann mehrere Jahre dauern, bis das Verhältnis von Gras und Wildblumen ausbalanciert ist. Einige Bodenarten, wie zum Beispiel Ton, haben hohe Feuchtigkeitsreserven, sodass das Errichten einer Wiese eine Herausforderung darstellt, da das Gras gedeihen und mit den Blumen konkurrieren wird. Ist der Boden in Ihrem Garten von Natur aus nährstoffreich, hängt Ihr Herz jedoch an einer Wiese, lohnt es sich, über die Entfernung des Oberbodens und eine Neuansaat nachzudenken. Die Verwendung von vorgesäten Wildblumenwiesen hat auch eine hohe Erfolgsrate. Wenn Sie sich nicht der Knochenarbeit der Entfernung des Bodens aussetzen wollen, besteht der Mittelweg darin, eine acht Zentimeter dicke Schicht aus grobem Sand auf den Boden auszubringen: Dies stellt sich oft als erfolgreiches Schnellverfahren heraus.

Drei Schritte zur einer mehrjährigen Wiese

Ist Ihr Boden nährstoffarm und leicht, können Sie eine mehrjährige Wiese aus einem bestehenden Rasen hervorbringen. Überlassen Sie die Grasnarbe zunächst sich selbst – vernichten Sie nicht das Unkraut und düngen Sie nicht. Mähen Sie wöchentlich im ersten Jahr und beseitigen Sie Grünschnitt. Das Gras wird im Folgejahr lang wachsen und blühen. Lassen Sie die zum Vorschein kommenden Wildblumen nach der Blüte aussamen, mähen Sie dann und kompostieren Sie das gesamte Gras. Wiederholen Sie jedes Jahr Schritt 2 und 3.

Kornrade (*Agrostemma githago*)

◀ Eine Mischung mehrjähriger, naturgemäß auf einer Wildblumenwiese wachsender Blumen; sie bilden einen lebhaften Kontrast zu dem Grün.

Kann ich Kinder und einen Rasen haben?

ES SOLL NICHTS SCHWIERIGERES auf einem Rasen geben als Kinder, außer vielleicht Hunde. Wenn Sie Kinder, Hunde oder gar beides haben, ist dann ein gut aussehender Rasen noch machbar?

Wird Ihr Rasen stark beansprucht werden, greifen Sie zu einer robusten Ausführung, gewöhnlich eine Mischung aus mehrjährigem Weidelgras, Rot- und Rohrschwingel und einer Mischung aus Gräsern, die allgemeinhin unter dem Namen „gemeines Straußgras" bekannt sind. Zielen Sie eher auf eine mittlere Größe (2,5 Meter) ab als auf jenen superkurzen Bürstenschnitt, der Streifen verursacht. Diese gröberen Gräser wachsen recht schnell und müssen wöchentlich gemäht werden. Sammeln Sie auch den Grasschnitt ein, damit der Rasen so ordentlich wie möglich aussieht.

Mittels modernem Zwerg-Weidelgras können Sie einen strapazierfähigen Rasen haben, obwohl er nicht wie eine Bowlinggreen-Fläche aussehen wird. Alternativ können Sie bei ausreichend Platz beides trennen – eine Spielfläche für die Kinder und einen gleichmäßigen Rasen, auf dem nicht gespielt werden darf.

Rohrschwingel
(*Festuca arundinacea*)

WIE IST ES MIT HUNDEN?

Sorgsame Rasenbesitzer haben Jahre damit zugebracht, die versengt aussehenden Stellen im Gras, nämlich die Markierungsstellen ihrer Hunde, zu beseitigen, indem sie ihnen Apfelessig verabreichten, um das Protein in ihrer Nahrung zu reduzieren. Es sind auch Spezialrezepte gegen Verbrennungen auf dem Rasen erhältlich, was durch den Stickstoff im Hundeurin verursacht wird. Die Meinungen über die Wirkung der Mittel gehen weit auseinander. Die Auswahl der richtigen Gräser für Ihren Garten ist erfolgversprechend: Amerikanische Studien haben Weidelgras und Schwingelgras als besonders widerstandsfähig auf urinverbrannten Stellen identifiziert.

Im Frühjahr und Sommer sind sie zudem vivipar, sie gebären also lebende Nachkommen (die Phase des Eierlegens und Schlüpfens wird übersprungen). Noch schlimmer ist die Tatsache, dass jede weibliche Blattlaus eine Tochter in sich trägt, in der sich wiederum noch vor der Geburt eine weitere Tochter befindet. Jedes Weibchen vereinigt also drei Generationen in sich. Dies wird „Ineinanderschieben der Generationen" genannt und trägt zu einer extrem effizienten Fortpflanzung bei. Der Insektenforscher Stephen A. Marshall schätzt, dass unter günstigen Bedingungen und bei Ausbleiben von Fressfeinden oder Krankheiten eine einzige Blattlaus 600 Milliarden Jungtiere in einer einzigen Jahreszeit produzieren kann. Zum Glück gibt es Marienkäfer.

Blattläuse im Winter

Blattläuse sind anpassungsfähig. In den wärmeren Jahreszeiten sind sie flügellos und vivipar. Wenn es jedoch kälter wird, sind Veränderungen angesagt. Einige Arten überwintern in ihrer ausgewachsenen Form. Bei anderen Arten lösen die fallenden Temperaturen bei den Weibchen den Reiz aus, geflügelte Weibchen und Männchen zu gebären. Sie fliegen in neue Territorien, wo sie sich paaren und die Weibchen auf bislang noch nicht abgeschöpften mehrjährigen Pflanzen ihre Eier ablegen. Zu Beginn des Frühlings schlüpfen die Larven, die die erste Generation flügelloser Jungtiere im Folgejahr gebären werden.

DIE ANGELEGENHEIT IN DIE EIGENEN HÄNDE NEHMEN

Die gute Nachricht: Auch in einem Jahr mit so vielen Blattläusen, dass Marienkäfer und andere Fressfeinde nicht mehr hinterherkommen, gibt es noch viele andere umweltfreundliche Möglichkeiten, ihnen Einhalt zu gebieten. Merzen Sie auf Ihrem täglichen Rundgang durch den Garten erste Läuse aus, bevor diese eine Pflanze stark im Griff haben.

- Einige wenige Blattläuse zerquetschen Sie einfach zwischen den Fingern. Empfindliche Gärtner können Handschuhe tragen.

- Ist die Pflanze, auf der sie sich befinden, nicht sehr jung oder nicht sehr empfindlich, spritzen Sie sie mit Wasser per Hochdruckeinstellung des Schlauchs ab.

- Sind die Blattläuse plötzlich in großer Zahl aufgetreten, greifen Sie zu einem zugelassenen Insektizid. Dies ist eine effektive Methode und hat keinen schädigenden Einfluss auf Menschen, Haustiere und die Umwelt, wenn sie vorschriftsgemäß angewendet wird.

Wie wird eine dünne Hecke üppiger?

EINE ÜPPIGE, GUT GEWACHSENE HECKE bildet eine zufriedenstellende Grenze im Garten: wildtierfreundlich und natürlicher wirkend als ein Zaun. Jedoch wächst oftmals eine bisher gesunde Hecke „spärlich" und dünn an der Basis, sodass sie nicht mehr so schön aussieht und keine effiziente Grenze mehr ist. Wie kann sie wieder zulegen?

Das hängt von der Art der Hecke ab, ob sommer- oder wintergrün. Ein Radikalschnitt ist der herkömmliche Weg, eine an der Basis ausgedünnte Hecke wieder üppiger zu machen, und dies gelingt bei den meisten sommergrünen Hecken. Ausgenommen von Eibe und Thuja können Nadelhölzer nicht stark zurückgeschnitten werden, sodass manchmal noch rigoroser durchgegriffen werden muss.

Ist eine sommergrüne Hecke dürr und dünn, können ein Rückschnitt, Düngen an der Basis und eine großzügige Schicht Mulch helfen. Ist sie an der Basis jedoch sehr offen und weist viele Lücken auf, sollte sie auf ungefähr 30 Zentimeter zurückgeschnitten werden (auch als Erneuerungsschnitt bezeichnet), um neues Wachstum zu begünstigen. Während sommergrüne Hecken sich oftmals von Phasen der Vernachlässigung erholen können, ist dies bei Nadelgehölzen nicht der Fall. Abgesehen von den zwei bereits genannten Ausnahmen werden sie einen radikalen Rückschnitt nicht überstehen, sodass eine kümmerliche immergrüne Hecke am besten direkt durch eine neue ersetzt wird.

Erfolgreiche Hecken sind bis zum Boden dicht und grün. Diese Hecke ist von einem lückenhaften Wuchs an der Basis verschont geblieben.

GEBÜCKE ANPFLANZEN: EINE WIEDERENTDECKTE FERTIGKEIT

In der Vergangenheit waren auf Agrarflächen robuste Hecken notwendig, die stark genug waren, um dem Vieh standzuhalten, denn war ein über 100 Kilogramm schwerer Bulle darunter, mussten die Hecken sehr stabil sein. Das Anlegen solch unüberwindbarer Gebücke ist eine Art Rückschnitt, der im Winter und Frühjahr vorgenommen wird. Die Stämme werden nahezu der Länge nach mit einer Hippe durchgeschnitten und nach hinten gebogen. Es handelt sich um eine sehr alte Facharbeit, und die auf diese Weise angelegten Hecken sind dicht, wildtierfreundlich und benötigen nur gelegentlich Pflege. Dieses in der zweiten Hälfte des 20. Jahrhunderts nahezu ausgestorbene Handwerk ist kürzlich von einigen Anhängern und Gesellschaften wiederentdeckt worden. Die nicht mehr so sehr auf Agrarflächen verbreiteten Gebücke nehmen in größeren Gärten immer mehr an Beliebtheit zu, da sie unübertroffenen Schutz für brütende Vögel und andere Tierarten bieten.

▼ Die gebogenen, ineinander verflochtenen Zweige und Stängel der Gebücke schaffen hervorragende Lebensräume für Insekten, kleine Säugetiere und brütende Vögel.

Wie man ungleichmäßigen Wuchs bei einer Hecke verhindert

1. Pflanzen Sie die Hecke im Herbst oder Winter und schneiden Sie sie auf eine Höhe von 45 Zentimetern zurück, wenn sie zum ersten Mal ausschlägt.
2. Stutzen Sie die Seiten während des Wuchses regelmäßig, lassen Sie die Krone aber wachsen, bis sie die gewünschte Höhe erreicht hat.
3. Achten Sie darauf, dass die Hecke nicht zu überladen wird. Sie entwickelt sich am gesündesten, wenn sie nach unten hin etwas breiter ist, also eine trapezähnliche Form hat, sodass der obere Teil der Hecke den unteren nicht überschattet.

Kann ich eine Hecke im Eiltempo anpflanzen?

Eine gut gepflegte Hecke als Grenze im Garten kann ansprechender aussehen als jeder Zaun oder jede Mauer. Aber wie geduldig müssen Sie sein, wenn Sie eine Hecke von Grund auf anpflanzen wollen? Wird es Jahre dauern, bis ein Ergebnis sichtbar ist?

Traditionell werden Hecken aus Jungpflanzen gezogen, die zwischen 60 und 90 Zentimeter groß sind. Andere Größen sind aber auch erhältlich. Je größer also die Pflanze ist, desto länger dauert es, bis sie sich ausgebildet hat. Und hinsichtlich der realen Größe hängt der Fortschritt einer Hecke davon ab, woraus sie gezogen wurde. Flechtzäune aus Weidegeflecht oder Hasel werden gewöhnlich zwischen wachsende Hecken platziert, um sowohl Privatsphäre als auch Unterstützung während des Wachstums zu bieten. Die Hecke überwuchert schließlich den Flechtzaun, der wiederum mit der Zeit in der Hecke verrottet.

▼ Kleine, glänzende und regelmäßige Blätter sowie schnelles Wachstum machen den Liguster zu einer idealen Heckenpflanze. Ausgewachsen ist er auch tolerant gegenüber Trockenheit.

Langsam und stetig

Schnell wachsende Hecken scheinen zunächst toll zu sein, da sie mühelos eine „ordentliche" Höhe von 1,5 Metern oder mehr erreichen, aber sie können dauerhaft lästig sein, da sie, so scheint es, regelmäßig zurückgeschnitten werden müssen. Langsam wachsende Heckenpflanzen erfordern mehr Geduld, aber die schließlich daraus entstandene Hecke ist anspruchslos und benötigt viel weniger fortwährende Pflege. Immergrüne Hecken werden vorzugsweise zu Beginn des Herbstes und sommergrüne von der Mitte des Herbstes an bis zum Ende des Winters gepflanzt. Erstere bieten den Vorteil der ganzjährigen Privatsphäre, während letztere natürlich weniger Sichtschutz zwischen der Periode des Blattfalls und des Erscheinens des neuen Blattwerks im Frühjahr bieten.

> **A** In gewissem Maße hängt das Wuchstempo einer Hecke von Ihrem Budget ab. Für entsprechendes Geld können Sie sogar in Wannen befindliche fertige Hecken erwerben, die nur noch an ihren vorgesehenen Platz gepflanzt werden müssen.

GEEIGNETE HECKENPFLANZEN

Liguster (*Ligustrum*). Vorteile: Halbimmergrün, tolerant, schnell wachsend und kostengünstig. Nachteile: Muss zweimal im Jahr getrimmt werden; anfällig für den Hallimasch.

Leyland-Zypresse (*x Cuprocyparis leylandii*). Vorteile: Sehr schnell wachsend (nahezu 1 Meter pro Jahr), hübsch, grüner moosartiger Effekt. Nachteile: Muss jährlich getrimmt werden. Bei mangelnder Kontrolle neigt sie zu wucherndem Wachstum und erdrückt andere Pflanzen.

Portugiesischer Kirschlorbeer (*Prunus lusitanica*). Vorteile: Immergrün, elegant, mit ilex-ähnlichem Aussehen, aber schneller wachsend (bis zu 60 Zentimeter pro Jahr). Nachteile: Muss mindestens einmal oder sogar zweimal jährlich getrimmt werden.

Thuja (*Thuja*). Vorteile: Immergrün, benötigt vergleichsweise wenig Pflege. Nachteile: Neigt zu wucherndem Wachstum; benötigt einen alljährlichen Rückschnitt.

Buche (*Fagus*) oder Hainbuche (*Carpinus*). Vorteile: Beide ergeben wunderschöne Hecken. Obwohl sommergrün, behalten sie ihre abgestorbenen, aber dekorativen Blätter im Winter. Können, wenn sie außer Kontrolle geraten, problemlos zurückgeschnitten werden. Nachteil: Langsames Wachstum.

Buchsbaum (*Buxus*). Vorteile: Die herkömmliche Wahl für eine akkurat geschnittene Hecke mit ansprechendem Niedrigwuchs. Nachteile: In der Vergangenheit hat Buchsbaum durch das Auftreten des zerstörerischen Buchsbaumpilzes (Cylindrocladium buxicola) und der Raupe des Buchsbaumzünslers an Beliebtheit verloren. Berberitze und Klebsame sind gute Alternativen, die robust gegenüber Krankheiten sind und zu sauberen, niedrigen Hecken getrimmt werden können.

▼ Leyland-Zypresse (*x Cuprocyparis leylandii*) wächst extrem schnell; gut geeignet für Eilige, sie muss aber regelmäßig geschnitten werden.

Wie kann ich unbepflanzte Stellen im Garten füllen?

So gut Sie auch planen, erscheinen immer wieder Lücken zu bestimmten Zeiten im Gartenjahr – neue Pflanzen gelingen nicht, alte gehen unerwartet ein oder eine Lücke tut sich auf, in der eine stark jahreszeitabhängige Pflanze gestanden hat, deren Blütezeit vorüber ist. Wie kann man vorausplanen und die Lücken füllen?

> Seien Sie vorbereitet: Ziehen Sie zusätzliche Pflanzen, um unerwartete Fehlschläge auszugleichen oder kaufen Sie Pflanzen zu einem späten Zeitpunkt für einen kurzfristigen, aber starken Effekt.

Bevor Sie überstürzt Lücken füllen, prüfen Sie, ob dies notwendig ist. In einer überfüllten Rabatte entlastet das Zurückschneiden verblühter oder misslungener Pflanzen andere vom Wettstreit, und bestehende Pflanzen breiten sich viel schneller als erwartet aus und schließen die Lücken.

Lücke oder Gelegenheit?

Manchmal gibt es jedoch eine beträchtliche Lücke, die Sie so schnell wie möglich füllen wollen. Gartencenter und Baumschulen bieten große, spätblühende Pflanzen an, wie zum Beispiel Begonien, Dahlien, Fuchsien, Bartfaden und Salbei. Sie sind nicht günstig, obwohl ab Juli viele im Sonderangebot sind, aber es ist eine gute Gelegenheit, relativ große Pflanzen anstelle von kleineren, früher im Jahr erhältlichen Exemplaren zu erwerben. Sie müssen groß sein, da die Jahreszeit sich dem Ende zuneigt und sie meist nicht schnell genug wachsen, um sich durch ihren Schauwert Respekt in den verbleibenden Wochen zu verdienen. Andererseits blühen einige aus Samen gezogene einjährige Pflanzen früh genug, beispielsweise Ringelblumen, Kapuzinerkresse oder Büschelschön, bevor das kalte Wetter Einzug hält.

Gießen und düngen Sie die Neuzugänge, damit sie sich so schnell wie möglich etablieren können.

Stimmen Sie die Füllpflanzen auf den Standort ab: Garten-Montbretien, Bartfäden und Prachtkerzen gedeihen wunderbar in der Sonne. An schattigen Stellen machen sich Funkien und Schaublatt gut.

Bewahren Sie einige Töpfe zur Reserve auf: Wenn Sie den Garten bepflanzen, topfen Sie einige Sämlinge zur selben Zeit ein wie Sie die anderen in die Beete pflanzen, damit Sie bei auftretenden Lücken auf fertige Ersatzpflanzen zurückgreifen können.

Hybrid-Begonie (*Begonia*)

Wie bringe ich einen vernachlässigten Garten in Ordnung?

WENN SIE FÜR EINE LANGE WEILE nicht im Garten gearbeitet haben, wird dort irgendwann so viel zu tun sein, dass Sie nicht mehr wissen, wo Sie beginnen sollen. Anstatt sich darüber Sorgen zu machen, ist es besser, einen realistischen Plan zu erstellen und klein anzufangen.

Aufräumen

Beginnen Sie, indem Sie aufräumen. Dies kann sich so anfühlen, als würden Sie Eulen nach Athen tragen, doch wird es Ihnen einen besseren Eindruck über die notwendige Arbeit vermitteln und das Gefühl geben, alles noch unter Kontrolle zu haben. Schneiden Sie extreme Überwucherungen zurück und legen Sie die Wege frei – dies wird einen überproportional positiven Effekt im Verhältnis zu der anstehenden Arbeit haben. Bringen Sie die Abfälle zum Grüngutplatz (Lassen Sie die Müllsäcke nicht tagelang herumstehen; je aufgeräumter Ihr Garten ist, desto klarer sind die nächsten Schritte).

Prüfen Sie, was noch zu tun ist. Was ist wichtig? Haben Sie Brombeergestrüpp? Oder mehrjähriges Unkraut? Ist der Boden in guter Verfassung? Ist die Fläche bereits überpflanzt? (Denken Sie eher darüber nach, Pflanzen zu entfernen als neue hinzuzufügen.) Machen Sie eine Liste mit den zu erledigenden Dingen, und beenden Sie jede Aufgabe, bevor Sie mit einer neuen beginnen. Lässt Ihre Motivation nach, geben Sie sich einen zeitlichen Rahmen. Nehmen Sie sich vor, jede Woche eine der größeren Aufgaben zu bewältigen, und gehen Sie nicht darüber hinaus. So werden Sie nicht müde oder demotiviert.

> **NUR GUCKEN, NICHT KAUFEN**
>
> Die Versuchung ist groß, sich Pflanzen zuzulegen, wenn Sie in Ihrem Garten aufräumen. Kaufen Sie jedoch nichts, bevor Ihr Garten ordentlicher aussieht. Haben Sie erst einmal Pflanzen zurückgeschnitten, Unkraut gejätet, den Boden bearbeitet und ungeliebte oder nicht gediehene Pflanzen entfernt, können Sie immer noch Lücken füllen. In der Zwischenzeit stöbern Sie in Katalogen, aber kaufen Sie nur, wenn Sie bereit zum Pflanzen sind.

> Teilen Sie die Arbeit in kleinere Aufgaben auf, und machen Sie sich nicht selbst verrückt, indem Sie immer wieder den mühsamen und ärgerlichen Aspekt betrachten. Versuchen Sie, Ihre Aufräumaktion als Gelegenheit zu sehen, den Garten zu bekommen, den Sie wirklich wollen, Schritt für Schritt.

Kann irgendwas Schnecken stoppen?

DAS HATTEN WIR ALLE schon mal. An einem Tag erfreuen Sie sich an einer neu mit Blumen bepflanzten Rabatte oder an einem neu austreibenden Gemüsebeet, und am nächsten Morgen stellen Sie fest, dass Schnecken darüber hergefallen sind. Allgegenwärtig und unablässig, sind sie womöglich die Gartenschädlinge, die am meisten entmutigen.

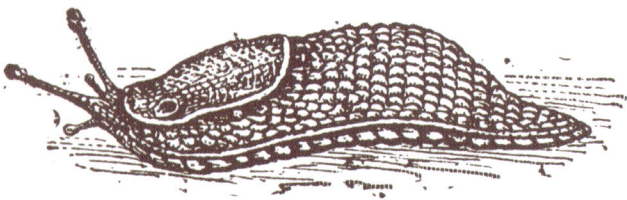

Schnecken leben über und unter der Erde, daher sind sie sowohl für Wurzeln und Knollen als auch für Blätter und Blumen eine Bedrohung. Als extreme Fressmaschinen hinterlassen sie nur allzu bekannte Löcher in vielen Gartenpflanzen und hinter sich silbrige Schleimspuren. Außerdem verleiben sie sich Ihre Gartenpflanzen auch im Winter weiterhin ein, wenn die Temperaturen über 5 °C liegen. Zum Glück lebt eine einzige Schnecke nur ungefähr ein Jahr. Jedoch sind sie Hermaphroditen, sodass jedes Exemplar zu jeder Zeit bis zu 300 Eier im Jahr legen kann.

Zurückschlagen

Kann also irgendwas Schnecken stoppen? Manche Gärtner schwören auf Mittel wie Kupferband, Eierschalen oder Kaffeesatz, um Schnecken vor dem Eindringen in Rabatte, Beete und Töpfe abzuhalten. In Wahrheit sind diese Mittel aber nicht sehr effektiv. Schneckenkorn und biologische Kontrolle durch

▲ Sie sehen nicht besonders bedrohlich aus, im Garten jedoch führen sich Schnecken als erschreckend effiziente Fressmaschinen auf.

Nematoden können die Population zeitweise im Frühjahr und Herbst minimieren (siehe Seite 133). Bierfallen schicken Schnecken besoffen in den Tod und müssen regelmäßig geleert werden, was schlichtweg eklig ist.

Am effektivsten ist die physische Beseitigung der Schnecken bei regelmäßigen Patrouillen in der Abenddämmerung oder in der Nacht. Eine vollständige Ausrottung der Schnecken in einem Garten ist unmöglich, daher ist es klug, die verletzlichsten Pflanzen zu schützen: gerade neu gepflanzte oder gesäte beziehungsweise junge, im Frühjahr erscheinende krautige Pflanzen. Wo Sie sie entsorgen, ist eine andere Frage. Heimlich im hohen Bogen über den Zaun geworfene Schnecken finden oft den Weg zurück, da sie Duftspuren in

Tägliche Gartenpflege 163

ihrem Schleim hinterlassen. Sie sollten deshalb mindestens 20 Meter entfernt ausgesetzt werden, um sie an einer Rückkehr zu hindern. Wenn Sie nichts dabei finden, sie zunächst in einem Eimer Wasser zu ertränken, können Sie sie später auf den Kompost werfen.

> Verzichten Sie auf Schneckenkorn und schaffen Sie stattdessen ein gesundes Biosystem mit natürlichen Feinden – Sie selbst eingeschlossen!

EIN GANZHEITLICHER ANSATZ

Die Bewahrung eines gesunden Biosystems innerhalb des Gartens hält neben anderen Gartenschädlingen auch Schnecken unter Kontrolle. Ermuntern Sie Vögel, Igel, Frösche, Kröten, Blindschleichen und Käfer, die sich an Schnecken laben werden, in Ihren Garten zu kommen. Entfernen Sie so viele Schneckenverstecke wie möglich und harken Sie den Boden, um die Eier freizulegen. Und rufen Sie sich ins Gedächtnis, dass sie nicht so schlimm sind: Sie fressen jeden Tag ungefähr das Zweifache ihres Körpergewichts, meistens Zersetzungsmaterial, was sie außerordentlich wertvoll für Komposthaufen und das Boden-Ökosystem im Allgemeinen macht.

Vögel, beispielsweise Amseln

Frösche und Kröten

Igel

Laufkäfer

Wer klaut meine Äpfel aus dem Garten?

Wie kann ich mehr Vögel in meinen Garten locken?

In Zeiten zunehmenden Bewusstseins über den Rückgang vieler kleiner Vogelarten, jener Arten, die häufig und zahlreich in Gärten anzutreffen sind, stellt sich die Frage, wie man wieder mehr Vögel in den Garten locken kann.

Die Wacholderdrossel (*Turdus pilaris*) frisst zumeist in Schwärmen, und so eine Schar fällt manchmal über eine Lieblingsspeise her, etwa Wildäpfel.

Unterschlupf, Nahrung und Wasser sind die besten Anreize, die Sie bieten können. Informieren Sie sich, welche Vogelarten Sie aufgrund der Lage Ihres Gartens anziehen könnten, und prüfen Sie dann ihre natürliche Nahrungsquellen.

Mit niedrigeren Temperaturen und weniger leicht zu erschließenden Nahrungsquellen ist der Winter die härteste Jahreszeit für Vögel. Halten Sie stets eine Stelle mit sauberem Wasser für sie bereit, sei es eine Vogeltränke oder einfach eine Plastikschüssel, die Sie regelmäßig auffüllen und an Frosttagen vom Eis befreien. Was die Nahrung anbelangt, können Sie für die Vogelhäuschen und Futterröhren nicht nur fertige Nuss- und Samenmischungen und Meisenknödel kaufen, sondern auch Platz für Pflanzen schaffen, die im Herbst und Winter bei Vögeln beliebte Früchte und Beeren tragen. Sie werden durch die Freude belohnt, die Vögel bei der Nahrungsaufnahme beobachten zu können.

Bienen-Kugeldistel (*Echinops sphaerocephalus*).

Tägliche Gartenpflege 165

FUTTERSUCHE IM HERBST UND WINTER: FUTTERPFLANZEN FÜR VÖGEL

Feuerdorn (*Pyracantha*) – Herbst- und Winterbeeren

Vogelbeere (*Sorbus*) – Herbst- und Winterbeeren

Ilex (*Ilex*) – Herbst- und Winterbeeren

Efeu (*Hedera*) - Herbst- und Winterbeeren (Vogelnahrung in der Mitte des Winters)

Zwergmistel (*Cotoneaster*) – Herbst- und Winterbeeren

Wildapfel (*Malus*) – Herbst- und Winterfrüchte. Vögel bevorzugen kleinere Sorten wie den **Japanischen Wildapfel** (*Malus floribunda*) und den **Kleinfruchtigen Zierapfel** (*Malus sargentii*).

Bienen-Kugeldistel (*Echinops*) – Samenkapseln im Herbst

Bachdistel (*Cirsium rivulare*) – Samenkapseln im Herbst

 Wie die meisten Beeren ist auch die Vogelbeere eine ideale Nahrung für Vögel im Winter, da sie viele Kalorien und leichtverdauliche Zucker enthält.

Blaue Heckenkirsche (*Lonicera caerulea*)

Wieso werden meine Pflanzen ständig umgeweht?

PFLANZEN MÜSSEN auf unterschiedliche Weise und zu unterschiedlichen Zeiten gestützt werden – und diese Stütze muss überraschenderweise stark sein, um effektive Hilfe zu bieten. Es sind viele Möglichkeiten verfügbar, die für jede Sorte und Situation funktionieren.

Wenn Ihre Pflanzen umgeweht werden, verwenden Sie entweder für die Pflanze ungeeignete Stützmöglichkeiten oder diese Stütze ist selbst nicht stabil genug. Wählen Sie eine Vorrichtung, die die Pflanze aufrecht hält, auch wenn es stürmt oder regnet.

Dauerblüher in Rabatten benötigen oft einen Halt, um nicht hinzufallen oder herabzuhängen. Sie können dies verhindern, indem Sie frühzeitig geeignete Stützvorrichtungen platzieren, sodass die nachfolgenden Pflanzen sie verdecken. Die Pflanzen, die wohl hierbei die größte Herausforderung darstellen, sind Blumen mit einzelnen Blütenähren, wie zum Beispiel Lupinen oder Rittersporn, oder jene mit sehr großen und schweren Blütenköpfen auf weniger starken Stängeln, etwa Pfingstrosen.

Die richtige Art auswählen

Es gibt einfache, gerade Stäbe (effektiv, nicht einfach zu verbergen), Metallringe oder halbkreisförmige Stützringe (frühzeitige Platzierung notwendig, sodass die Pflanze daran hochwachsen und bei ausreichender Größe darauf ruhen kann) oder Stab-Netz-Kombinationen.

Pflanzen mit Blütenähren, etwa Lupinen, benötigen möglichst unauffälligen Halt, damit nicht die Gesamtwirkung beeinträchtigt wird.

NATÜRLICHE STÜTZEN FÜR PFLANZEN

Die vielleicht optisch reizvollsten Stützen sind selbst gefertigte geflochtene „Käfige" aus Weidenruten. Auch kann man dünne Zweige einer jungen Birke oder frisch geschlagenen Hasel nehmen. So dick wie ein Stift oder etwas dicker sind sie biegsam genug, um daraus eine passende, käfigähnliche Stütze zu flechten, durch die die jungen Pflanzen hindurchwachsen können. Haben Sie keinen Haselstrauch in der Nähe, können Sie Weidenruten in Bündeln bei vielen Baumschulen oder online erwerben.

Die klassische Methode ist die Anordnung von Stäben um die junge Pflanze herum. Biegen Sie die Stäbe dann in die Mitte und schlingen Sie sie an den Stellen, an denen sie sich überschneiden, umeinander. Für eine effektive Stütze sollte der fertige Käfig zwischen der Hälfte und zwei Dritteln der Höhe der ausgewachsenen Pflanze ausmachen. Mit zunehmender Übung können Sie kreative und unterschiedliche Formen und Größen für verschiedene Pflanzen flechten. Optisch passen sich diese Stützen besser an die Umgebung an als alle anderen Optionen. Der einzige wirkliche Nachteil ist, dass sie jährlich ersetzt werden müssen.

▲ Geflochtene „Käfige" bieten einen natürlich aussehenden, effektiven Halt für eine Vielzahl von Pflanzen, von Pfingstrosen über Astern bis hin zu Dahlien.

Viele gibt es in Grün oder Schwarz, und letzteres kann manchmal verblüffend unauffälliger aussehen als Grün. Mit Stäben gestützte Pflanzen sollten mit Bindfaden befestigt werden, jedoch in einer Anordnung von acht Pflanzen, damit sich ihre Stängel nicht an der Stützvorrichtung reiben.

▶ Metallringe oder halbkreisförmige Stützringe funktionieren gut bei Blumen mit schweren Blütenköpfen wie Pfingstrosen, aber sie müssen frühzeitig entsprechend platziert werden.

Wie kann ich den Hallimasch ausfindig machen?

DER HALLIMASCH ist bei den Gärtnern gefürchtet – oftmals wird er erst entdeckt, wenn es zu spät für die angegriffene Pflanze ist, und es ist nahezu jedes Mal fatal. Er kommt in Nordamerika, Großbritannien, Kontinentaleuropa und in vielen anderen Teilen der Welt vor. Aber woran können Sie erkennen, dass einer Ihrer Bäume oder eine Ihrer Pflanzen im Garten vom Hallimasch befallen ist, und wie können Sie eine Ansteckung anderer Pflanzen verhindern?

Vergilbtes und abgestorbenes Blattwerk sowie kleinere und blassere Blätter als im Vorjahr sind keine guten Zeichen. Wenn zudem die Rinde an der Basis des Stängels oder Stamms brüchig wird, zu „bluten" beginnt und sich vom Holz löst sowie ein weißer Pilz mit starkem „Pilzgeruch" freigelegt wird, ist die Diagnose klar. Es ist der Hallimasch: Nichts riecht und sieht so aus wie er.

Hallimasch (*Armillaria*)

◀ Nass aussehende Risse in der Rinde am Fuß dieser Birke sind klassische Symptome für einen Hallimaschbefall.

Der Hallimasch gehört zu der Gattung der *Armillaria*. Es gibt verschiedene Arten, aber nicht alle richten im Garten Schaden an. Obwohl sieben Sorten in Großbritannien gefunden wurden, wird der größte Schaden an Pflanzen nur zwei von ihnen zugeschrieben. Er greift die Wurzeln von Bäumen, holzigen Pflanzen und Stauden an und weitet sich unter der Erde aus, um weitere Exemplare zu infizieren. Im Herbst wachsen die honigfarbenen Ständerpilze an der Basis

WELCHE PFLANZEN SIND ANFÄLLIG?

Bestimmte Pflanzen scheinen besonders anfällig für den Hallimasch zu sein, während andere verschont bleiben. Beide Fallgruppen sind in umfangreichen Listen auf der Webseite der RHS verzeichnet.

Bäume, die besonders oft dem Hallimasch zum Opfer fallen, sind unter anderem Ahorn, Weide, Birke, Walnussbaum und Vogelbeere. Auch Schneeball, Rosen, Liguster und Rhododendron sind sehr anfällig für den Hallimasch.

der betroffenen Pflanze. Im späteren Verlauf der Krankheit können sich seilähnliche Rhizomorphe unter der Rinde, oder weniger häufig, im Boden um die Pflanze herum bilden. Der Hallimasch ist zuerst gelb-orange oder braun gefärbt und wird schließlich schwarz.

RIESENMONSTER

Der größte lebende Organismus der Erde ist wahrscheinlich ein einzelner Dunkler Hallimasch, der in den Blue Mountains in Oregon, USA, entdeckt wurde. Eine Untersuchung im Jahr 2014 ergab, dass sein Durchmesser sage und schreibe 3,8 Kilometer beträgt.

Wie man ihn besiegt

Man kann den Hallimasch ausmerzen, indem man alle Wurzeln der befallenen Pflanze ausgräbt und verbrennt. Einige Gärtner legen eine vertikale Schranke in Form einer Plastikplane in den Boden, um die die kranke Pflanze umgebenden Wurzeln abzuschirmen und eine Ausbreitung von verbliebenen Pilzen auf andere Pflanzen zu verhindern. Dies ist jedoch eine recht herausfordernde Aufgabe für neue Gärtner. Wurde eine Pflanze vom Hallimasch abgetötet, warten Sie ein Jahr, bevor Sie die Stelle erneut bepflanzen, vorzugsweise mit einer weniger anfälligen Pflanze.

▶ Der Hallimasch bewegt sich zu seinen nächsten „Wirts"pflanzen über seilartige Rhizomorphe fort, die sich um die Wurzeln der bereits befallenen Pflanzen herum befinden.

Wie kann ich meinen Garten im Winter ansprechender gestalten?

DER WINTER IST DIE RUHEPHASE des Gartens, Pflanzen sparen Energie und bereiten sich auf den Frühling vor. Für den Gärtner kann dies auch zutreffen. Da man den Großteil der Winterpflanzen im Voraus planen kann, muss ein Garten während dieser Jahreszeit nicht langweilig aussehen.

Eine der Freuden, einen Garten zu besitzen, besteht darin, etwas Schönes zu sehen, wenn man aus dem Fenster blickt, und es gibt keinen Grund, wieso das nicht das ganze Jahr über so sein sollte. Alle RHS-Gärten haben tatsächlich Winterbeete und dauerhafte Flächen mit Wintergärten, und andere Gärten mit ausgewiesenen Wintergärten sind beispielsweise Cambridge Botanic Gardens, Sir Harold Hillier Gardens und Anglesey Abbey.

Eine ansprechende Gestaltung des Gartens im Winter hängt davon ab, was gerade verfügbar ist: Blätter und Blumen sind Mangelware, deshalb liegt der Fokus auf Struktur. Viele der schönsten Wintergärten beinhalten Hecken mit Formschnitt, die sich effektvoll gegen Frost und Schnee abheben. Ein nicht übereilter Rückschnitt mehrjähriger Pflanzen macht einen Wintergarten interessanter. Zum einen sind die Samenkapseln und alten Stängel zahlreicher Gräser und mehrjähriger Pflanzen, etwa Chinaschilf, Mannstreu und Sonnenhut, für sich genommen sehr attraktiv, besonders, wenn sie mit Frost bedeckt sind. Zum anderen locken sie Vögel an, die sich von ihnen ernähren. Ist der Garten nicht hinreichend interessant, wird auch das Aufhängen von Vogelhäuschen viel Sehenswertes in den Wintermonaten bieten.

Winterblumen

Im Winter blühende Pflanzen duften oft stark. Nahe an Hauseingängen und Wegen gepflanzte Sträucher wie Seidelbast (*Daphne*), Schattenblume (*Sarcococca*), Zauberhasel (*Hammamelis*) und Japanischer Perlschweif (*Stachyurus praecox*) wecken das Interesse, wenn auch nicht durch große Blüten. Prächtige Winterblumen beschränken sich generell auf Beetpflanzen und Zwiebeln. Diese kommen am besten in Behältern nahe dem Haus zur Geltung, während Schneeglöckchenhorste im späten Winter das Frühjahr ankündigen. Pflanzen Sie sie inmitten des Schwarzen Schlangenbarts „Nigrescens" (*Ophiopogon planiscapus ‚Nigrescens'*) für einen modernen Schwarz-Weiß-Look.

> Gut durchdachtes Anpflanzen bietet einen hohen Schauwert den Winter hindurch, ohne dass Sie in die Kälte hinausmüssen.

FÜNF EMPFEHLENSWERTE BEISPIELE

Bäume und Sträucher mit einer interessant aussehenden oder farbigen Rinde kommen im Winter voll zur Geltung. Dazu gehören Ahorn-Sorten, beispielsweise der Eschenahorn (*A. negundo*), der Davids-Ahorn (*A. davidii*) oder der Graue Ahorn (*A. griseum*) sowie die Korkenzieherhaselnuss (*Corylus avellana ‚Contorta'*) und die weiße Birke, etwa die Weißrandige Himalaya-Birke (*Betula utilis var. jacquemontii*).

Eschenahorn
(**A. negundo**)

Grauer Ahorn
(**A. griseum**)

Davids-Ahorn
(**A. davidii**)

Korkenzieherhasel
(*Corylus avellana ‚Contorta'*)

Weißrandige Himalaya-Birke
(**Betula utilis**)

Wie kann ich im Voraus planen?

TROTZ DER BEGEISTERUNG für Bücher und Magazine über das Gärtnern und die damit verbundene Inspiration erscheint die Gartenarbeit manchmal wie eine Aufholjagd, ohne Sicherheit, was die nächste Jahreszeit bringt und wie man am besten mit deren Gegebenheiten umgeht. Wie kann man idealerweise vorausplanen?

Hat das Gartenjahr erst einmal angefangen, hört es nie wirklich auf. Im Winter haben Sie etwas Zeit, um die nachfolgenden Jahreszeiten zu planen, und es ist sinnvoll, das gesamte Jahr und nicht nur die nächsten drei oder vier Monate zu überblicken.

Ein Jahr = vier Jahreszeiten ...

Der erste Teil des Jahres scheint leicht zu sein, da es eher um den Start der Pflanzen als um ihren Abschluss geht. Gärtnern ist jedoch eine fortwährende Angelegenheit. Sie müssen sich also an den Gedanken gewöhnen, dass zum Beispiel zuerst die Tulpen und dann der Lauch im späten Frühjahr zu Ende gehen und die Hochsommerstauden übernehmen. Es wird immer etwas geben, das seine Zeit gehabt hat und entfernt werden muss, genauso wie etwas immer (oder zumindest ganz am Ende des Gartenjahres) seinen Höhepunkt erreichen wird.

Planungen hängen gewöhnlich von den mehrjährigen Pflanzen ab, die den wesentlichen Rahmen bilden, während Lücken mit einjährigen Pflanzen oder zarten mehrjährige Pflanzen, etwa Mittagsgold oder Eisenkraut, gefüllt werden. Wenn Ihr Garten nicht gerade winzig ist, lohnt es sich, ihn auf Millimeterpapier zu planen, den Plan viermal zu kopieren und ihn mit den für jede Jahreszeit infrage kommenden Pflanzen zu füllen. Prüfen Sie, wie viel Raum Sie zur Verfügung haben, und wie die verschiedenen mehrjährigen Pflanzen am besten zueinander passen.

> Um im Voraus zu planen, müssen Sie ... planen. Dies kann eine Gartenskizze auf Millimeterpapier mit den in jeder Jahreszeit zu füllenden Lücken sein, oder eine langfristige Planung über die Fläche, die Ihre ausgewachsenen Pflanzen benötigen werden.

Mittagsgold
(*Gazania rigens*)

... oder eher drei

In einem kleinen Garten wird nicht viel Platz für ansprechende Winterblumen sein, wenn Sie viele Pflanzen haben wollen, die ihre beste Zeit im Frühjahr und Sommer haben. Ist dies der Fall, setzen Sie eher auf Pflanzen wie Schneeglöckchen, Eisenhut, Zwerg-Schwertlilie und Christrose, vor allem in schattigen Ecken, damit die späteren Jahreszeiten nicht benachteiligt werden.

Zwerg-Iris
(*Iris reticulata*)

FOTOGRAFISCHE DOKUMENTATION

Neben einem Plan auf Papier ist eine Sammlung von Fotos der vergangenen Jahre auch eine gute Hilfe für das kommende Jahr. Machen Sie Fotos im Garten von geglückten, aber auch weniger gelungenen Pflanzen. So können Sie Ihre Erfolge wiederholen und darauf aufbauen (etwa die wundervolle Kombination aus einer hellgrünen Wolfsmilch und einigen nahezu schwarzen Tulpen). Fehler werden Ihnen kein zweites Mal passieren – zum Beispiel das Anpflanzen eines Rosenstrauches in einer Ecke, die seinem Vorgänger auch schon nicht behagte.

Wieso ist meine Pflanze nach dem Rückschnitt abgestorben?

Eine Lieblingspflanze ist kurz nach dem Rückschnitt eingegangen. War dies der Grund, oder war der Zeitpunkt schlecht gewählt?

Das hängt von der Pflanze ab. Wird sie in der falschen Jahreszeit zurückgeschnitten, bleibt sie mit einer zu geringen Menge an Blättern zurück, um die Wurzeln im Winter am Leben zu erhalten. Immergrüne Pflanzen wie Ilex oder Rhododendron tolerieren einen Rückschnitt ausschließlich im Frühjahr. Die meisten sommergrünen Pflanzen sind da entgegenkommender. Es gibt jedoch auch solche, etwa Ginster und Säckelblume, die einen Rückschnitt überhaupt nicht tolerieren.

Kriechende Säckelblume (*Ceanothus*)

Besenginster (*Cytisus scoparius*)

Eigentlich ist es ziemlich schwer, eine Pflanze durch Rückschnitt zu töten; jedoch ist es recht einfach, die Blumen eines Jahres zu verlieren (und die Form zu verderben). Ist eine Pflanze nach dem Rückschnitt eingegangen, war sie womöglich sowieso schon angeschlagen, sodass Sie sie nicht geradeheraus ermordet haben. Andererseits kann sich eine kränkelnde Pflanze nach dem Rückschnitt erholen, höchstwahrscheinlich deshalb, weil die Beseitigung eines küm-

▼ Das Geheimnis eines erfolgreichen Rückschnitts liegt im richtigen Zeitpunkt, bei Forsythien beispielsweise dann, sobald die Blüten verwelkt sind.

merklichen Wachstums die Wurzeln von dem Stress der Aufrechterhaltung entlastet hat und diese nun neues, gesundes Wachstum produzieren können. Haben Sie eine notleidende Pflanze, ist es einen Versuch wert, sie dieser Rosskur zu unterziehen.

Pflanzen haben eine natürliche Tendenz, ihr Wurzel-Schuss-Gleichgewicht aufrechtzuerhalten. Wird sie um ihren „Schuss", also bestmögliches Wachstum, gebracht, versucht die Pflanze, mehr zu wachsen, um ihre Wurzeln ernähren zu können. Hat sie hierfür nicht genug Ressourcen, baut sie ab und opfert einige Wurzeln. Der Prozess kann zu einem stetigen Rückgang der Gesundheit der Pflanze führen und sie schließlich eingehen lassen. Sie können den Rückschnitt über mehrere Jahre aufteilen, um den Bogen nicht zu überspannen.

Ein relativ häufiger Fehler kann Sie in bestimmten Fällen die Blumen eines Jahres kosten. Im Frühjahr blühende Bäume und Sträucher, zum Beispiel Forsythien und der Pfeifenstrauch, haben die Blütenknospen des Folgejahres produziert, bevor sie ihre Blätter verlieren und im Winter in die Ruhephase übergehen. Dies bedeutet, dass der einzige Zeitpunkt für einen Rückschnitt nur direkt nach der Blüte ist, oder Sie riskieren den Rückschnitt der Blüten des nächsten Jahres.

EINE BEZIEHUNG RUINIEREN

Manchmal hat ein Rückschnitt die weniger erkennbare Wirkung, dass die Wurzeln der Pflanze verfaulen. Warum? Weil dadurch die Pflanze die Menge der Zucker, die sie um ihre Wurzeln herum abgesondert hat, reduzieren musste, und es sind diese Zucker, die nutzbringende und Schutz bietende Mikroben im Boden ernähren. Ohne die „Nahrung" von den Wurzeln sterben die Mikroben ab, und ohne deren Schutz fällt die Pflanze opportunistischen Wurzeln oder dem Hallimasch zum Opfer.

Kann ich wild wuchernden Efeu eindämmen?

EFEU IST TOLL für die Flora und Fauna und bildet eine hervorragende und ansprechende Bedeckung für hässliche Flächen, Betonblocksteine beispielsweise. Nachteilig für den Gärtner ist jedoch sein üppiges Wachstum. Wenn Efeu erstmal im Garten ist, wie leicht ist er dann in Schach zu halten?

Während einige Efeuarten tatsächlich ungewöhnlich schnell wachsen, werden sie nicht die Oberhand gewinnen, wenn Sie sie in ihre Schranken verweisen. Sie müssen sich also auf regelmäßige Pflege einstellen, damit Ihr Efeu nicht außer Rand und Band gerät.

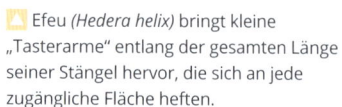

Efeu *(Hedera helix)* bringt kleine „Tasterarme" entlang der gesamten Länge seiner Stängel hervor, die sich an jede zugängliche Fläche heften.

Die Beeren des Efeus bieten eine kalorienreiche Nahrungsquelle für wilde Vögel gegen Ende des Winters, wenn andere Ressourcen knapp sind.

Efeu sendet viele Triebe aus, die sich weit und schnell ausbreiten, sowohl vertikal als auch horizontal. Einige Arten unterstützen sich selbst, indem sie Luftwurzeln ausbilden, die sich während des Wachstums an Oberflächen klammern. Schneiden Sie die Triebe intensiv zurück, bevor sie außer Kontrolle geraten. Egal ob sie auf dem Boden entlang oder an einer Wand hochwachsen, die individuellen Stängel müssen vor dem Schnitt herausgezogen und zum Hauptstamm zurückverfolgt werden (und auch all die kleinen

Wurzeln, die sich an die Flächen klammern oder hinunter in den Boden wachsen, müssen herausgezogen werden).

Obwohl Efeu ein Opportunist ist, ist er kein Parasit – er zieht einen Vorteil aus Bäumen, die sich nicht bester Gesundheit erfreuen. Mit seinem starken Wachstum (er kann eine Höhe bis zu 30 Metern erreichen) und seiner Unempfindlichkeit gegenüber vielen Schädlingen und Krankheiten kann Efeu den Baum, auf dem er wächst, erdrücken. Jedoch benutzt er den Baum nur, um zu mehr Licht zu gelangen. Er hat sein eigenes Wurzelsystem und ernährt sich nicht von dem Baum.

🔺 Der Rote Admiral *(Vanessa atalanta)* überwintert zunehmend in Großbritannien und besiedelt den Efeu bei kälterem oder nasserem Wetter.

Efeu-Seidenbiene (*Colletes hedera*)

EIN RICHTIGES MULTITALENT

Die Vorteile, die Efeu der Tier- und Pflanzenwelt bietet, ergeben eine außergewöhnlich lange Liste. Hier sind einige von ihnen:

- Im Frühjahr ist der Efeu ein gutes Versteck für nistende Vögel.

- Die schwarzen Beeren bleiben von November bis April an der Pflanze. Sie enthalten extrem viel Energie – im Verhältnis zu ihrem Gewicht haben sie beinahe so viele Kalorien wie eine Tafel Schokolade. Vögel beginnen sie gewöhnlich im Dezember oder Januar zu fressen, wenn die Zeit von eher reifen Früchten wie Vogelbeere und Hagedorn vorüber ist.

- Das dichte Laub bietet überwinternden Schmetterlingen Schutz.

- Die Blüten sind eine wertvolle, späte Nektarquelle für eine Vielzahl von Insekten. Der in Großbritannien beheimatete Efeu hat sogar eine spezielle Biene, die Efeu-Seidenbiene (*Colletes hedera*), die sich ausschließlich von dessen Blüten ernährt.

Muss ich jeden Tag Gartenarbeit machen?

Manchmal fühlt sich Gartenarbeit wie eine nie endende Schufterei an. Es gibt keinen Moment, an dem Sie sagen können, dass Sie fertig sind: Wie schön ein Beet oder eine Ecke auch aussehen mag, gibt es immer noch etwas an einer anderen Stelle zu tun. Wenn Sie ein richtiger Gärtner sein wollen, müssen Sie wirklich jeden Tag im Garten arbeiten?

Wenn Gärtnern nicht gerade Ihr Beruf ist, ist es eine freiwillige Tätigkeit. Es steht Ihnen frei, ob Sie es tun oder nicht. Aber es ist auch ein süchtig machender Aspekt dabei. Sogar Leute, bei denen dies etwas gedauert hat, weil sie einen anfangs nicht interessant erscheinenden Garten gekauft oder vererbt bekommen haben, haben oftmals nach einer oder zwei Jahreszeiten die Lust am Gärtnern entdeckt.

Auch wenn Sie Ihre Hände nicht schmutzig machen wollen, ist es eine gute Gewohnheit, jeden Tag im Garten herzumzugehen. So sehen Sie, was geschieht, welche täglichen Veränderungen stattfinden und was sich gut macht (und was nicht), was vielleicht aus dem Ruder läuft und so weiter.

Alltägliche Belohnungen

Es wird stetig leichter, die Art und Weise zu genießen, in der der Garten einem ständigen Wandel unterworfen ist, anstatt sich darüber zu ärgern. Und durch die winzigen, täglichen Veränderungen wollen Sie sich fast unvermeidlich selbst daran beteiligen. Sie müssen

▶ Je mehr Sie von Ihrem Garten begeistert sein werden, desto leichter werden Ihnen ein, zwei schnelle Tätigkeiten von der Hand gehen.

WOHLFÜHL-GÄRTNERN

Natürlich ist Gartenarbeit nicht nur gut für den Garten, es ist auch gesund für Sie. Eifrige Gärtner waren sich schon immer über den psychischen und physischen Nutzen ihrer Lieblingsbeschäftigung bewusst, aber diese Vorteile sind nun Gegenstand zahlreicher Studien, die das Gesundheitswesen betreffen. 2016 wurde der King's Fondsbericht in Großbritannien veröffentlicht. Dieser untersuchte den Einfluss von Gärten und Gartenarbeit auf Einzelpersonen, aber auch die weitergehende Wirkung des Gärtnerns in anderen Kontexten, etwa in Gärten, die Gruppen oder dem Staat gehören, wurde im Hinblick auf ihren breiten sozialen Nutzen betrachtet.

Kaum überraschend – zumindest für Gärtner – ergab diese Untersuchung, dass auch nur der bloße Aufenthalt im Garten sich ausgesprochen positiv auf das Wohlbefinden auswirkt. Die Empfehlung lautete daher, Gartenarbeit in eine Vielzahl von Initiativen zur Verbesserung der öffentlichen Gesundheit zu integrieren. Das ist der Beweis: Gartenarbeit ist gut für Sie.

nicht groß anfangen: Sogar eine Viertelstunde Gartenarbeit macht schon viel aus, sodass das gelegentliche Großreinemachen weniger abschreckend wirkt.

Wiederkehrende Arbeiten

Zumindest Kübelpflanzen müssen regelmäßig gegossen werden, und bei wärmerem Wetter auf jeden Fall täglich. Jäten erfolgt am besten auch regelmäßig, sonst wird aus einer kleinen (und, ehrlich gesagt, langweiligen) Aufgabe eine große. Aber der typische Garten hat eine ganze Reihe von zu erfüllenden Aufgaben, von schnellen bis hin zu zeitintensiven. Mit den „täglichen" zehn Minuten können die meisten Tätigkeiten erledigt werden.

▼ Pflanzen in Behältern müssen unvermeidlich regelmäßig gegossen werden. Wenn es nicht gerade sintflutartig regnet, bekommen sie normalerweise nicht genug Wasser.

Kann ich Mücken in meiner Regentonne vom Brüten abhalten?

THEORETISCH KÖNNEN MÜCKEN nicht in einer Regentonne mit gut verschließbarem Deckel brüten. Aber irgendwie ist es ihnen doch gelungen: Wie sind sie da hineingekommen, und wie werden Sie die Larven los, damit sich nicht die nächste Generation daraus entwickeln kann?

Im Internet wird immer wieder über dieses Problem geklagt, das öfter vorkommt, als Sie vielleicht denken. Und es werden auch einige überraschende Lösungen vorgeschlagen, zum Beispiel die Hinzugabe von Goldfischen (begeisterte Fressfeinde der Mücken, in allen möglichen Arten), um der Regentonne für einige Tage Ruhe zu verschaffen.

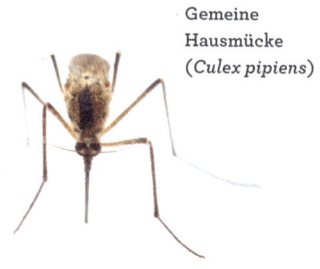

Gemeine Hausmücke (*Culex pipiens*)

Es ist ein erstaunlich häufiges Problem: Die Mücken haben eine winzige Eintrittsstelle an dem Gelenk zwischen der Regenrinne und der Tonne gefunden, oder es gibt einen anderen kleinen Spalt, durch den sie in die Tonne gelangen können. Haben die ausgewachsenen Mücken ihre Eier abgelegt und sind die Larven geschlüpft, ist es ganz einfach, sie zu stoppen: Geben Sie etwas Öl auf die Wasseroberfläche, sodass die Larven nicht atmen können.

◂ Eine gewichtige Regentonne aus Plastik scheint uneinnehmbar zu sein, aber Mücken können auch durch den kleinsten Riss schlüpfen.

Man muss aber nicht unbedingt Goldfische bemühen. Moskitolarven halten sich knapp unter der Oberfläche von ruhendem oder abgestandenem Wasser auf, atmen aber nach oben durch ein Luftrohr, das über die Wasseroberfläche hinausragt. Geben Sie etwas Pflanzenöl auf die Wasseroberfläche. Die Ölschicht sollte nur sehr dünn sein, damit es keinen Ölfilm gibt. Geben Sie daher einige Teelöffel Öl in eine kleine mit Wasser gefüllte Sprühflasche, schütteln Sie die Mischung gut und sprühen Sie sie auf die Wasseroberfläche in der Regentonne. So geht es einfacher.

◀ Eine sehr feine Ölschicht ist ausreichend, um Moskitolarven einzudämmen; verdünnen Sie das Öl zunächst sehr stark.

KÜMMERN SIE SICH UM IHRE REGENTONNE

Das Problem brütender Moskitos wirft die generelle Frage auf, ob man sich um seine Regentonne oder -tonnen kümmern sollte (viele Gärtner schätzen Regenwasser so sehr, dass sie mehr als eine Regentonne haben). Das Wasser in sich selbst überlassenen Regentonnen kann trüb werden und Algen ansetzen, nehmen Sie also ihre jährliche Pflege in Ihre Liste mit Gärtneraufgaben auf (wenn Sie die Regenrinne reinigen, können Sie die Tonne auch gleich säubern).

Der Sommer eignet sich gut hierfür, denn Sie werden viel Wasser im Garten verwenden, und bei warmem Wetter ist es einfacher. Planen Sie eine oder zwei Wochen ein, um die Tonne zu leeren und das Anschlussrohr zu entfernen. Legen Sie die Tonne auf die Seite und waschen Sie sie aus, schrubben Sie gründlich, damit alle Algen, verfaultes Pflanzenmaterial, Moos und andere Rückstände entfernt werden. Reinigen Sie auch das Anschlussrohr, und stellen Sie sicher, dass es festsitzt (sind hierüber vielleicht die Moskitos in die Tonne gelangt?). Befindet sich eine große Menge an Pflanzenmaterial auf dem Boden der Regentonne, kann die Anschaffung eines Regentonnenfilters mit Überlauf, der das Pflanzenmaterial herausfiltert, bevor es in die Regentonne gerät, eine sinnvolle Investition sein.

Kapitel 5

Der Garten und darüber hinaus

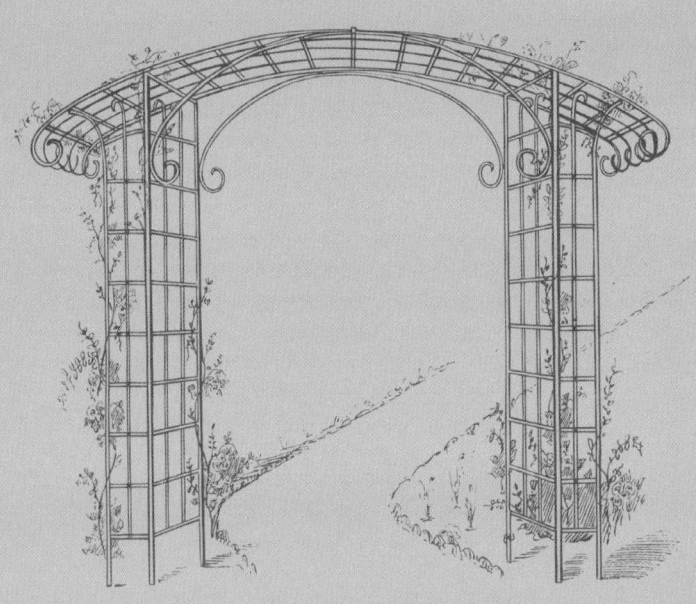

Wie kann ich einen winzigen Garten gestalten?

EIN SEHR KLEINER GARTEN kann dem Gärtner auf den ersten Blick weniger bieten: Es gibt nicht viel Raum für eine große Anzahl verschiedener Pflanzen, und wenn der Garten von allen Seiten umschlossen ist, kann man sich eingeengt fühlen. Wenn Sie diesen Gedanken von der anderen Seite aus betrachten und den Garten als ein kleines Schmuckkästchen sehen, werden Sie sein Potential erkennen.

Sehen Sie die Vorteile eines winzigen Gartens: Seine Pflege wird nicht viel Zeit in Anspruch nehmen, sodass er dauerhaft ansprechend aussieht. Nutzen Sie vertikale Möglichkeiten, indem Sie Blumensäulen verwenden und Kletterpflanzen an Mauern hochranken lassen. Sie können auch Mauern bemalen.

Der Garten ist viel aufregender, wenn Sie nicht alles direkt sehen. Ergänzen Sie ihn durch eine oder zwei Ebenen mit einigen Stufen oder durch einen mit Kletterpflanzen überwölbten Gang, auch wenn dieser nur zu einer winzigen weiteren Fläche führt.

Befindet sich eine Mauer „ganz hinten" im Garten, macht ein blauer Anstrich ihn optisch länger. Ein großer gerahmter Spiegel verdoppelt die Tiefe des Gartens. Bringen Sie jedoch einige feste Aufkleber auf der Oberfläche an, damit Vögel nicht versuchen, hindurchzufliegen. Sind Sie kreativ und mögen Herausforderungen, sieht eine kleine auf die Gartenmauer gemalte optische Täuschung – weitere Gartenpflanzen oder eine exotische Landschaft – toll aus, wenn echte Pflanzen darüber und hindurchzuwachsen scheinen. Sie müssen den verfügbaren Raum vollständig nutzen, auch in senkrechter Ausrichtung: Für einen saftgrünen, üppigen Eindruck bringen Sie Kletterpflanzen dazu, dicht über die umgebenden Mauern und Zäune zu wachsen. Eine Pergola bietet zusätzlich Struktur in einem kleinen Garten.

Wie man die Fläche ausfüllt

Ziehen Sie Ziegel- oder Pflastersteine für Beete und Rabatten in Betracht. In Gruppen angeordnete Topfpflanzen machen sich gut in kleinen Gärten und können nach und nach gemäß „ihrer" Jahreszeit geplant werden. Mit einer Pflanzsäule können Sie Töpfe auf mehreren Ebenen platzieren, ohne viel Bodenfläche nutzen zu müssen. Auch mittels Topfhängern kann man Platz an Mauern effektiv nutzen.

Wie kann ich einen abschüssigen Garten gestalten?

Verblüffende Gärten können mittels Terrassen gestaltet werden, aber je nach Neigungsgrad und Größe des Gartens kann die Konstruktion der Terrasse harte Arbeit sein – und teuer, wenn Sie Hilfe von außen benötigen.

Wie wäre es mit einem Abhang aus Wildblumen? Überlegen Sie, wie viel Arbeit und Geld Sie für Ihren steilen „Garten" aufbringen wollen. Wollen Sie einen Ingenieur und einen Bagger einspannen, oder geben Sie sich mit dem zufrieden, was Sie haben, bepflanzen es auf bestmögliche Weise und mähen einige schmale Wege frei, um sich besser darin bewegen zu können (steile Abhänge hochzukraxeln ist ermüdend)?

Das Mähen begrünter Steilflächen ist schwierig bis unmöglich, daher ist es besser (und auch ansprechender), sie als Blumenwiese mit langem Gras zu belassen. Ist die Wiese sehr steil, sind Fertigrasen mit Wildblumen oder Fertig-Bodenvlies einfacher zu handhaben als eine Begrünung durch Ansaat.

Ein Wildblumenabhang muss ein- oder zweimal im Jahr gemäht werden, eine Aufgabe, die sicher – wenn auch langsam – mit einem Rasentrimmer erledigt werden kann.

> Sehr steile Abhänge müssen terrassenförmig angelegt werden, um sie wie herkömmliche Gärten pflegen zu können. Sind flache Ebenen vorhanden, können Sie darauf gärtnern, aber in extremen Fällen benötigen Sie die Hilfe eines Bauingenieurs, um Mauern in Höhe von ungefähr einem Meter hochzuziehen, die den Erdboden zurückhalten. Ist dies zu ehrgeizig, machen Sie aus dem Abhang lieber eine Wildblumenwiese mit freigemähten Wegen.

Wie kann ich einen riesigen Garten gestalten?

Er kann abschreckend wirken, aber andere Gärtner werden Sie beneiden – die meisten müssen eine Wahl treffen zwischen Gemüsebeet, Blumengarten, Sitzecke, Rasen und so weiter. Wenn Sie Zeit haben, das alles zu pflegen, können Sie viele, wenn nicht sogar alle, dieser Gestaltungsformen haben.

> Bei der Planung beginnen Sie mit der an das Haus angrenzenden Fläche und arbeiten Sie sich immer weiter nach außen. Versuchen Sie, in verschiedenen „Räumen" für verschiedene Funktionen zu denken.

Wenn Sie nicht gerade in der ungewöhnlichen Situation sind, einen riesigen Garten von Grund auf zu gestalten (wobei Sie wahrscheinlich professionelle Hilfe benötigen), empfiehlt es sich, den Garten in einem vollständigen Zyklus der Jahreszeiten zu sehen, bevor Sie entscheiden, was Sie ändern und was Sie beibehalten wollen. Fotografieren Sie als Erinnerungsstütze alle Aspekte des Gartens in jeder Jahreszeit, am besten von einem höher gelegenen Stockwerk aus, damit Sie noch wissen, was zu verschiedenen Zeiten im Jahr gut ausgesehen hat.

Ist das Jahr um, wenden Sie den Ansatz eines Gartenplaners an, den Garten als verschiedene „Räume" zu sehen. Wenn große Flächen sehr offen sind, erwägen Sie Hecken als Trennschutz, um in sich abgeschlossene Bereiche zu schaffen, die alle verschiedene Funktionen haben – Gemüsegarten, Kinderspielecke, Sitzecke und so weiter.

Gras eignet sich für riesige Gärten am besten. Auch wenn Rasenmähen zeitaufwendig ist, brauchen Sie Ihren Garten nicht mit einem Fassonschnitt zu versehen. Sie können ihn etwas wilder aussehen lassen und zweimal im Jahr einen Schlegelmäher mieten. Dieser schneidet längeres Gras und hinterlässt einen rustikaleren, ländlichen Eindruck.

OPTION OBSTGÄRTEN

Früher Hauptbestandteil in den Gärten von auch kleineren Häusern, ist der private Obstgarten inzwischen selten. Aber ein Obstgarten ist eines der besten Mittel, der Umwelt zu helfen, vor allem, wenn Sie nicht nur Äpfel und Birnen, sondern auch die selteneren Sorten in den Blick nehmen, etwa Mispeln, Quitten, Haselnüsse und Maulbeeren. Schneeglöckchen- und Narzissenhorste machen sich hervorragend inmitten grob geschnittenem Gras unter Bäumen, und Obstgärten sind ideal für freilaufende Hühner.

Ist künstliches Gras verzeihlich?

ERSATZGRAS aus stabilem Plastik wird traditionell als absolutes No-Go für jeden „echten" Garten angesehen. Wenn ihr kleiner Garten einen rasenähnlichen Effekt haben soll, aber keine Zeit für die Pflege ist, kann dies eine Option sein, die immer beliebter wird.

Modernes künstliches Gras sieht überzeugender aus als früher und findet sich in vielen kleinen Stadtgärten und in Gärten, in denen Kinder spielen. Der Nachteil ist, dass Kunstgras nicht sehr umweltfreundlich ist.

Es hängt davon ab, was Sie unter verzeihlich verstehen. Künstliches Gras muss sorgfältig ausgebracht werden – eine kompetente Verlegung wirkt sich erheblich auf den Gesamteindruck und die Langlebigkeit aus. Obwohl Kunstrasen weder gegossen noch gedüngt werden muss, sollte er regelmäßig gereinigt werden; außerdem können sich Moos und Unkraut ansiedeln.

Seine Herstellung geht zu Lasten der Umwelt: Er besteht aus einem Polymer-Kunststoff. Und da sogar die qualitativ hochwertigen Varianten nach einigen Jahren hoher Beanspruchung schmud-

▶ Kunstrasen wird wie ein Teppich hergestellt: Plastikstränge werden in eine Trägerschicht geknüpft. Dazu kommt eine Unterlage, die die „Halme" aufrecht hält.

delig aussehen und ersetzt werden müssen, kommt ein weiterer Nachteil hinzu: Kunstrasen bildet Polyethylen- und Polymerrückstände, die nicht biologisch abbaubar und nicht wiederverwertbar sind. Er ist jedoch relativ einfach zu entfernen, und der Erdboden darunter wird sich schneller erholen als zubetonierte Erde.

DIE ALTERNATIVE MIT PFLASTERSTEINEN

Pflastersteine bilden keinen Rasen, sind aber eine pflegeleichte Alternative, die freundlicher zur Tier- und Pflanzenwelt ist. Die Befüllung fliesengroßer Lücken auf der bepflasterten Fläche mit hochwertiger Erde und ihre Bepflanzung ergibt anspruchslose Mini-Beete, die weniger verheerend für die Umwelt sind und sehr gut aussehen können. Überschüssiger Regen sickert zudem problemlos in die Lücken, was ein entscheidendes Plus ist, da die ebenfalls wachsende Beliebtheit von Betongärten den Abfluss von Regenwasser in vielen städtischen und ländlichen Gebieten erschwert.

Wieso wird mein Teich von Fröschen gemieden?

Beim Anlegen Ihres Naturteiches sind Sie davon ausgegangen, dass sich dort ganz von selbst allerlei Getier einstellt. Aber ein oder zwei Jahre später haben Sie noch keinen einzigen Frosch gesehen, ganz zu schweigen von einem Molch. Wie können Sie ihren Teich für Tiere attraktiver machen?

> Der Teich ist wahrscheinlich ein Paradies für viele Tiere, aber womöglich in einem kleineren Maßstab als Sie gehofft haben. Um Amphibien anzulocken, richten Sie seichte Stellen am Teichrand ein, platzieren Sie einige Steine in der Mitte des Teiches und sorgen Sie für eine Teichtiefe zwischen 60 und 100 Zentimeter.

Wollen Sie Frösche anlocken, stellen Sie sicher, dass Ihr Teich über grundlegende Gegebenheiten verfügt.

Wichtige Punkte

Amphibien mögen seichte Stellen am Ufer, um leicht ins Wasser und wieder hinaus zu gelangen. Hat Ihr Teich steile Ufer, errichten Sie eine Rampe aus Holz, um es ihnen einfacher zu machen. Bauen Sie einen aus Pflanzen bestehenden Unterschlupf, der sich an das Ufer des Teiches anschließt. Frösche verbringen viel Zeit außerhalb des Wassers mit Fressen, sodass sie sich auch dort sicher fühlen müssen.

Legen Sie einige Steine (oder aufeinandergehäufte Pflanzenteile) als Ruheplatz in die Mitte des Teiches, von denen die Frösche aber wieder leicht ins Wasser zurückspringen können, wenn Gefahr droht. Nehmen Sie lieber keine flachen, gleichmäßigen Steine – sie heizen sich in der Sonne stark auf, sodass sie zu heiß für Amphibien werden.

▼ Der ideale Lebensraum für Frösche sind unter anderem viele Unterschlupfmöglichkeiten um das Teichufer herum und ein einfacher Zugang zum Teich.

Kontrollieren Sie, ob Ihr Teich die optimale Tiefe für Flora und Fauna hat: Idealerweise sollte sie zwischen 60 und 100 Zentimeter betragen. Räumen Sie nicht zu sehr auf: Belassen Sie den Garten etwas chaotisch. In Bezug auf einen Unterschlupf für kleine Tiere sollte der Teich keine Oase inmitten einer Wüste sein. Weitere Verstecke wie etwa ein Stapel Holzscheite oder herumliegendes Laub sind ebenfalls ratsam sein.

Zu beachtende Dinge

Lassen Sie Frösche aus freien Stücken Einzug halten: Bringen Sie nicht Froschlaich oder erwachsene Tiere von woanders in Ihren Teich. Dies wird von Biologen kritisch beäugt, da so Krankheiten eingeschleppt werden können. Fische lieben Froschlaich und auch Kaulquappen. Wenn Sie also auf Frösche hoffen, verzichten Sie auf Fische in Ihrem Teich.

TEICHREINIGUNG

Gerstenstroh hält einen Teich frei von Algen, muss aber frei schwimmen können und alle paar Monate ersetzt werden: Spezielle Behälter, mittels derer das Stroh treiben kann, sind in Baumschulen und Gartencentern erhältlich. Legen Sie es im Frühjahr auf die Wasseroberfläche und entfernen Sie es ungefähr sechs Monate später. Die Zugabe einiger Lavendelstängel steigert die Effektivität noch. Der Teich muss von Zeit zu Zeit gereinigt werden, da er sich sonst mit Unkraut und Schlamm zusetzt. Planen Sie Ihre Reinemachaktion im frühen Herbst, da Frösche manchmal gerne im Schlamm am Grund des Teiches überwintern und normalerweise im Spätherbst aufkreuzen.
Ein Aufschub Ihres jährlichen Kehraus könnte also die Fauna, die Sie eigentlich anlocken wollten, stören.

▶ Gerstenstroh in einer Strumpfhose ist eine einfache, natürliche Methode, um den Teich frei von Algen zu halten; die Wirkung kann aber bis zu sechs Wochen auf sich warten lassen.

Ist die Begrünung einer Außenwand problemlos möglich?

GRÜNE MAUERN – Mauern, die dicht und gleichmäßig von der Basis bis hoch zur Krone mit Pflanzen bedeckt sind und noch dazu saftgrün und apart aussehen, findet man immer öfter in Gartenzeitschriften. Aber wie einfach ist es, eine grüne Mauer zu errichten und sie zudem über längere Zeit ansprechend aussehen zu lassen?

Wenn Sie eine grüne Mauer mit vielen verschiedenen Pflanzen haben wollen, sehen Sie sich zunächst verschiedene Bausätze an, die im Grunde Rahmen mit Taschenbehältern sind. Diese sind mit Erde oder einem anderen Pflanzmedium gefüllt und werden bepflanzt, bevor der Rahmen an die Mauer platziert wird. Er muss fest fixiert und die Behälter regelmäßig gepflegt werden. Insbesondere sind „Todesfälle" zu ersetzen, da die Wand sonst Löcher auf der Oberfläche entwickelt, und der Charme einer grünen Mauer liegt vor allem in ihrem dichten Laubwerk. Großflächige Systeme sind auch erhältlich, benötigen aber eine professionelle Installation, da sie gewöhnlich die Lieferung vorbepflanzter Platten und manchmal auch fachkundige Pflege einschließen.

> Eine „grüne Mauer" ist eine Wand mit taschenähnlichen Einbuchtungen, sodass auf ihrer Oberfläche viele verschiedene Pflanzen an verschiedenen Stellen Halt finden. Die Errichtung einer solchen Mauer ist etwas komplizierter als einfach Kletterpflanzen an einer Mauer hochranken zu lassen, sollte aber für begeisterte Heimgärtner im Bereich des Machbaren liegen.

▼ Mit der Zeit verflechten sich die Pflanzen an einer grünen Mauer, sodass der Eindruck einer einheitlichen Fläche entsteht.

Vor- und Nachteile

Eine begrünte Mauer bietet wertvollen zusätzlichen Lebensraum für Insekten und dämmt auch die Fläche, die sie bedeckt, sodass diese im Sommer kühl und im Winter warm ist. Ist am Fuße der

Wand keine Erde vorhanden, um Kletterpflanzen oder Sträucher anzupflanzen, kommen auch Behälter infrage.

Der einzige „Nachteil" einer grünen Mauer besteht in dem arbeitsintensiven Aufbau. Wird dieser jedoch sorgsam ausgeführt, dürfte nur ein normales Maß an Pflege anfallen.

Egal ob Sie sich für ein selbst gebautes oder ein professionell installiertes System entscheiden, ist es ratsam, darüber nachzudenken, wie Sie die Pflanzen gießen wollen. Ein Bewässerungssystem mit Tropfvorrichtung, das automatisch die Mauer mit Wasser versorgt, funktioniert sehr gut. Alternativ kann man unter Zuhilfenahme eines Schlauches und einer Leiter die Pflanzen gießen, aber passen Sie auf, dass Sie diese nicht beschädigen.

WELCHE PFLANZEN EIGNEN SICH FÜR EINE GRÜNE MAUER?

Allgemeinhin machen sich Pflanzen am besten, die von Natur aus kurz und dicht wachsen. Drei empfehlenswerte Beispiele sind:

Kriechender Günsel *(Ajuga reptans)*. Seine dunkelgrünen Blätter bilden eine dichte Fläche und seine 15 Zentimeter langen Halme haben blaue Blüten, wie kleine Löwenmäulchen, die im späten Frühjahr blühen.

Purpurglöckchen *(Heuchera)*. Ihre Blätter gibt es in vielen Farben, von dunklem Bronze über nahezu schwarz bis hin zu Pastelltönen. „Key Lime Pie" ist eine besondere attraktive Sorte: leuchtend grün mit blasser Marmorierung auf den Blättern.

Japan-Goldsegge „Evergold" *(Carex oshimensis "Evergold")*. Dies ist eine robuste, mehrjährige, Trauben bildende Pflanze mit hübschen, gelb gestreiften Blättern.

Auch viele Kräuter, darunter Oregano, Majoran und verschiedene Thymian-Sorten, gedeihen als duftender Teil einer grünen Mauer.

▶ Die Blätter des Kriechenden Günsel *(Ajuga reptans)* breiten sich quer über die Mauer aus. Seine blauen Blütenähren heben sich deutlich von den grünen Blättern ab.

Wie kann ich dem Bambus von nebenan den Garaus machen?

Goldrohrbambus
(*Phyllostachys aurea*)

ZUERST IST DA ein einziger, schmaler Trieb am Rande des Rasens. Sie wissen nicht, was es ist, aber innerhalb einer Woche kommen noch mehr Triebe hinzu. Der Bambus Ihres Nachbarn ist in Ihrem Garten angekommen. Was können Sie gegen den unerwünschten Eindringling von nebenan unternehmen?

Einige Bambusarten sind erstaunlich robust – ihre Triebe kommen sogar durch Asphalt und Beton. Als ersten Schritt können Sie sie bis zur Quelle zurückverfolgen (inklusive Graben) und die unter dem Zaun hindurchkommenden Rhizome mit der scharfen Kante des Spatenblatts durchtrennen. Haben Sie Pech und der Bambus ist einer der invasivsten Sorten, kann dies zu einer wöchentlichen Aufgabe werden. Eine längerfristige, jedoch arbeitsintensive Lösung ist das Absenken einer vertikalen Schranke, einer „Rhizomsperre" – gewöhnlich aus Metall, es ist auch aber auch eine Variante erhältlich, die schwerem Vinylbelag ähnelt – die mindestens 60 Zentimeter tief in die Erde unterhalb des Zauns zu platzieren ist. Dies ist ein probates Mittel, denn die Rhizome reichen nicht tief in den Boden, obgleich sie sich horizontal sehr weit ausbreiten können.

Wenn Sie sich nicht die Mühe machen wollen, eine Barriere in den Boden zu setzen, müssen Sie entweder die Triebe in Ihrem Garten herausziehen oder chemische Mittel anwenden.

Gehört die Pflanze den wirklich invasiven Arten an, erledigen die Chemikalien die Triebe, nicht aber die Pflanze selbst. Wenn Sie sich für diesen ultimativen Weg entscheiden, informieren Sie sich gründlich über die Anwendungsweise solcher Mittel, und teilen Sie Ihrem Nachbarn mit, was Sie vorhaben.

> Bambus ist nicht leicht aufzuhalten: Wie lästig er sein wird, hängt davon ab, ob die Ursprungspflanze zur Hainbildung neigt oder Ausläufer entwickelt. Obwohl beide Arten sich ausbreiten, ist letztere viel invasiver und schwieriger loszuwerden.

EIN EIGENER BAMBUS

Was können Sie tun, wenn Sie nicht einen entflohenen Bambus Ihres Nachbarn in Schach halten müssen, sondern selbst ein Exemplar in Ihrem Garten anpflanzen wollen? Nehmen Sie auf jeden Fall einen Bambus der weniger invasiven Sorten. Sie können ihn in einem in den Boden eingelassen Behälter ziehen oder diesen auf dem Boden platzieren, wobei Bambus besser im Boden gedeiht. Das für letztere Variante benötigte Material ist im Handel erhältlich; obwohl dies viel Graben bedeutet, lohnt es sich. Lassen Sie sich in der Baumschule oder in dem Gartencenter, wo Sie den Bambus erwerben, beraten.

Es gibt eine Vielzahl an Hain bildenden, weniger invasiven Bambusarten. Empfehlenswerte Sorten sind Bambusa, Chusquea, Dendrocalamus, Drepanostachyum, Fargesia, Himalayacalamus, Schizostachyum, Shibataea und Thamnocalamus.

Wenn Sie die Auswahl noch weiter einengen wollen, sind die weit verbreiteten Fargesia und Shibataea die für Anfänger einfachsten Arten.

Die folgenden vier Beispiele sind einen Versuch wert:

Schirmbambus (*Fargesia murielae*). Diese Art wird bis zu 4 Meter hoch und bis zu 1,5 Meter breit. Sie hat gelbgrüne Rohre, strahlend grüne Blätter und den für diese Art typischen, elegant überhängenden Wuchs.

Fontänen-Schirmbambus (*Fargesia nitida*). Seine Höhe beträgt bis zu 4 Meter und seine Ausdehnung bis zu 1,5 Meter. Er hat gebogene violette Stängel und dichtes Laub.

Fargesia Spez. „Jiu" (*Jade-Bambus*). Der Kultivar „Jiu" erreicht dieselben Maße wie die beiden vorgenannten Sorten. Seine Rohrfärbung wechselt im zweiten oder dritten Jahr von Grün zu Rötlich-Gelbbraun und seine Blätter sind leuchtend grün.

Mäusedorn-Bambus (*Shibataea kumasaca*). Seine Höhe beträgt bis zu 1,5 Meter und seine Breite bis zu 1 Meter. Er ist ein zarter, langsam wachsender Zwerg-Bambus mit langen, dunkelgrünen Blättern und schlanken, blassgrünen Rohren, die mit zunehmender Reife zu Braun verdunkeln.

Kann ich Zierpflanzen für Struktur im Garten nehmen?

Wenn Sie bisher zu der Auffassung tendiert haben, dass Wege, Mauern und eine durchgeplante Gartengestaltung einem Garten seine Form geben, haben Sie vielleicht noch nicht berücksichtigt, dass Pflanzen, die Daseinsberechtigung eines jeden Gartens, die wichtigsten strukturbildenden Elemente überhaupt sind.

Für eine Struktur im Garten sind Pflanzen ebenso wichtig wie jedes andere Element; die meisten von ihnen brauchen aber Zeit, bis sie ihre volle Wirkung entfalten. Daher kombinieren schlaue Gärtner schnell wachsende mit langsam wachsenden Pflanzen (um langfristig Struktur zu schaffen).

Getrimmte immergrüne Pflanzen werden wohl am häufigsten als Akzentuierung im Garten verwendet, beispielsweise kugelförmige Eiben als dauerhafte Umrandung von Beeten oder Rabatten, welche oftmals mit einjährigen Pflanzen und Stauden besetzt werden. Schmale, große Koniferen werden auch oft als ähnliche Stilelemente genutzt. Sehen Sie Pflanzen eher im Hinblick auf ihre Struktur und Form als auf ihre Farbe und Blätter, und Sie werden viele Möglichkeiten für verschiedene Standorte entdecken.

▼ Getrimmte Kegel oder Kugeln aus immergrünen Pflanzen sehen sowohl in kleinen als auch in großen Gärten eindrucksvoll aus.

VIER STRUKTURGEBENDE PFLANZEN

Hier stellen wir vier ansprechende Beispiele aus buchstäblich Hunderten von besonders „strukturellen" Möglichkeiten vor:

Westlicher Erdbeerbaum *(Arbutus unedo).* Diese Sorte erreicht in 15 Jahren eine Höhe von 8 Metern. Ein großer Strauch mit einer klaren Ausformung und dunkelgrünem Laub, der die weißen Blüten und die orangeroten erdbeerähnlichen Früchte zur selben Zeit im Spätsommer trägt.

Früchte des Westlichen Erdbeerbaums *(Arbutus unedo)*

Keulenlilie *(Cordyline australis).* Dieser Baum kann in 20 Jahren bis zu 8 Meter hoch werden. Er ist eine immergrüne mehrjährige Pflanze, die wie eine Palme aussieht, einen einzigen Stamm hat und Rosetten mit schwertförmigen Blättern herausbildet.

Japanischer Ahorn „Katsura" *(Acer palmatum „Katsura").* Diese elegante und sehr langsam wachsende Ahornart wird in 20 Jahren bis zu 4,5 Meter hoch. Ihre Blätter sind gelbgrün und rot gerändert, und ihre Ausformung kann klar und exakt gestaltet werden.

Japanische Aralie *(Aralia elata).* Ihre Höhe kann bis zu 6 Meter betragen. Kleiner, sommergrüner Baum mit riesigen Blättern und weißen Blüten, die von violetten Beeren abgelöst werden. Sein Stamm ist so schmal, dass das Laub wasserfallartig herabhängt.

Keulenlilie *(Cordyline australis)*

Können Pflanzen zwischen Pflastersteinen wachsen?

WIE KANN MAN EINEN ETWAS KARG AUSSEHENDEN, gepflasterten Hof oder eine Einfahrt begrünen? Können Pflanzen in den winzigen Spalten zwischen Steinplatten gedeihen?

Wenn Sie Pflanzen zwischen Pflastersteine setzen wollen, kontrollieren Sie zunächst die Erde unter den Steinen. Sehr wahrscheinlich befindet sich zunächst etwas Sand auf der Erde darunter; kratzen Sie ihn mit einer Grabegabel weg, bis die Erde zum Vorschein kommt. Ist diese krümelig und zerbröselt zwischen Ihren Fingern, sollten die Pflanzen es relativ leicht haben. Klebrige und glitschige Erde deutet auf einen schweren Lehmboden hin, der nicht so gut funktionieren wird.

> Wenn Sie die richtigen Pflanzen auswählen, werden sie sich fröhlich auf dem gepflasterten Areal ansiedeln. So verleiht die sich einstellende Flora und Fauna dem Ganzen ein reizvolleres Aussehen.

Pflaster bepflanzen

Fegen Sie eine Mischung aus Kompost und Sand in die Spalten zwischen den Gehwegplatten, um den neuen Pflanzen eine Starthilfe zu geben. Entscheiden Sie sich für einige Pflanzensorten – in dem gegenüberliegenden Kasten sind einige aufgeführt – und kaufen Sie sie als Jungpflanzen oder, noch kleiner, als Triebe. Teilen Sie sie vorsichtig, und achten Sie darauf, dass jeder Teil sowohl Wurzeln als auch Blätter hat, und drücken Sie sie in die Ritzen zwischen den Gehwegplatten. Gießen Sie sie und überlassen Sie sie sich selbst. Nach einer oder zwei Wochen gehen die Stecklinge an und machen sich breit. Obwohl den meisten der hier vorgeschlagenen Sorten Tritte nichts ausmachen, sollte nicht ständig auf ihnen herumgetrampelt werden, besonders wenn sie sich gerade etablieren.

▼ Der Sand-Thymian *(Thymus serpyllum)* wächst schnell und ist so robust, dass ihm ein ständiges Betreten nichts ausmacht.

DIE AUSWAHL DER PFLANZEN

Winzige Spalten besiedelnde Pflanzen sind oft Bodendecker: Sie durchqueren den Kompost und schlagen währenddessen überall Wurzeln. Der Sand-Thymian 'Snowdrift' (auf englisch: Schneewehe" wegen der hübschen weißen Blüten), die Korsische Minze *(Mentha requienii)* und die Scheinkamille „Treneague" sind alle als Jungpflanzen oder Schösslinge erhältlich. Auch Berufkrautsorten, am weitesten verbreitet das Mexikanische Berufkraut *(Erigeron karvinskianus)* mit seinen fröhlichen weißen und pinkfarbenen Blüten und beliebt bei Bienen und Schmetterlingen, siedeln sich gerne in winzigen Spalten an. Stachelnüsschen sind auch eine Möglichkeit: Das Braunblättrige Stachelnüsschen „Copper Carpet" hat rostbraune Blätter, die einen schönen Kontrast zu den Berufkräutern bilden. Die Rotspatel-Fetthenne *(Sedum spathulifolium „Purpureum")* wächst in der prallen Sonne.

Von den obengenannten Pflanzen toleriert nur die Korsische Minze Schatten. Liegt Ihre bepflasterte Fläche im Schatten, sind andere Optionen das Weidenröschen *(Epilobium crassum)*, das Sie womöglich aus Samen ziehen müssen, denn diese sind einfacher zu erwerben als Jungpflanzen, sowie das Lippenmäulchen *(Mazu riptans)*, das gleichmäßig niedrigwüchsig ist und hübsche mittelbaue Blüten hat.

▼ Der zwischen Pflastersteinen gepflanzte Sand-Thymian hält ein gewisses Maß an Tritten aus.

Wo sollte ich eine Statue platzieren?

Auch in einem kleinen Garten können Sie den Schauwert mit einer Statue oder Skulptur oder einem großen Topf erheblich erhöhen, denn ein zentraler Punkt funktioniert immer gut. Gibt es Regeln für die Platzierung dieses Elements?

Die Platzierung einer kleineren Skulptur probehalber an verschiedenen Standorten ist eine Option, vor allem an unerwarteten Stellen. Eine größere Statue macht sich gut als Blickpunkt, aber setzen Sie sie nicht direkt zentral in den Garten, da dieser sonst überladen wirken kann.

Wenn Sie immer noch eine Statue haben wollen, sollte sie zu dem allgemeinen Stil des Gartens passen. Obschon Sie nicht direkt eine Buddhastatue in einen Bambushain stellen müssen, würde sie auf einem Sockel auf einer klassischen Terrasse etwas deplatziert wirken. Wenn Sie sich unsicher sind, können Sie einige Statuen verschiedener Stile ausdrucken, ausschneiden und sie auf Fotos von Ihrem Garten legen. So bekommen Sie einen direkten Eindruck, was gut aussieht und was nicht. Denken Sie auch daran, wie eine Statue oder eine ähnliche Dekoration in den verschiedenen Jahreszeiten wirkt: Muss sie durch Laub abgemildert werden? Macht sie sich am besten in relativ schlichter Umgebung? Einige ansprechende Stücke kommen im Winter zur Geltung, wenn sonst nicht so viel los ist im Garten.

Größere Statuen

Eine größere Statue oder ähnliches bilden schon von Weitem einen interessanten Blickfänger. Platzieren Sie sie am besten nicht exakt in die Mitte des Gartens, sondern eher etwas abseits, um es nicht zu übertreiben. Prüfen Sie den Standort von verschiedenen Winkeln aus, bevor Sie ihn festlegen: Man sollte um einen zentralen Punkt herumlaufen und nicht nur von einer einzigen entfernten Stelle aus sehen können.

Vergessen Sie nicht, dass auch Gartenmöbel einen starken Blickpunkt bilden können: Ein skulpturales Sitzobjekt etwa kann aus der Ferne gut aussehen und erfüllt zudem eine Funktion.

Kleinere Statuen

Ein kleineres Objekt funktioniert oftmals am besten, wenn es als Überraschungselement platziert wird, vielleicht auf einem kleinen Sockel oder sogar inmitten eines dicht bepflanzten Beetes oder einer Rabatte. Es macht Spaß, Elemente dort zu platzieren, wo andere sie nicht erwarten, um die Atmosphäre im Garten auf subtilere Weise als durch einen zentralen Punkt zu verstärken.

Kann mein Garten zu viel Farbe haben?

GEGEN EINEN GARTEN IN LEBHAFTEN Farben ist nichts einzuwenden, aber manchmal kann die Konzentration auf Pflanzen in den Regenbogenfarben etwas „durcheinandergewürfelt" aussehen, besonders wenn Ihr Motto „Ich kaufe jede Pflanze, die mir gefällt" ist.

Die meisten Gärtner finden, dass der Grund für einen unzufriedenstellenden Garten nicht zu viel Farbe, sondern der fehlende Fokus ist: Die Farben lenken das Auge eher in verschiedene Richtungen als dass sie ein einheitliches Gesamtbild ergeben. In diesem Fall kann die Beschränkung auf einige bestimmte Pflanzen und Farben (und auch auf die Form) einen geschlosseneren Eindruck vermitteln.

Welche Farben?

Bei der Planung für die nächste Jahreszeit fixieren Sie sich auf eine große Farbpalette, etwa kühl – Blau, Silber, Violett, Weiß, oder heiß – Rot, Orange, Gelb – und pflanzen Sie entsprechend, um diese Farben widerzuspiegeln.

Halten Sie sich an die alte Gärtnerregel: Die entsprechende Anzahl an Samen für Dreier- oder Fünfgruppierungen oder, bei genügend Platz, sogar mehr an einer Stelle aussäen, nicht nur einzelne Exemplare. So haben Sie, wenn der Garten zu blühen beginnt, größere farbige Flächen und nicht nur vereinzelte Farbpunkte aufgrund eines einsamen Gartenmohns oder einer Sonnenbraut.

Da alles eine Frage des Geschmacks ist, gibt es nicht nur eine Antwort auf diese Frage – außer „es kommt darauf an". Viele langjährige Gärtner haben sich stetig von den aufregenden Möglichkeiten eines Maximums an Farben (sowie Form und Duft) weg zu etwas subtileren Optionen hinbewegt, wobei sie mit zunehmender Erfahrung kleinen Details, die die Natur bietet, immer mehr Beachtung schenken. Aber diese Reise kann auch in die umgekehrte Richtung gemacht werden.

▶ Stark saisonale Blumen, beispielsweise Dahlien (siehe Abbildung) oder Tulpen, bieten Ihnen für eine relativ begrenzte Zeit ein lebhaftes Farbenspiel.

Kommt eine Holzbeplankung im Garten infrage?

Beplankung war in den 1990er Jahren so überstrapaziert, dass sie zum Opfer ihres eigenen Erfolgs wurde und den Status eines Gartenklichés erlangte. Das ist schade, denn an einem geeigneten Ort kann sie in praktischer und visueller Hinsicht punkten. Kann ihr Reiz im Garten wieder aufleben?

Bodenplanken eignen sich auf einer offenen, sonnigen und erhöhten Fläche am besten. Schattige, feuchte Stellen mit wenig Platz funktionieren nicht so gut. Auch das dazugehörige Haus und die Landschaft, in die sich die beplankte Fläche einfügen sollte, tragen zu dem Gesamteindruck bei. An Wasser angrenzend macht sie sich auch gut, da sie so den Eindruck eines Stegs oder einer Promenade vermittelt.

Und eine Veranda mit Holzbohlen ist auch viel gemütlicher, wenn sie sich an ein windschnittiges, modernes, in Weiß gehaltenes oder holzverkleidetes Haus anschließt, jedoch weniger, wenn sie

▼ Holzplanken sind mindestens einmal im Jahr abzuspritzen, damit sie nicht schlüpfrig werden, am besten mit einem Hochdruckreiniger.

Unter den richtigen Bedingungen kommt eine Holzbeplankung durchaus infrage, genauso wie sie unter Umständen schmuddelig und unattraktiv wirken kann.

neben einer klassischen viktorianischen oder Regency-Villa liegt. Prüfen Sie also auch Ihre vorhandenen Gegebenheiten, bevor Sie sich für eine Beplankung entscheiden.

Holzbohlen verlegen

Sie können natürlich die Assoziation mit der Promenade wörtlich nehmen und einen unregelmäßigen Weg mit Bohlen im Garten gestalten. Er ist auch eine ansprechende und geeignete Option, wenn er von Pflanzen überwuchert wird oder Sie einen erhöhten Gehweg um einen Garten herum haben wollen.

DREI HAUPTARTEN DER BODENBEPLANKUNG

Hartholz
Bohlen aus Hartholz sind die teuerste Variante und müssen aus widerstandsfähigen Holzsorten bestehen. Mit zunehmendem Alter nehmen sie eine silberfarbene, sich in die Umgebung nahtlos einfügende Tönung an. Sie sind langlebiger (ungefähr 30 Jahre) als andere Materialien und müssen mit rostfreien Schrauben befestigt werden, um die Verformung der Planken während des Alterns zu begrenzen. Bei unzureichender Reinigung wird Hartholz schnell schlüpfrig und setzt Algen an. Der mindestens jährliche Einsatz eines Hochdruckreinigers schafft hier Abhilfe.

Weichholz
Beplankung mit Weichholz ist günstiger als mit Hartholz (und auch die Verlegung ist billiger und einfacher), es hat jedoch eine kürzere Lebensdauer. Bei sorgsamer Pflege und Behandlung mit einem Holzschutzmittel kann es ungefähr 15 Jahre überdauern. Genau wie Hartholz wird es schleimig und schlüpfrig, wenn es nicht regelmäßig gereinigt wird.

Verbundplatten
Verbundplatten (Abbildung rechts) bestehen aus einer Kombination von Holz und Plastik. Das entweder neue oder recycelte Plastik ist mit Holzmehl vermischt. Das Endergebnis sieht überzeugend nach Holz aus, und diese Variante ist die kostengünstigste in Bezug auf Kauf und Verlegung. Es wird nicht schlüpfrig wie die beiden anderen Holzausführungen und benötigt daher weniger Pflege. Ein Nachteil ist, dass die meisten Recyclinganlagen die aufgeschmolzenen Bestandteile nicht voneinander trennen können, sodass Bodenplanken aus Verbundplatten nicht recycelbar sind.

▼ Bohlen aus Hartholz sind teuer, jedoch eine lohnende Investition: Sie sind langlebig und nehmen mit zunehmendem Alter einen attraktiven Grauton an.

Wieso sieht mein Garten langweilig aus?

Langweilige Gärten gehören zwei Kategorien an: die Gärten, die ohne viel Fantasie geplant worden sind und solche, die zu Beginn gut ausgesehen, dann aber mit der Zeit ihren Fokus verloren haben.

Um herauszufinden, was nicht stimmt, fragen Sie sich: Fehlen ein oder mehrere zentrale Punkte? Ist alles sehr symmetrisch und einheitlich, sodass das Auge darüber schweift, ohne an etwas Interessantem hängen zu bleiben? Es dauert vielleicht etwas, bis Sie entdecken, was nicht passt, aber dann können Sie auch dagegen vorgehen.

Verständlicherweise können Sie sich so sehr an bestimmte Dinge gewöhnen, dass Sie gar nicht bemerken, wenn diese an Reiz verloren haben: ein kleiner Baum, der sich nie so ganz entwickelt hat, Herbst-Anemonen, die sich jedoch so sehr ausgebreitet haben, dass überall im Garten wilde Schösslinge sind oder aber eine eifrige Kletterrose mit pinken Blüten.

Planung

Einen aufgezeichneten Gartengrundriss können Sie ergänzen, als würden Sie ihn ganz neu gestalten. Gebrauchen Sie Ihre Fantasie und tun Sie so, als ob Zeit und Geld keine Rolle spielen würden. Schließlich müssen Sie den Plan nicht umsetzen, er soll Ihnen nur ein Gefühl für die Möglichkeiten vermitteln.

Überprüfung

Wenden Sie sich dann wieder Ihrem echten Garten zu. Wenn Sie nicht so ganz Ihrem eigenen Urteil trauen, spannen Sie einen Freund ein, dessen Geschmack (und/oder Garten) Sie bewundern. Erstellen Sie dann eine Liste mit den auf Ihrem Grundriss enthaltenen Dingen, die umsetzbar sind. Dies könnten Aktivitäten sein wie die Änderung des Rasens von einer quadratischen zu einer gerundeten, organischen Form oder die Errichtung eines Gartenteilers, um zwei „Räume" im Garten zu schaffen. Notieren Sie auch die Dinge, die Sie nicht mögen, sei es bestimmte Pflanzen oder andere strukturgebende Elemente.

Schließlich haben Sie eine Liste mit anzugehenden Aufgaben. Machen Sie zunächst einen großen Kehraus. Denken Sie nicht lange nach und treffen Sie mutige Entscheidungen: Reißen Sie alles heraus, was sich nicht mehr lohnt oder zu groß geworden ist. Ausgewachsene Bäume sind die Ausnahme: Einen großen Baum zu fällen hinterlässt eine große Lücke, überlegen Sie sich also gut, was Sie machen wollen.

Setzen Sie dann nach und nach Ihre geplanten Änderungen um. Ist dies Ihre erste Generalüberholung im Garten, können Sie Ihre Meinung währenddessen auch ändern: Die anfängliche Aufräumaktion gibt Ihnen wahrscheinlich neue, kreative Ideen für ansprechende Gestaltungsmöglichkeiten.

Seien Sie bereit, Fehler zu machen

Wenn Sie sich nicht sicher sind, wie Ihre Ideen aussehen werden, probieren Sie es einfach aus. Alle guten Gärtner sind bereit, Fehler zu machen. Eine der Freuden der Gartenarbeit ist, dass nur wenige Aktivitäten unumkehrbar sind.

PROFIS ZURATE ZIEHEN

Und was ist, wenn Sie nach einer genauen Prüfung immer noch ratlos sind? Suchen Sie sich unter den ortsansässigen Gartendesignern einen aus (Arbeitsbeispiele finden Sie auf deren Webseiten). Bitten Sie ihn um eine Einschätzung Ihres Gartens gegen ein kleines, vorab vereinbartes Honorar. Die meisten werden dies gerne tun; sie müssen auch keine teuren Zeichnungen oder Entwürfe angefertigen – Sie wollen einfach nur Ideen, von denen Sie ausgehen können.

Wieso ist der Wasserstand in meinem Teich niedrig?

WAS BEDEUTET ES, wenn der Wasserlevel eines Teiches, der bisher immer ungefähr konstant war, plötzlich dramatisch sinkt? Ist der Teich auf einmal undicht geworden?

Stellen Sie eine Wanne mit Wasser neben den Teich und messen Sie deren Wasserlevel und den des Teiches. Messen Sie ihn nach einer Woche oder zehn Tagen wieder. Ist der Wasserstand im Teich schneller gefallen als der in der Wanne, hat der Teich en Leck.

Flexible Folie, fixierte Folie oder Beton?

Egal welchen Teichtyp Sie haben, warten Sie, bis das Wasser einen Level erreicht zu haben scheint, ab dem der Teich nicht mehr Wasser verliert. Füllen Sie dann etwas Wasser auf – (nehmen Sie immer Regenwasser aus der Tonne, kein Leitungswasser), und warten Sie ab.

▼ Sie können den Grad, bis zu dem der Wasserstand Ihres Teiches zurückgeht, mit dem in einem Eimer vergleichen, den Sie neben den Teich stellen.

Der Wasserstand in Teichen variiert je nach Jahreszeit in gewissem Maße, besonders bei einer langen Trockenperiode. Fällt der Wasserstand trotzdem weiter, kann dies auf ein Leck hindeuten.

Geht das Wasser wieder auf diesen Level zurück, liegt wahrscheinlich ein Leck vor, das normalerweise repariert werden kann: mit Gummidichtungen für flexible und Glasfaserreparatursätzen für feste Folien sowie mit einem Zementanstrich bei Betonboden. Leeren Sie den Teich und setzen Sie Fische in einen großen Behälter mit Wasser um (andere Teichbewohner flüchten dann von selbst).

Wischen und trocknen Sie die Folie ab. Lassen Sie sie auch nach der Reparatur so lange trocknen, wie in der Anleitung angegeben ist, bevor Sie den Teich wieder befüllen.

Reparatur eines mit Beton ausgekleideten Teiches

Lassen Sie die Oberfläche trocknen, nachdem Sie den Teich geleert haben, und scheuern Sie dann mit einer Drahtbürste die gesamte Betonschicht vom oberen Rand bis zu 10 Zentimeter unterhalb des Lecks ab.

DAS LEBEN IN IHREM TEICH SCHÜTZEN

Machen Sie sich keine Sorgen um die Flora und Fauna im und um den Teich. Die meisten Teichbewohner sind über eine längere Zeit an das Leben mit wenig Wasser angepasst, und es ist ein natürliches Phänomen, dass der Wasserstand von Teichen mit den Jahreszeiten etwas schwankt. Haben Sie jedoch Fische im Teich und fällt der Wasserlevel auf bis zu 30 Zentimeter, legen Sie ein Netz auf die Wasseroberfläche, während Sie über die weiteren Schritte nachdenken. Dies schützt die Fische vor Fressfeinden, solange das Wasser so niedrig ist.

Befeuchten Sie die Oberfläche des abgescheuerten Betons und rühren Sie dann Zement und Wasser zu einer Paste an, die Sie auf die befeuchtete Oberfläche streichen. Lassen Sie diesen Anstrich trocknen. Tragen Sie dann ein Dichtungsmittel speziell für Betonteiche auf (in Baumschulen oder online erhältlich) und lassen Sie es vollständig trocknen, bevor Sie den Teich wieder mit Wasser befüllen.

Beginnt nach der Reparatur das Wasser wieder zu sinken, muss womöglich die Folie ausgetauscht oder der Beton ganz erneuert werden. Ein Betonteich mit vielen Rissen kann durch eine Folie, die die gesamte Fläche bedeckt, repariert werden. Bei zu großen Schäden sollte der Teich ausgetauscht werden. Alternativ können Sie ihn zuschütten oder einen Sumpfgarten errichten.

▼ Die meisten Lecks können repariert werden, obwohl Sie fast immer zuerst den Teich leeren (und die Bewohner evakuieren) müssen.

Was ist, wenn ich nur Behälter verwenden kann?

IN PATIOS UND TERRASSENGÄRTEN ohne Erdboden sind Töpfe und Kübel die einzige Option. Wie können Sie hier das Beste herausholen und einen ansprechenden Garten gestalten?

Einige größere Container sind einfacher zu handhaben als Dutzende kleiner Töpfe, die schnell austrocknen und die Größe der angepflanzten Blumen begrenzen. Wenn Sie sehr sparsam sein müssen, kombinieren Sie kostengünstige Behälter mit attraktiveren. Sie können sogar Mülleimer aus Plastik, in die Sie Abflusslöcher bohren, verwenden. Verbergen Sie die weniger ansprechenden etwas, indem sie die schöneren davorstellen.

Ein Containergarten hat viel mehr Potential als jede andere Gartenart und ist auch am flexibelsten zu handhaben. Schaffen Sie das ganze Jahr über Abwechslung, indem Sie die Container unterschiedlich anordnen und sie auf vielfältige Weise bepflanzen oder auch ein Thema wählen, das zu Ihren Gegebenheiten passt.

Einige Praxis-Tipps

Verwenden Sie schwere Topferde, die Sie einmal im Monat düngen und mindestens einmal jährlich erneuern oder auffüllen sollten.

Fleißiges Lieschen (*Impatiens walleriana*)

Bananenpalme (*Musa* spp.)

WELCHE PFLANZEN?

Um einen Containergarten üppig aussehen zu lassen - wie ein „echter" Garten, der eben zufällig in Töpfen wächst – wählen Sie eine breite Palette an Pflanzen: einige mehrjährige und einige einjährige Pflanzen, Behälter mit Kräutern und ein oder zwei größere Sträucher oder sogar kleine Bäume. Alternativ können Sie thematisch die Pflanzen auswählen: In einem sonnigen Hof machen sich tropische Pflanzen wie Banane, Neuseeländischer Flachs, Kakteen und Sukkulenten gut; im umgekehrten Fall können Sie bei Schatten die hübsche immergrüne Zimmeraralie (Fatsia japonica) sowie Funkien (schützen Sie sie gut vor Schnecken) und verschiedene Farne anpflanzen.

Zimmeraralie
(Fatsia japonica)

Gebirgs-Wurmfarn
(Dryopteris wallichiana)

Erwägen Sie bei vielen Töpfen die Installation eines Bewässerungssystems, wenn Sie bei heißem Wetter nicht täglich gießen wollen oder Sie viel unterwegs sind. Es ist nicht teuer und kann Ihnen eine Menge Arbeit ersparen.

Nach dem Einsetzen in die Behälter ist eine beständige Pflege der Pflanzen wesentlich, damit es ihnen an nichts fehlt. Dies beinhaltet das Entfernen von verwelkten Blüten, Überprüfung auf Schädlinge und Krankheiten und das Ersetzen von nicht gediehenen Pflanzen.

Wie können Pflanzen an einem windigen Standort gedeihen?

WIE GEHT MAN AM BESTEN mit einem windigen Garten um? Und gibt es Pflanzen, die robust genug sind, um sich unter diesen Bedingungen entwickeln zu können?

Ein Windschutz muss die Wirkung des Windes reduzieren, ohne ihn ganz abzublocken. Die effektivsten Modelle dämpfen ihn, lassen aber zwischen 50 und 60 Prozent des Windes durch.

Wind im Garten muss abgeschwächt werden. Jeder Versuch ihn abzublocken, wird fehlschlagen, weil so nur Turbulenzen um die Seiten der Barrieren entstehen. Gehen Sie stattdessen zweigleisig vor: Hecken fungieren als kleine Windbrecher, und wählen Sie Pflanzen aus, die es mit Windböen aufnehmen und trotzdem weiterwachsen können.

Selbst hergestellte Optionen beinhalten vertikal in gleichen Abständen angebrachte Latten oder Pfähle, an die horizontale Stützbalken genagelt und jeweils im Abstand von einigen Metern mit stabilen Pflöcken gesichert werden.

Auf lange Sicht sind jedoch Hecken wahrscheinlich die attraktivste und beste Möglichkeit, um den Wind in einem Garten mittlerer Größe in Schach zu halten, und mit der richtigen Pflege teilen die Hecken den Garten in verschiedene Flächen (siehe Seite 156-159). Sie müssen die Umgebung um die Hecken mindestens zwei Jahre lang frei von anderen Pflanzen halten, damit sie sich richtig

▼ Buchen sehen das ganze Jahr über gut aus, was ungewöhnlich für sommergrüne Hecken ist. Anstatt ihre bronzefarbenen Blätter im Herbst abzuwerfen, behalten sie sie, bis im Frühling neues Wachstum entsteht.

WELCHE PFLANZEN?

Diese fünf sind besonders geeignet:

Schmalblättrige Ölweide *(Elaeagnus angustifolia ‚Quicksilver')*. Kann eine Höhe bis zu vier Metern erreichen. Großer, attraktiver Strauch mit auffälligen silbernen Blättern und gelben Blüten im Mai und Juni, die von gelben Früchten abgelöst werden.

Purpur-Wasserdost *(Eupatorium purpureum)*. Diese sommergrüne, Trauben bildende mehrjährige Pflanze wird bis zu 2,4 Meter groß. Das Laub ist unspektakulär, jedoch sind die großen Blütenbüschel wunderschön und von einem kräftigen Pink und blühen von August bis Oktober.

Dünnblättriges Federgras *(Stipa tenuissima)*. Diese Grassorte hat eine Höhe bis zu 1 Meter. Viele Gräser kommen gut an einem windigen Standort zurecht, aber diese sommergrüne Sorte ist besonders effektiv, da sie mit ihren fedrigen Blütenköpfen den Wind abhält.

Büschelige Scheinaster *(Vernonia fasciculata)*. Diese Pflanze erreicht eine Höhe bis zu 1,2 Metern. Sie hat große, robuste Stängel mit spitzen, riemenartigen Blättern, traubenartigen und flauschigen pink-violetten Blüten im Sommer. Sie ist sehr bei Schmetterlingen beliebt.

Atlas-Mannstreu *(Eryngium variifolum)*. Diese Sorte wird bis zu 40 Zentimeter groß und bringt im späten Sommer stachelförmige, silbrig-blaue Blütenköpfe hervor, die aus niederliegenden Blattrosetten wachsen, deren Blattadern eine viel blassere Färbung aufweisen.

---

ansiedeln können. Doch die Mühe lohnt sich in den Folgejahren, da die Hecken sich entflechten und die Windböen ausreichend abhalten, sodass die in ihrem Schutz wachsenden Pflanzen eine Chance haben zu gedeihen.

Welche Art von Hecke Sie anpflanzen, hängt von der erwünschten Wirkung ab. Buche (Fagus) und Hagebuche (Carpinus) können schön aussehen, wenn sie regelmäßig getrimmt werden, während Hasel (Corylus) oder Feldahorn (Acer campestre) beispielsweise eine formellere Wirkung haben.

Jede dieser Optionen kann mit dazwischengesetzten, immergrünen Pflanzen gemischt werden, etwa mit Ilex (Ilex), Portugiesischem Kirschlorbeer (Prunus lusitanica) oder Wintergrüner Ölweide (Elaeagnus x ebbingei).

Eignet sich Geflügel für meinen Garten?

Es ist ein ansprechendes Bild, das man oft in Lifestyle-Magazinen sieht: Hühner, die glücklich im Gras neben prächtigen Blumenbeeten herumpicken. Aber entspricht dies einer artgerechten Geflügelhaltung – und verwüsten freilaufende Hühner die Beete?

Erfahrene Hühnerhalter brechen in Gelächter aus, wenn sie die Hochglanzbilder mit Hühnern sehen, die neben makellosen Staudengewächsen herumstolzieren – sie wissen, dass die Hühner für einige Minuten für das Foto zusammengetrieben worden sind, da sonst die Blumen viel mitgenommener aussehen würden. Hühner haben große Füße, einen aufdringlichen Schnabel und eine starke Tendenz zum Scharren und Picken. Es gibt jedoch zahlreiche Möglichkeiten, ihnen alles zu geben, was sie brauchen und sie von den Stellen im Garten fernzuhalten, wo sie Schaden anrichten könnten.

▼ Es gibt viele verschiedene Hühnerrassen, lassen Sie sich beim Kauf von einem erfahrenen Geflügelzüchter beraten.

> Hühner können mit Beeten kurzen Prozess machen, wenn ihnen nicht Einhalt geboten wird, aber sie erweisen Ihrem Garten auch gute Dienste: Sie fressen Schädlinge und produzieren Eier und Dünger.

Was Hühner brauchen

Wie Sie die Hühner halten, hängt von Ihren Gegebenheiten ab: Idealerweise halten Sie sie auf offener Wiese, wie zum Beispiel in einem Obstgarten, hinter einem Tor und mit Flächen, auf denen sie herumscharren und ein Staubbad nehmen können. Jedoch haben nur wenige Gärtner so viel Platz.

Hühner benötigen zumindest einen Hühnerstall, wo sie die Nacht verbringen können (und zum Schutz vor Füchsen eingeschlossen werden) und Flächen, auf denen sie tagsüber picken, scharren, fressen und die Umgebung erkunden können. Dies kann einfach ein eingezäunter Dauerauslauf sein, ein mobiler Auslauf, der im Garten versetzt werden kann, um den Flächen eine Ruhepause zu gönnen, oder ein durch ein Tor oder eine Schranke abgeschlossener Teil des Gartens, wo es den Hühnern an nichts fehlt und sie keinen Zugang zu

VOR- UND NACHTEILE DER GEFLÜGELHALTUNG

Vorteile

- Sie fressen viele Schädlinge, sogar Schnecken.

- Der zusammengeharkte Hühnerkot und die anderen Gartenabfälle ergeben kompostiert einen hochwertigen Dünger, da der scharfe, direkt auf die Pflanzen gegebene Kot diese „verbrennt".

- Hühnerfans können ihnen endlos lange zusehen und sich an ihrer Persönlichkeit erfreuen.

- Natürlich die Eier. Sie sind ausnahmslos frischer als alle, die Sie kaufen können, und sie zu essen fühlt sich viel befriedigender an.

▲ Schützen Sie Ihr Geflügel vor Füchsen, da sie jederzeit zuschlagen können.

Nachteile

- Sie müssen wachsam in Bezug auf Füchse sein. Diese Räuber können sowohl tagsüber als auch nachts kommen.

- Teile des Gartens müssen abgeschlossen sein, vor allem im Frühjahr, damit die zarten jungen Pflanzen geschützt sind.

- Wie andere Tiere können auch Hühner an einer ganzen Reihe von Krankheiten und Schädlingen leiden – informieren Sie sich, damit Sie wissen, worauf Sie achten müssen.

Ihren zarteren oder geschätzten Pflanzen haben.

Sie können sicher sein, dass Ihre Hühner ein glücklicheres Leben führen werden als ihre kommerziell aufgezogenen Verwandten. Zwerghühner sind stets eine mögliche Alternative zu größeren Rassen – so richten ihre kleineren Füße auch weniger Schäden im Garten an, jedoch sind auch ihre Eier kleiner.

Kann ich einen Dachgarten haben?

WENN SIE ALS EINZIGE AUSSENFLÄCHE ein Dach haben, kann die Frage aufkommen, ob Sie dieses als Garten nutzen können. Wie kann man ein Dach in einen Garten umwandeln und worauf muss man achten?

Lassen Sie Ihr Dach zunächst von einem Experten begutachten, ob es das zusätzliche Gewicht von Töpfen, Erde, Pflanzen, Sitzmöbeln – und Personen – tragen kann, und auch, ob es wasserdicht ist. Ziehen Sie dann große Behälter mit immergrünen Pflanzen in Erwägung, ergänzt durch mehrjährige Pflanzen, die dem Wind trotzen können. Halten Sie Ihr Dach sauber und frei von verwelkten Blättern und Blüten.

Hat die bauliche Bestandsaufnahme ergeben, dass Ihr Dach für Ihr Projekt geeignet ist, planen Sie im Einzelnen die verschiedenen Elemente des Dachgartens genau durch. Denken Sie an die folgenden Bestandteile, bevor Sie einkaufen gehen.

Töpfe

Große Behälter sind in praktischer Hinsicht am besten geeignet: Sie trocknen nicht so schnell aus wie kleinere. Befüllte Behälter sind sehr schwer, erwägen Sie daher Container aus Plastik oder Fiberglas, die wie Terrakotta oder Graphit aussehen: Es gibt viele schöne Nachbildungen.

▼ Beim Kochen können Sie direkt Ihren selbstgezogenen, gut gesicherten Kräutervorrat auf dem Dachgarten verwenden.

Gießen

Benötigen Sie ein Wässerungssystem oder macht Ihnen tägliches Gießen nichts aus? Wenn Sie kein Bewässerungssystem haben, denken Sie gut darüber nach, wo das Wasser herkommen soll: Sie wollen es wahrscheinlich nicht vom nächstgelegenen Wasserhahn zwei Stockwerke hochtragen.

Windschutz

Sorgsam ausgewählte Pflanzen sind hier hilfreich, aber Dächer sind windige Orte, und Sie benötigen womöglich auch einen Windschutz, der nicht aus Pflanzen besteht, wenn Sie draußen sitzen wollen. Eine leichte, feinmaschige Umzäunung, oder ein Segeltuch, auf einen Rahmen gespannt, schaffen Abhilfe, müssen jedoch sicher verankert werden.

Pflanzen

Ein „Rückgrat" aus immergrünen Pflanzen ist eine gute Idee, und Sie können sie um mehrjährige Pflanzen ergänzen. Solche, die nicht viel Wasser benötigen, sind natürlich im Vorteil, und wenn es sich um einen Dachgarten in der Stadt handelt, gibt es wahrscheinlich nur selten Frost. Denken Sie daher an Sukkulenten: Fetthenne, Agave und Yuccapalme. Ein Kräutergarten ist eine tolle Ergänzung: Ordnen Sie die Kräuter in einem großen Topf an, aus dem Sie im Vorbeigehen verwelkte Blätter pflücken.

Sitzgelegenheiten

Stühle und Tische aus Metallrohr sind relativ leicht, aber nicht leicht genug, um weggeweht zu werden. Von sehr leichtem Plastik oder sehr schweren Metallmöbeln ist dringend abzuraten.

NICHT GANZ EIN DACHGARTEN …

… sind begrünte Dächer auf Schuppen oder Bürogebäuden, nehmen aber an Beliebtheit stetig zu. Sie sehen hübsch aus, sind auch für kleine Gebäude geeignet und relativ einfach zu erstellen, wenn Sie durchschnittliche Heimwerkerfähigkeiten haben. Prüfen Sie, ob das Dach das zusätzliche Gewicht aushalten kann; selbst errichtete grüne Dächer sind meist Vorrichtungen, die bepflanzten Kompost enthalten, sodass sie erheblichen Kraftaufwand für ein durchschnittliches Schuppendach bedeuten. Natürlich sind auch fachmännische Varianten erhältlich. In Zeiten, wo jeder grüne Quadratmeter wertgeschätzt werden sollte, bietet auch ein grünes Dach einen zusätzlichen Zufluchtsort für Flora und Fauna.

▼ Der Milde Mauerpfeffer *(Sedum sexangulare)*, lockt allerlei Getier an.

Wo sollte ich draußen sitzen?

GÄRTNER MACHEN OFT EINEN FEHLER, wenn sie einen Garten bekommen: Es muss unbedingt eine Sitzfläche eingerichtet werden, etwa in der Ecke einer eher kleinen Wiese. Also stellen sie Stühle und einen Tisch auf, ohne zu überlegen, ob der Ort dafür geeignet ist. Wo ist der beste Platz für eine Sitzecke im Garten?

Auch eifrige Gärtner pflegen nicht nur ihren Garten, sie entspannen sich auch darin. Anstatt Stühle und Tische an den alten Fleck zu stellen, ist es besser, die verschiedenen Faktoren zu berücksichtigen – Sonne, Wetterschutz, Aussicht –, die eine bestimmte Stelle zum schönsten Platz zum Ausruhen machen.

Prüfen Sie zunächst die verschiedenen Zeiten, wann die Sonne wo in Ihrem Garten steht. Eine während der Mittagszeit schattige Ecke macht keinen Sinn, wenn Sie tagsüber nicht zu Hause sind. Wollen Sie morgens draußen eine Tasse Kaffee trinken oder nach der Arbeit in der Abendsonne sitzen, schauen Sie, an welcher Stelle Sie die jeweilige Intensität der Sonne nutzen können. Haben Sie eher zu viel Sonne als zu wenig, denken Sie über eine Pergola nach, die mittels daran emporrankender Kletterpflanzen ein grünes Dach erhält und so wohltuenden lichten Schatten spendet.

Mehr als eine

Auch wenn Ihr Garten klein ist, müssen Sie sich nicht auf eine einzige Sitzecke beschränken: Meist ist ausreichend Platz für einige Stühle und einen Tisch in der einen sowie für eine Bank in einer anderen Ecke. Fügen Sie sie in das Gesamtbild Ihres Gartens ein: Es ist schöner, wenn der Garten hier hineinwirkt, als wenn er um eine Sitzgruppe herum allzu nüchtern wirkt. Verlegen Sie zur Kennzeichnung dieser Stelle Ziegel- oder Pflastersteine und pflanzen Sie um die Sitzecke herum, um die Kanten abzumildern.

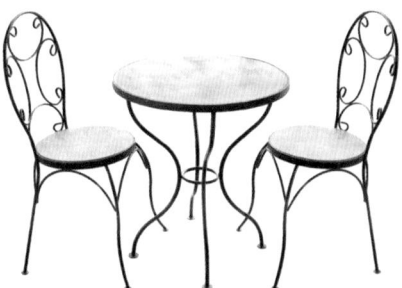

▶ Richten Sie verschiedene Arten von Sitzecken ein. Sogar ein kleiner Garten hat oft Platz für mehr als eine.

FÜNF RANKER ALS ÜBER-KOPF-BEGRÜNUNG

Die folgenden, ganz unterschiedlichen Kletterpflanzen duften herrlich und spenden Schatten. Mit der Ausnahme von Armands Waldrebe *(Clematis armandi)*, die die pralle Sonne bevorzugt, kommen sie mindestens mit Halbschatten zurecht.

Rose „**Mme. Alfred Carrière**". Dynamische, herrlich duftende Ramblerrose mit großen, cremefarbenen Blüten und beinahe dornlosen Stämmchen.

Rose „**Danse de Feu**". Wenn Sie Farbenpracht und Duft haben wollen, ist diese Zuchtsorte das Richtige: leuchtend rote, intensiv duftende Blüten von Juli bis in den frühen Herbst.

Gartengeißblatt *(Lonicera x italica)*. Lebhafte Kletterpflanze mit besonders großen und stark duftenden Blüten, die zuerst weiß sind und dann eine honiggelbe Färbung annehmen.

Echter Jasmin *(Jasminum officinale)*. Der klassische „gemeine" Kletterjasmin mit seinem charakteristischen süßen Duft und den hübschen weißen Blüten ist anspruchslos und leicht anzupflanzen.

Armands Waldrebe *(Clematis armandi)*. Ideal bei viel Platz und einer großen Pergola. Dichte, glänzende Blätter und große, weiße duftende Blüten von Anfang bis Mitte des Frühjahrs.

Echter Jasmin
(Jasminum officinale)

Die richtigen Pflanzen für den richtigen Ort

Bei der Wahl der Duftpflanzen gehen Sie nach der Tageszeit vor, während der Sie wahrscheinlich draußen sitzen werden: Levkojen und Tabakpflanzen duften abends herrlich, während Geranien und Lavendel tagsüber ihr Potenzial ausschöpfen.

Gartenlevkoje
(Matthiola incana)

Werden Bäume die Oberhand gewinnen?

Wenn der Platz in Ihrem kleinen Garten sehr begrenzt ist, wie realistisch ist es dann, Bäume oder wenigstens einen Baum zu pflanzen? Und wie können Sie die Auswahl eingrenzen?

> Meistens findet ein kleiner Baum Platz, oder auch ein großer Strauch. Schauen Sie sich erst ein ausgewachsenes Exemplar an, bevor Sie sich entscheiden – und vergessen Sie nicht, die verfügbare Fläche auszumessen.

Die Meinungen über die Höhe eines „kleinen" Baumes gehen weit auseinander. Experten setzen sie für gewöhnlich zwischen 8 und 12 Metern an; Laien finden manchmal, dass diese Definition von „klein" viel größer ist als sie gedacht hatten.

Vorausdenken

Vor dem Kauf sollten Sie unbedingt die für den Baum vorgesehene Fläche genau ausmessen. Wenn Sie die Form des Gartens auf Papier aufzeichnen, können Sie die Ausbreitung eines jeden gewünschten Baumes darüber kopieren, sodass Sie einen Eindruck von der eingenommenen Fläche bekommen. Die Breite ist wahrscheinlich wichtiger als die Höhe. Ist der Platz sehr beengt, wird sich ein pyramidaler Baum besser machen als ein buschiger. Prüfen Sie auch seine Wuchsgeschwindigkeit, da diese unter den Arten sehr schwankt. Wollen Sie (relativ) schnelle Resultate, sind Sie mit einem Ahorn oder Kirschbaum, der bis zu 60 Zentimeter im Jahr (manchmal sogar mehr) wächst, gut beraten. Professionelle Gärtner pflanzen manchmal zum Zwecke der Wirkung einen schnell wachsenden und in der Nähe einen langsam wachsenden Baum, entfernen nach ungefähr zehn Jahren erstgenannten und lassen letzteren die Oberhand gewinnen, wobei diese Taktik den meisten Anfängern vielleicht etwas rücksichtslos erscheint.

Bäume schädigen nur selten die Fundamente von Gebäuden und dann auch nur auf schrumpfenden schweren Tonböden. Setzen Sie jedoch keine sehr durstigen Arten, beispielsweise die Weide, in unmittelbare Nähe des Hauses. Wenn Sie sich nicht sicher sind, ob Sie einen bestimmten Baum an der von Ihnen anvisierten Stelle pflanzen sollen, ziehen Sie zunächst einen Immobiliensachverständigen zu Rate.

Kennen Sie die infrage kommende Fläche (und die für den Baum zur Verfügung stehende Menge an Licht), engen Sie die Auswahl ein: Wollen Sie vor allem Frühlingsblüte? Eine prächtige Herbstfärbung der Blätter? Einen Anziehungspunkt für allerlei Tiere? Oder wollen Sie sich von den Nachbargärten, in denen schon viele Kirschbäume oder

SOMMERGRÜNE BÄUME FÜR EINEN KLEINEN GARTEN

Prüfen Sie sowohl die Ausdehnung als auch die Höhe. „Aufwärtsgerichtete" Bäume, also jene mit einer naturgemäß pyramidalen Wuchsform, sind ideal für kleinere Flächen.

Grauer Ahorn *(Acer griseum)*. Seine Rinde ist rötlich-braun und sein Laub leuchtend orange und rot im Herbst. Er wird 8 bis 12 Meter groß und 4 bis 8 Meter breit.

Pflaumenblättriger Weißdorn *(Crataegus achbar „Prunifolia")*. Dieser Baum hat glänzende dunkelgrüne Blätter, die sich im Herbst rot-orange färben sowie hübsche cremefarbene, hagedornähnliche Blüten. Seine Höhe beträgt 4 bis 8 Meter und seine Ausdehnung 8 Meter und mehr.

Vogelbeere „Joseph Rock" *(Sorbus „Joseph Rock")*. Hochwachsender Baum mit weißen Blüten, die von gelben Beeren abgelöst werden. Er wird bis zu 9 Meter groß und bis zu 7 Meter breit.

Japanischer Wildapfel *(Malus floribunda; Abb. oben)*. Schmale Blätter und aufrechter Wuchs sowie weiße oder blassrosa Blüten, die Früchte sind klein und rötlich gelb. 8 bis 12 Meter hoch und mehr als 8 Meter breit.

Japanische Blüten-Kirsche *(Prunus „Amanogawa")*. Pyramidale Wuchsform; zarte pinkfarbene Blüten und bronzefarbenes Herbstlaub. Höhe bis 8 Meter und Breite bis 3 Meter.

Magnolien wachsen, abheben und eine andere Baumart oder einen anderen Blütezeitpunkt haben? Haben Sie Platz für nur einen Baum, sollte er einen Schauwert für mehr als eine Jahreszeit bieten, sodass er sich aufgrund seiner Blüten im Frühjahr und der ganzjährig farbenreichen Rinde auszahlt. Ist Ihre Liste mit den Erfordernissen und Vorlieben vollständig, können Sie sich auf die Suche nach Ihrem Wunschbaum machen, der alle Kriterien erfüllt.

Bereits erschienen

Der illustrierte Biogarten
70 essentielle Tipps zum Düngen und Kompostieren
Robert Elger, Michel Loppé
80 Seiten | 23 x 16 cm
Hardcover
ISBN 978-3-7843-5560-3

Wie lange braucht eine Schnecke zurück in meinen Garten?
Kuriose Fragen und erstaunliche Antworten rund um den Garten

Guy Barter

2. Auflage 2018
228 Seiten | 14,5 x 21,5 cm
Hardcover
ISBN 978-3-7843-5537-5

Haben Sie sich jemals gefragt, wie Regenwürmer arbeiten? Oder warum manche Bäume so groß sind? Dieses Buch bietet fachmännische Antworten auf die Fragen, die sich so mancher Gärtner bereits gestellt hat oder niemals daran gedacht hätte, sich zu stellen. Vollgepackt mit Fotografien, schönen Vintage-Gravuren und einleuchtenden Diagrammen, wird von der praktischen über die leicht verrückte bis hin zur verwunderlichen Frage alles beantwortet, was man sich nur vorstellen kann. Erfahrungskästen bieten praktische Anleitungen, sodass Sie Ihr neu gefundenes Wissen gleich auf Ihren eigenen Garten anwenden können. Geschrieben vom Chefgärtner der Royal Horticultural Society (der Britischen Königlichen Gartenbaugesellschaft), ist dieses Buch das ideale Geschenk für neugierige Gärtner mit Humor.

Stichwortverzeichnis

A

Abhänge aus Wildblumen 185
Ableger
  Basismethode 48
  „Fingerfäule" 16
  Lavendel 44-45
  Ableger von Weichholz 48
abschüssige Gärten 185
Absenken 49
altes Gemüse 65, 76-77
Ameisen 131
Anlegen von Hecken 157
Äpfel, Lagerung 87
Apfelbäume
  Apfeldiebe 74-75
  Eintüten 74
  krankheitsresistent 135
  Missernte 100-101
  Rückschnitt 101
Artischocken 62
„Aspekte" von Gärten 43
Asseln 94, 136
Astilben 109
Atlas-Mannstreu 209
Award of Garden Merit 83

B

Bäume
  ansprechende Gestaltung im Winter 171
  für kleine Gärten 216-217
  Rückschnitt 101
  unter ~n pflanzen 118-119
Bambus 53, 192-193
Bartfaden 55
Beerenobst
  Einfrieren 88
  Fruchtwechsel 69
  Langlebigkeit der Büsche 69
bepflasterte Flächen 187
  Pflanzen auf ~n Flächen 196-197
Bienen 114-115
Birnen 74, 87
Binsen 36
Blanchieren 88
Blattläuse 33, 63, 97, 131, 154-155
Blauraute 13
blühende Pflanzen, langlebige 54-55
Blütenendfäule 68
blumenlose Gärten 57
Boden
  Arten 140-141
  pH-Wert 42
  Revitalisierung 138-139
botanische Namen 35
Borretsch 63
Buchenhecken 159
Buchsbaumhecke 159
Buchweizen 138
Büschelige Scheinaster 209

C

Catfacing 61
CDs 130
Chemikalien 134-135
Christrose 25, 119
Clematis 215
Clematiswelke 46-47
Container
  auf Dachgärten 212
  enttäuschende 18-19
  Gemüse in -n 92
  für invasive Pflanzen 53
  Kartoffeln in -n 80-81
  für schnelle Wirkung 38
  Wässern 12, 14
  Zwiebeln schichten 15
Containergärten 206-207
Cosmea 27, 41
Cucamelons 85

D

Dachbegrünung 213
Dachgärten 212, 213
Dachse 75
Dächer, grün 213
Dahlien 18, 24, 40
dichte Bepflanzung 117
Drahtwürmer 94
Duftwicken 41
durchnässter Erdboden 108-109

E

Eberraute 97
Efeu, wild wuchernd 176-177
Eibenbeeren 51
Eichhörnchen 75, 110-111
Einfrieren von Feldfrüchten 88
einjährige Pflanzen 39
Eintüten von Äpfeln 74
Elfenblumen 119
Erbsen 42, 65, 88
Erdbeeren 69, 88

F

Falscher Mehltau 142-143
Farbe 199
Farn 119
Fenchel 41
Fetthennen 13, 27, 197
feuchte Bedingungen 108-109
Flaschen, Anpflanzen von Obst in 74
Flohkäfer 97, 135
Fotos 173
Frauenmantel 119
Frösche 188-189
Früchte
  Beerensträucher, Langlebigkeit 69
  Einfrieren 88
  Lagerung 86-87
  siehe auch bei den einzelnen Früchten

Stichwortverzeichnis

Frühbeete 93
Fruchtwechsel
Beerenobst 69
Gemüsegärten 72-73
Funkien 17, 134

G

Gartengeißblatt 215
Garten-Montbretie 17
Gartenringelblume 27
Geflügel 210-211
Gemüse
  „alt"/"Tradition" 76-77
  Auswahl der Sorten 83
  in Behältern 80-81, 92
  Ertrag erhöhen 82
  Lagerung 86-87
  leicht zu ziehendes 41
  Mischkultur 63
  Nutzen durch eigenen Anbau 64-65
  verformt/ aufgespalten 60-61
  Wintergemüse 89
  siehe auch unter den einzelnen Gemüsesorten
Gemüsegärten
  Fruchtwechsel 72-73
  für Kinder 84-85
  No-Dig-Verfahren 71
  Wege in ~ 70-71
Geranie 27, 55
Gerstenstroh 189

Gießen 12-14
Giftpflanzen 50-51
Goldfische 180
Glyzinie 22-23
Gräser, Pflanzenkombinationen für ~ 37
Grassamen und Vögel 130
Grauer Ahorn 217
große Gärten 186
Gründünger 139

grüne Mauern 190-191
Günsel 191

H

Hainbuchenhecken 159
halbreife Stecklinge 48
Hallimasch 123, 168-169
Hecken
  schnell wachsende 158-159
  üppiger 156-157
Hartriegel 109
Himbeeren 69, 88
Hochbeete 14, 82
Holzbeplankung 200-201
Holzspäne 120
Horste 170
Hühner 210-211
Hunde
  und Rasen 152
  giftige Pflanzen 50

I

invasive Pflanzen 17

Bambus 192-193
  in Behältern 52-53

J

Japanische Aralie 195
Japanischer Ahorn 195
Japanischer Staudenknöterich 53
Jasmin 215

K

Käfige aus Weidenruten 167
Kalkboden 141
Kamille 197
Kanarische Kapuzinerkresse 41
Kapkörbchen 107
Kartoffelälchen 72, 95
Kartoffeln
  in Behältern 80-81
  Braunfäule 78
  In flacher Erde 80
  gespaltene 60-61
  Löcher in 94-95
  Wachstumsrate 81
Katzen
  abschrecken 112
  giftige Pflanzen 50
Katzenminze 97
Keulenlilie 195
Kiesgärten 106
Kieswege 74
Kinder
  Gemüsegärten 84-85
  giftige Pflanzen 50, 51
  und Rasen 152

Kirsche 217
kleine Gärten
  Bäume für ~ 216-217
  Potential ~r Gärten 184
Kletterer
  für Pergolen 215
  Rückschnitt 34
  siehe auch Clematis, Glyzinie
Kohlhernie 72
Kohlmotten 97
Komposthaufen
  schneller Kompost 128-129
  hinzuzufügende Bestandteile 126-127
Koriander 97
Korsische Minze 197
Kräuter
  einfach anzupflanzende 41
  und Schädlinge 96-97
künstliches Gras 187

L

Lagerung 86-87
lateinische Bezeichnungen 35
Lauberde 120, 144-145
Lauchmotten 135
Lavendel 13, 44-45, 63, 107
Lücken 160
langweilige Gärten 202-203
Lehm 141
Leyland-Zypresse 159
Liguster 159
Lobelien 109
Lupinen 28

M

Mannstreu 13
Marienkäfer 149, 154
Maulwürfe 104
Mauern, grüne 190-191
Meerrettich 52
Mehltau 31, 142-143
mehrjährige Pflanzen 39
Meltau 78-79
Mexikanisches Berufkraut 209
Mini-Treibhäuser 93
Minze 41, 53, 97
Mischkultur 63
Mist 138
Möhren
    Lagerung 86, 87
    Probleme 60-61
Möhrenfliege 61, 63, 97, 135
Mücken 180-181
Mulch 120-121
Mulchfolie 120-121

N

Nachtkerze 107
Narzissen 32-33
Narzissenfliegen 32, 33
Nematoden 61, 94, 95, 133
neue Pflanzen, Misslingen 122-123
No-Dig-Verfahren 71
nördliche Ausrichtung, Gärten 43

O

Obstgärten 186
Ölrettich 138
Ölweide 209
optische Täuschung 184
ordentliche Gärten 148-149
Oregano 97
östliche Ausrichtung, Gärten 43

P

Parthenogenese 155
Pestizide 134-135
Pfingstrose 17
Pflanzenempfehlungen
    für bepflasterte Flächen 197
    für Containergärten 207
    für feuchte Gebiete 109
    für grüne Mauern 191
    gut zu teilende 17
    für Hecken 159
    lang blühende 55
    für Pergolen 215
    für Struktur 195
    für trockene Gebiete 13, 107, 119
    für Vögel 165
    für windige Plätze 209
Pflanzsäule 184
Pflastersteine 71
Pflaumenblättriger Weißdorn 217
Pheromonfallen 135
pH-Wert des Bodens 42
Pilzkompost 138
Pionierpflanzen 139
Plattwürmer 125
Portugiesischer Kirschlorbeer 159
pudriger Mehltau 31, 142-143
Purpurglöckchen 191

R

Radieschen 84
Rasen
    und Hunde 152
    und Kinder 152
    klumpig 104-105
    künstliches Gras 187
    optimieren 153
    Samen und Vögel 130
    Verlegen 132
    Vertikutieren 105
Rasenmäher 153
Räuber 17
    Bambus 192-193
    in Behältern 52-53
Regentonne und Mücken 180-181
Regenwürmer 124-125
RHS Award of Garden Merit 83
Ringelblume 63, 97
Rosen
    duftende 20-21
    auf der falschen Seite blühend 56
    für Pergolen 215
    Probleme bei ~ 30-31
    und Weinstöcke 31
Rosenrost 30, 31
rosige Apfelblattläuse 154
Rosmarin 97
Rote Witwenblume 55
Roter Hartriegel 109
Rückschnitt
    Bäume 101
    Fehler 174-175
    große Kletterer 34
    Lavendel 44

S

Sackkultur 92
saure Böden 42
Schafgarben (Achilleas) 27, 55
Salbei 97
Samen
    einkerben 98
    einweichen 98
    Haltbarkeitsdatum 83
    Keimzeiten 98
    zu säende Anzahl 99
    Sammeln von ~ 16
Sanddorn 109
sandige Böden 140, 141
Schauwert 62
Schluff 141
Schnecken 94, 95, 135, 162-163, 211
schnelle Resultate
    Kompost 128-129
    sofort Schwung 38-39
Schnittblumen-Gärten 24-25

Stichwortverzeichnis

Schnittlauch 97

Schöterich 27

Schwarze Johannisbeere 69

Seetang 121

Seggen 36

Sellerie 87

Senf 138

Sibirische Schwertlilie 109

Silberregen 52

Sitzmöglichkeiten 214-215

Skulpturen 198

Sonnenblumen 41

Sonnenhut 55

Spinnen 137

supergroße Gemüsesorten 66- 67

Spargelhähnchen 97

Speisekürbis, Lagerung 87

Spiegel 184

Stachelbeeren 69

Sterndolden 55

Sternrußtau 31, 135

Statuen 198

Stroh, Wege aus ~ 70

Struktur gebende Pflanzen 194-195

Stützvorrichtungen 166-167

südliche Ausrichtung, Gärten 43

T

tägliche Aufgaben 178-179

Teiche

für Flora und Fauna 188-189

niedriger Wasserstand 204-205

Teilen von Pflanzen 17

Terrassen 185

Thuja-Hecken 159

Thymian 97, 197

Tomaten

„alt"/"Tradition" 66, 76

Braunfäule 78-79

Blütenendfäule 68

Catfacing 61

tonhaltige Böden 14, 140, 141

Topfhänger 184

Torf 141

Tradition (Gemüse) 65, 76-77

trockene Bedingungen 106-107

Pflanzen unter 13, 107, 119

Tulpen 15, 25, 27, 40

U

Unkraut 116-117

in Komposthaufen 127

V

vernachlässigte Gärten 161

Vertikutieren 105

Vögel

und Äpfel 75

anlocken 164-165

Eibenbeeren 51

und Grassamen 130

Vogelbeere 217

Vogelschutz-Klebeband 130

vorausplanen 172-173

W

Wege

in Gemüsegärten 70-71

Verlegen von ~n 200

Weidelgras 138, 152

Weinstöcke 31

Weißfäule 72

Wermut 107

Wespen 90-91

westliche Ausrichtung, Gärten 43

Westlicher Erdbeerbaum 195

Wild 75

Wildapfel 217

Wildblumenwiese 150-151

wildtierfreundlich

~e Gärten 149-149

~e Teiche 188-189

windige Orte 208-209

Winter

ansprechende Gestaltung im ~ 170-171, 173

Wintergemüse 89

winterharte Stauden 39

Wolfsmilch 27, 55, 107

Woll-Ziest 13

Würmer 124-125

Wurmkomposter 128-129

Wurzeln

in Komposthaufen 127

Lupinen 28

wurzelnackte Pflanzen 29

Z

zarte mehrjährige Pflanzen 39

Ziegelsteine, Wege aus 70,71

ziemlich winterfeste mehrjährige Pflanzen 39

Ziergarten 26–27

Zucchini 65

Zusammenstellungen von Pflanzen 27

zweijährig blühende Blumen 39

Zwiebeln

ausgraben 40

„blinde" 32–33

Schichten von 15

Zwischenfruchtkultur 139

Credits

Cover, 3, 84 (top), 97 (aphid, flea beetle), 154 (top), 162 © Morphart Creation | Shutterstock. 4, 7 (top), 218 © Hein Nouwens | Shutterstock. 5 © MoreVector | Shutterstock. 6, 219 © geraria | Shutterstock. 7 (bottom) © Bodor Tivadar | Shutterstock. 8 © Paustius | Shutterstock. 9 © pandapaw | Shutterstock. 11, 41, 76, 95 (left), 107 (left), 108, 176 (top) © RHS, Lindley Library. 13 (top), 34, 85 (top), 89 © Richard Griffin | Shutterstock. 13 (bottom) © Kuttelvaserova Stuchelova | Shutterstock. 14 © Stocksnapper | Shutterstock. 17 © dokoupilova | Shutterstock. 18 © Julia Karo | Shutterstock. 19 © Andrii Spy_k | Shutterstock. 20 © Niagara705 | Shutterstock. 21 (from top) © RHS / Leigh Hunt, © RHS / Carol Sheppard, © Dominicus Johannes Bergsma | Wiki Commons, © T.Kiya | Wiki Commons, © Garden World Images Ltd / Alamy Stock Photo, © T.Kiya | Wiki Commons. 22 © Julius Elias | Getty Images. 23 © Olga Gorevan | Shutterstock. 24 © By Leah-Anne Thompson | Shutterstock. 25 © Nattika | Shutterstock. 26 © oksana2010 | Shutterstock. 27 © Andrea Jones Images / Alamy Stock Photo. 29 © Fir Mamat / Alamy Stock Photo. 31 (bottom) © Kisialiou Yury | Shutterstock. 32 © ubonwanu | Shutterstock. 33 © Silver Spiral Arts | Shutterstock. 35, 97 (photo, top right) © Imageman | Shutterstock. 35 © Heinz Hauser / botanikfoto / Alamy Stock Photo. 38 © V J Matthew | Shutterstock. 40 © Ivonne Wierink | Shutterstock. 42, 56 (bottom), 139 (bottom) © Scisetti Alfio | Shutterstock. 44 © Andreja Donko | Shutterstock. 45 (bottom), 50, 62, 191 © picturepartners | Shutterstock. 46, 86, 142 (bottom) © RHS. 48, 141 (left), 144 © RHS / Tim Sandall. 51 © kelifamily | Shutterstock. 53 (bottom), 141 (right), 165 (bottom) © Potapov Alexander | Shutterstock. 55 © RHS / Wendy Wesley. 56 (top) © Stephen B. Goodwin | Shutterstock. 60 © Anjo Kan | Shutterstock. 63 (from top) © Gita Kulinitch Studio | Shutterstock, © kongsky | Shutterstock, © Cameramannz | Shutterstock. 64 © claire norman | Shutterstock. 65 © Melica | Shutterstock. 66 © Neirfy | Shutterstock. 68 © Alena Brozova | Shutterstock. 69, 77, 121, 139 (top), 145 (right) © Madlen | Shutterstock. 70 (left) © Nik Merkulov | Shutterstock. 70 (right) © JIANG HONGYAN | Shutterstock. 71 © Anton-Burakov | Shutterstock. 75 © Mark D Bailey | Shutterstock. 78, 142 (top) © RHS / Pathology. 79 © Garden World Images Ltd / Alamy Stock Photo. 81 © Graham Corney | Shutterstock. 82 © Binh Thanh Bui | Shutterstock. 84 (bottom) © LAURA_VN | Shutterstock. 85 (bottom), 204 © Sarah Marchant | Shutterstock. 87 © S and O Mathews Photography / Alamy Stock Photo. 90 (top) © irin-k | Shutterstock. 90 (bottom) © Zzvet | Shutterstock. 91 (left) © Ezume Images | Shutterstock. 91 (right) © TierneyMJ | Shutterstock. 93 © Marbury | Shutterstock. 94 © schankz | Shutterstock. 95 (right) © Peter Andrus | Wiki Commons. 97 photos: (top left) © akepong srichaichana | Shutterstock, (middle left) © Alexander Raths | Shutterstock, (middle right) © Dionisvera | Shutterstock, (bottom left) © Superheang168 | Shutterstock, (bottom right) © Lepas | Shutterstock. 99 © MICROSONE | Shutterstock. 100 © videnko | Shutterstock. 101 © Matt Pagett. 104 © IgorGolovniov | Shutterstock. 105 (top) © Mark Herreid | Shutterstock. 105 (bottom) © Steve Heap | Shutterstock. 106 © oksana2010| Shutterstock. 109 © AS Food studio | Shutterstock. 110 © IrinaK | Shutterstock. 111 (top) © Antonio S | Shutterstock. 111 (bottom) © sasimoto | Shutterstock. 112 © Lindsey Johns. 113 (top) © DUSAN ZIDAR | Shutterstock. 113 (bottom) © aussiegall | Creative Commons CC-BY-SA 2.0. 114 © Drew Rawcliffe | Shutterstock. 115 © MarjanCermelj | Shutterstock. 116 © Menna | Shutterstock. 118 © Captiva55 | Shutterstock. 120 © nikkytok | Shutterstock. 122 (top) © Carpe Diem - Flora / Alamy Stock Photo. 122 (bottom) © Dylan OHara | Shutterstock. 124 © Wellcome Collection. 125 (top) © kzww | Shutterstock. 125 (bottom) © S. Rae | Creative Commons CC-BY-SA 2.0. 126 (top) © kamnuan | Shutterstock. 126 (bottom) © JUN3 | Shutterstock. 127 (top) © Tom Biegalski | Shutterstock. 127 (bottom) © KariDesign | Shutterstock. 128 © xpixel | Shutterstock. 129 © RHS / Rachael Tanner. 130 © allotment boy 1 / Alamy Stock Photo. 131 © Carlos Delgado | Creative Commons CC-BY-SA 3.0. 133 © D. Kucharski K. Kucharska | Shutterstock. 134 © Wiert nieuman | Shutterstock. 135 © Ariene Studio | Shutterstock. 136 © David Lee | Shutterstock. 137 (top) © Studioimagen73 | Shutterstock. 137 (bottom) © Sarah2 | Shutterstock. 138 © On_Ter | Shutterstock. 143 © focal point | Shutterstock. 145 (left) © Smileus | Shutterstock. 148 © gualtiero boffi | Shutterstock. 149 © Chutima Kee | Shutterstock. 152 © dabjola | Shutterstock. 153 © Leigh Prather | Shutterstock. 154 (bottom) © N-sky | Shutterstock. 156 © sabza | Shutterstock. 157 © Tim Gainey / Alamy Stock Photo. 158 © IreneuszB | Shutterstock. 159 © John-Kelly | Shutterstock. 160 © steamroller_blues | Shutterstock. 163 (clockwise from top) © Eric Isselee | Shutterstock, © Pixel Memoirs | Shutterstock, © irin-k | Shutterstock, © DioGen | Shutterstock. 164 (top) © Andrew M. Allport | Shutterstock. 164 (bottom) © mccw thissen | Shutterstock. 165 (top) © Erni | Shutterstock. 166 © cosma | Shutterstock. 167 (bottom) © Tainar | Shutterstock. 168 (left) © RHS / Beatrice Henricot. 169 © ansem | Shutterstock. 171 (clockwise from top) © dabjola | Shutterstock, © Jan Holm | Shutterstock, © kavring | Shutterstock, © Angorius | Shutterstock, © DK Arts | Shutterstock. 172 © Ivaschenko Roman | Shutterstock. 173 (bottom) © Serenko Natalia | Shutterstock. 175 (left) © LiliGraphie | Shutterstock. 175 (right) © prajuab lekpetch | Shutterstock. 176 (bottom) © IraFrank | Shutterstock. 177 (top) © Mikhail Melnikov | Shutterstock. 177 (bottom) © gailhampshire | Creative Commons CC-BY-SA 2.0 . 178 © Silo | Shutterstock. 179 © Alexander Raths | Shutterstock. 180 (top) © Anest | Shutterstock. 180 (bottom) © RHS / John Glover. 181 (left) © Andrey_Kuzmin | Shutterstock. 181 (right) © BookyBuggy | Shutterstock. 183 © lynea | Shutterstock. 185 © Beautiful landscape | Shutterstock. 187 the808 | Shutterstock. 188 © davemhuntphotography | Shutterstock. 189 © GAP Photos. 190 © Del Boy | Shutterstock. 192 © DK Arts | Shutterstock. 194 © GAP Photos / Elke Borkowski . 195 (top) © Angel Simon | Shutterstock. 195 (bottom) © Vahan Abrahamyan | Shutterstock. 197 © GAP Photos / Elke Borkowski . 199 © Hong Vo | Shutterstock. 200 © bubutu | Shutterstock. 201 (top) © Ben Schonewille | Shutterstock. 201 (bottom) © iMoved Studio | Shutterstock. 202 © Simone Voigt | Shutterstock. 205 © Jeanie333 | Shutterstock. 206 (left) © Praneet Soontronront | Shutterstock. 206 (right) © TunedIn by Westend61 | Shutterstock. 207 (top) © GAP Photos/Fiona Lea. 207 (bottom) © Vitaly Raduntsev | Shutterstock. 208 © Manuo | Shutterstock. 210 © Tsekhmister | Shutterstock. 211 (top) © Eric Isselee | Shutterstock. 211 (bottom) © NinaM | Shutterstock. 212 © Franz Peter Rudolf | Shutterstock. 213 © josefkubes | Shutterstock. 214 © ballykdy | Shutterstock. 215 (top) Tamara Kulikova | Shutterstock. 215 (bottom) © natu | Shutterstock.